Die Geschichte Belgiens

HERGESTELLT VON SKRIUWER

Copyright © 2025 by Skriuwer.

Alle Rechte vorbehalten. Kein Teil dieses Buches darf ohne schriftliche Genehmigung in irgendeiner Form verwendet oder reproduziert werden, außer im Falle kurzer Zitate in kritischen Artikeln oder Rezensionen.

Bei **Skriuwer** sind wir mehr als nur ein Team – wir sind eine globale Gemeinschaft von Menschen, die Bücher lieben. „Skriuwer" bedeutet auf Friesisch „Schriftsteller", und genau das ist der Kern unserer Arbeit: Bücher zu schreiben und mit Lesern weltweit zu teilen. Wo auch immer Sie sich auf der Welt befinden, **Skriuwer** ist da, um zum Lernen zu inspirieren.

Friesisch ist eine der ältesten Sprachen Europas, eng verwandt mit Englisch und Niederländisch und wird von etwa **500.000 Menschen** in der Provinz **Friesland** (Fryslân) im Norden der Niederlande gesprochen. Es ist die zweite Amtssprache der Niederlande, aber wie viele Minderheitensprachen steht Friesisch vor der Herausforderung, in einer modernen, globalisierten Welt zu überleben.

Wir verwenden unsere Einnahmen, um die friesische Sprache zu fördern.

Für weitere Informationen kontaktieren Sie bitte: **kontakt@skriuwer.com** (www.skriuwer.com)

Haftungsausschluss:

Die Bilder in diesem Buch sind kreative Neuinterpretationen historischer Szenen. Obwohl wir uns größte Mühe gegeben haben, die Essenz der dargestellten Epochen präzise einzufangen, können einige Abbildungen künstlerische Verschönerungen oder Annäherungen enthalten. Sie sollen die Atmosphäre und den Zeitgeist der Zeit einfangen und nicht als präzise historische Aufzeichnungen dienen.

INHALTSVERZEICHNIS

KAPITEL 1: DIE ERSTEN SIEDLER

- Erste Spuren von Jäger- und Sammlerleben
- Sesshafte Gemeinschaften im Neolithikum
- Anfang der Metallverarbeitung (Bronze)

KAPITEL 2: DIE KELTISCHEN STÄMME

- Keltische Völker und ihr Einfluss
- Die Belger im nördlichen Gallien
- Handelsverbindungen und keltische Kultur

KAPITEL 3: DIE RÖMERZEIT

- Julius Caesars Feldzüge und römische Provinzen
- Straßenbau, Städte und Romanisierung
- Leben unter römischer Verwaltung

KAPITEL 4: DAS FRÜHE MITTELALTER

- Übergang von der Antike zum Mittelalter
- Merowingische Dynastie und Frankenreich
- Christianisierung und neue Königsmacht

KAPITEL 5: DAS KAROLINGISCHE REICH

- Karl der Große als Kaiser des Westens
- Verwaltungsreformen und kultureller Aufschwung
- Teilung und Zerfall des Großreichs

KAPITEL 6: FEUDALISMUS UND GRAFSCHAFTEN

- Lehnswesen und Herrschaftsstrukturen
- Große Grafschaften wie Flandern und Brabant
- Rolle des Adels und der Landbevölkerung

KAPITEL 7: DAS STÄDTISCHE LEBEN

- Wachstum der Handelstädte (Brügge, Gent)
- Zünfte und bürgerliche Selbstverwaltung
- Feste, Marktleben und Alltagskultur

KAPITEL 8: DIE BURGUNDISCHE ZEIT

- Burgundische Herzöge und die Vereinigung der Provinzen
- Prunkvolle Hofhaltung und diplomatisches Geschick
- Künstlerische Blüte und städtische Entfaltung

KAPITEL 9: DIE HABSBURGISCHE HERRSCHAFT

- Übergang an das Haus Habsburg
- Spanische und österreichische Linie
- Verwaltung, Inquisition und politischer Einfluss

KAPITEL 10: DER KAMPF DER RELIGIONEN

- Einfluss Luthers und Calvins
- Konfessionelle Spannungen und Glaubenskämpfe
- Politische Auswirkungen der Glaubensspaltung

KAPITEL 11: DIE SPANISCHEN NIEDERLANDE

- Der Achtzigjährige Krieg und seine Folgen
- Wechselnde Besatzungen und Kriegswirren
- Kulturelle Höhepunkte trotz Konflikten

KAPITEL 12: DER ACHTZIGJÄHRIGE KRIEG

- Kampf um Unabhängigkeit in den Niederlanden
- Verfestigung konfessioneller Grenzen
- Auswirkungen auf die südlichen Provinzen

KAPITEL 13: BLÜTE DER KUNST

- Barockmalerei und Hofkultur
- Rubens, van Dyck und die flämische Kunst
- Einfluss der Gegenreformation auf Kunst und Kirchen

KAPITEL 14: DIE ÖSTERREICHISCHEN NIEDERLANDE

- Regierungszeit Maria Theresias und Josephs II.
- Aufklärerische Reformen und Brabanter Revolution
- Kirche und Adel zwischen Anpassung und Widerstand

KAPITEL 15: AUFKLÄRUNG UND NEUE IDEEN

- Verbreitung des aufgeklärten Denkens
- Freimaurerlogen und wissenschaftliche Gesellschaften
- Spannungsfeld zwischen Tradition und Reform

KAPITEL 16: DIE FRANZÖSISCHE BESATZUNG

- Anschluss an die Französische Republik (1794/95)
- Säkularisierung und Ende der Feudalstrukturen
- Zentralverwaltung und Einführung des Code civil

KAPITEL 17: ENDE DES ANCIEN RÉGIME

- Letzte Reste feudaler Ordnung und ihr Zerfall
- Übergang zu aufgeklärten Strukturen
- Vorbote nationaler Bewegungen und Selbstbestimmung

KAPITEL 18: DIE ZEIT IM KÖNIGREICH DER VEREINIGTEN NIEDERLANDE

- Zusammenschluss von Nord und Süd (1815–1830)
- Religiöse und sprachliche Konflikte unter Wilhelm I.
- Wirtschaftlicher Aufschwung, politische Spannungen

KAPITEL 19: DER WEG IN DIE UNABHÄNGIGKEIT

- Inspiration durch die Julirevolution (1830)
- Opernabend in Brüssel als Auslöser der Aufstände
- Katholiken und Liberale vereint gegen Wilhelm I.

KAPITEL 20: EIN JUNGER STAAT ENTSTEHT

- Provisorische Regierung und Unabhängigkeitserklärung
- Londoner Konferenz, internationale Anerkennung
- Grundlagen für das spätere Königreich Belgien

KAPITEL 1: DIE ERSTEN SIEDLER

Die Geschichte Belgiens beginnt viele Tausend Jahre, bevor es das heutige Land überhaupt gab. In dieser Zeit lebten hier Menschen, die keine Schrift kannten. Sie hinterließen keine Bücher oder Aufzeichnungen, sondern nur Spuren in der Erde und in Höhlen. Solche Spuren können Werkzeuge aus Stein, Knochen oder Ton sein, aber auch Reste von Feuerstellen oder Gräbern. Durch diese Funde lernen wir viel über ihr Leben. Es ist spannend, sich vorzustellen, wie die ersten Jäger und Sammler hier umherzogen. Sie wanderten in kleinen Gruppen durch Wälder und Wiesen, immer auf der Suche nach Nahrung. In diesem Kapitel schauen wir uns an, wie diese Menschen lebten. Wir erfahren, was ihre Werkzeuge waren, was sie jagten und sammelten und wie sie schließlich sesshaft wurden.

Die letzten Eiszeiten und die ersten Menschen

Vor vielen Tausend Jahren war das Klima in Europa nicht so wie heute. Es gab Zeiten, in denen es sehr kalt war. Man spricht von Eiszeiten. Dann breiteten sich mächtige Gletscher im Norden des Kontinents aus. Sie bedeckten große Teile des Landes mit Eis. Dort, wo das heutige Belgien liegt, war es zwar nicht immer komplett gefroren, aber doch deutlich kälter und feuchter. Die Menschen in diesen kalten Epochen lebten oft als Nomaden. Das heißt, sie hatten keinen festen Wohnort. Stattdessen zogen sie den Herden von Rentieren, Mammuts und anderen Tieren hinterher, die ihrerseits in wärmere oder futterreiche Gebiete wanderten.

Die Menschen der Altsteinzeit, auch Paläolithikum genannt, nutzten vor allem Steine, Holz und Knochen, um Werkzeuge herzustellen. Sie schnitten und schliffen sie nicht mit Maschinen, sondern bearbeiteten sie mit einfachen Techniken. Ein scharfer Stein konnte als Messer dienen, ein langer Knochen als Speerspitze. Das klingt heute sehr primitiv, aber für die damalige Zeit war es ein großer Fortschritt, scharfe und feste Werkzeuge zu haben. Damit konnten sie Tiere erlegen, Fleisch zerlegen und Felle bearbeiten.

Irgendwann zogen sich die großen Gletscher zurück. Das Klima wurde wärmer, Wälder konnten wachsen und es gab neue Pflanzen- und Tierarten. Diese Zeit nennt man das Mesolithikum, also die Mittelsteinzeit. Hier änderte sich auch das Leben der Menschen. Durch die neuen Wälder wurden riesige Tierherden seltener, und viele Menschen jagten nun kleinere Tiere wie Rehe oder Wildschweine. Außerdem sammelten sie Nüsse, Beeren und andere Pflanzen. Sie nutzten Speere, Pfeile und Bögen, die sie mit dünnen Steinspitzen oder Knochenspitzen ausstatteten. Das Jagen wurde gezielter und nicht mehr nur ein Hinterherlaufen großer Herden.

Siedlungen und Sesshaftwerdung

Die nächste große Veränderung in der Steinzeit kam mit dem Neolithikum, der Jungsteinzeit. Hier fingen die Menschen an, Ackerbau und Viehzucht zu betreiben. Das bedeutete, dass sie nicht mehr umherziehen mussten. Sie konnten Getreide anbauen und Ernte einfahren. Sie hielten Tiere wie Ziegen, Schafe und später auch Rinder in Gehegen und brauchten deshalb nicht mehr jeden Tag auf die Jagd zu gehen. Durch diese Entwicklung wurden viele Gruppen von Jägern und Sammlern sesshaft. Sie bauten feste Häuser und lebten in kleinen Dörfern zusammen.

In der Region des heutigen Belgiens entstanden so erste kleine Siedlungen. Die Häuser waren oft aus Holz und Lehm gebaut, mit Dächern aus Stroh oder Schilf. Um sich zu schützen, errichteten manche Dörfer Zäune aus Holzpfählen oder lebten an Orten, die von Natur aus sicher waren. Hin und wieder entdeckten Archäologen Spuren von Feuerstellen oder Gruben, in denen Abfälle lagen. Diese verraten uns, was die Menschen damals aßen: zum Beispiel Getreide, Hülsenfrüchte, Fleisch und Fisch. In vielen Gegenden gab es Flüsse, die Fischfang ermöglichten, was ebenfalls eine wichtige Nahrungsquelle darstellte.

Auch die Werkzeuge veränderten sich. Die Menschen lernten, Steine sorgfältiger zu schleifen und zu polieren. So wurden die Klingen glatter und schärfer. Mit diesen Werkzeugen konnten sie Bäume fällen und das Holz bearbeiten, um stabile Häuser zu bauen. Außerdem nutzten sie Feuer, um Waldflächen freizuräumen und Ackerflächen zu gewinnen. Das Feuer war ein mächtiges Hilfsmittel: Es wärmte, schützte vor wilden Tieren und half bei der Herstellung von Werkzeugen.

Ein wichtiger Schritt in der Jungsteinzeit war außerdem die Keramik. Die Menschen lernten, Ton zu Gefäßen zu formen und diese im Feuer zu brennen. Dadurch bekamen sie Schüsseln, Töpfe und Krüge, in denen sie Wasser, Getreide oder andere Lebensmittel aufbewahren konnten. Das war praktisch und half ihnen, Vorräte anzulegen. So konnten sie auch Zeiten überstehen, in denen die Ernte nicht so gut ausfiel.

Gesellschaft und Kultur in der Jungsteinzeit

In den neu entstandenen Dorfgemeinschaften änderte sich das Zusammenleben. Wo früher kleinere Gruppen von Jägern und Sammlern flexibel umherzogen, gab es nun mehrere Familien, die gemeinsam in einem Ort lebten. Möglicherweise gab es einen Anführer oder eine Gruppe von Ältesten, die wichtige Entscheidungen trafen. Manche Menschen beschäftigten sich vielleicht mehr mit dem Ackerbau, andere mehr mit dem Hüten von Tieren. Wieder andere wurden spezialisierte Handwerker, die zum Beispiel besonders gut Gefäße herstellen oder Steine schleifen konnten.

Die Menschen der Jungsteinzeit hatten auch religiöse Vorstellungen. Oft verehrten sie Naturgottheiten oder glaubten an Kräfte in Bäumen, Quellen oder Steinen. Davon zeugen manchmal Opfergaben oder Bestattungsplätze.

In manchen Gräbern finden Archäologen Grabbeigaben wie Gefäße, Schmuck oder Werkzeuge. Das weist darauf hin, dass man den Toten etwas für das Jenseits mitgeben wollte. Auch große Steingebilde wie Dolmen oder Menhire, die in einigen Teilen Europas gefunden werden, zeigen, dass es wichtige rituelle Orte gab. Im heutigen Belgien gab es zwar keine so imposanten Steinanlagen wie etwa in Stonehenge, aber vereinzelt findet man auch hier oder im benachbarten Gebiet Spuren von Steinkreisen oder anderen Kultplätzen.

Vom Stein zum Metall – der Übergang zur Bronzezeit

Irgendwann lernten die Menschen im Gebiet des heutigen Belgiens, Metalle zu nutzen. Zunächst war es Kupfer, dann kam Bronze hinzu. Bronze ist eine Legierung, das heißt eine Mischung aus Kupfer und Zinn. Sie ist härter als reines Kupfer und lässt sich gut formen. Der Übergang zur Bronzezeit fand nicht überall gleichzeitig statt. Manche Gruppen nutzten noch lange Steinwerkzeuge, während andere bereits Bronze schmolzen und daraus Waffen, Werkzeuge oder Schmuck herstellten.

Mit Bronze wurden Speerspitzen, Äxte und Messer leistungsfähiger. Das Jagen und Verteidigen wurde einfacher. Gleichzeitig waren Bronzegegenstände seltener und kostbarer als Steingeräte, weil die Rohstoffe Kupfer und Zinn nicht an jeder Ecke zu finden waren. Sie mussten manchmal über weite Strecken gehandelt werden. Das führte zu neuen Handelswegen. Menschen reisten von Dorf zu Dorf, von Region zu Region, um Metalle oder fertige Bronzegegenstände zu tauschen. Auf diese Weise verbreiteten sich neue Ideen und Techniken.

Auch in der Bronzezeit gab es keine Schrift. Doch immer wieder finden Forscher Spuren von Handwerk und Alltag. Gräber und Opferfunde verraten, wie kostbar die Bronzegegenstände waren. Nicht selten wurden Schwerter, Schmuck oder Werkzeuge zusammen mit Verstorbenen begraben, vielleicht als Zeichen von Status oder als Hilfe für das Leben nach dem Tod. Ebenso wurden manche Gegenstände absichtlich im Boden versenkt, vielleicht als Opfergabe an Götter oder Geister. Solche Funde sind für uns heute sehr hilfreich, weil sie uns zeigen, wie die Menschen damals lebten und was ihnen wichtig war.

Handelsbeziehungen und erste soziale Unterschiede

Die Entdeckung und Nutzung von Metall brachte einen großen Wandel mit sich. Wer Zugang zu Bronze hatte, konnte mächtige Waffen oder besondere Schmuckstücke besitzen. Das verlieh Ansehen und Macht. So kam es in manchen Gemeinschaften zu ersten deutlichen Unterschieden zwischen reicheren und ärmeren Menschen. Auch für das Gebiet des heutigen Belgiens nimmt man an, dass es bereits in der späten Jungsteinzeit und der frühen Bronzezeit so etwas wie Häuptlinge oder Anführer gab.

Handel spielte nun eine größere Rolle. Wer Zinn- oder Kupferminen kontrollierte oder gute Verbindungen zu solchen Bergbaugebieten hatte, konnte sich einen Vorteil verschaffen. Deshalb entstanden in manchen Gebieten frühe Zentren, in denen besonders viele kostbare Gegenstände gefunden werden. Wahrscheinlich gab es Handelswege, die an Flüssen oder entlang von Küsten verliefen. Boote und einfache Schiffe ermöglichten es, Waren über weitere Strecken zu transportieren. Manche Historiker vermuten, dass auch keltische Völker später von diesen Handelsrouten profitierten, aber das gehört schon zur nächsten Epoche. Auf jeden Fall führte der Metallhandel dazu, dass sich verschiedene Stämme und Regionen stärker vernetzten.

Das Leben in den Siedlungen der Bronzezeit

Die Häuser der frühen Bronzezeit sahen den Häusern der Jungsteinzeit noch ähnlich. Meist handelte es sich um Holzbauten mit Lehmverkleidung, die mit Stroh gedeckt waren. Für archäologische Funde sind solche Bauten oft nicht leicht zu erkennen, weil Holz und Lehm im Boden schnell verrotten. Übrig bleiben dann nur Pfostenlöcher oder Reste von Feuerstellen. Doch wenn man genug solcher Spuren findet, kann man sich vorstellen, wie ein Dorf einmal ausgesehen hat. Manchmal reicht die Fantasie aus, um ganze Dorfanlagen nachzubauen. So entstehen Freilichtmuseen, in denen man sehen kann, wie die Menschen damals wohnten.

In den Dörfern gab es meist Speicher für Getreide, Ställe für Tiere und einfache Werkstätten. Die Menschen trugen Kleidung aus Leinen oder Wolle. Sie nutzen Pflanzenfasern, die sie zu Garn spannen und auf einfachen Webstühlen verarbeiten konnten. Im Winter war warme Kleidung sehr wichtig, da es keine Heizung gab, wie wir sie kennen. Die offene Feuerstelle in der Mitte des Hauses sorgte zwar für Wärme, aber auch für Rauch und Ruß. Kochen musste man im Topf über dem Feuer, Brot backte man in einfachen Lehmöfen. Trotzdem war das Leben vermutlich etwas bequemer als in der Steinzeit, weil man sich an einem festen Ort einrichten konnte und nicht ständig umherzog.

Familienverbände waren wahrscheinlich die wichtigste Form von Gemeinschaft. Man lebte und arbeitete zusammen, teilte die Ernte und kümmerte sich um Vieh und Felder. Kinder lernten von klein auf, wie man Felder bestellt, wie man Tiere füttert und schlachtet, wie man Werkzeuge repariert oder Kleidung herstellt. Vermutlich gab es klare Rollen, je nachdem, ob man ein Mann oder eine Frau war. Da wir keine schriftlichen Berichte haben, können wir nur aus Funden und Vergleichen mit ähnlichen Kulturen schließen, dass Frauen oft für das Spinnen, Weben und Kochen zuständig waren, während Männer eher aufs Feld gingen oder jagten. Doch sicher gab es Ausnahmen.

Religion und Bestattungsriten

Über die Religion der Bronzezeit in Belgien wissen wir nur wenig. Doch Gräber und Kultplätze geben Hinweise. Häufig gab es Hügelgräber, in denen ein einzelner Mensch oder manchmal mehrere Personen begraben wurden. Diese Grabhügel waren oft gut sichtbar in der Landschaft, vielleicht als Zeichen, dass dort ein wichtiger Anführer ruht oder eine bedeutende Persönlichkeit der Gemeinschaft. Manche Grabbeigaben waren beeindruckend: Bronzeschwerter, Dolche oder Schmuckgegenstände konnten mit ins Grab gelegt werden. Offenbar glaubte man, dass der Tote diese Dinge in einer anderen Welt oder im Jenseits braucht.

Es gab wohl auch Opferplätze in der Nähe von Gewässern oder auf Anhöhen. Dort fanden Archäologen Speer- und Axtköpfe, die absichtlich zerbrochen und im Wasser versenkt wurden. Vielleicht wollte man den Göttern oder Naturkräften solche wertvollen Dinge spenden, um auf Wohlwollen und Schutz zu hoffen. In vielen Kulturen spielten die Sonne, der Mond oder bestimmte Tiergeister eine Rolle. Ob das in der bronzezeitlichen Bevölkerung Belgiens auch so war, lässt sich nur vermuten.

Die Bedeutung von Gemeinschaft und Austausch

Ein wichtiger Punkt in der Bronzezeit ist die stärkere Zusammenarbeit zwischen einzelnen Dörfern und Stämmen. Rohstoffe mussten getauscht werden, Handwerker reisten umher, um ihre Dienste anzubieten. So lernte man neue Techniken kennen und stellte bessere Werkzeuge oder Schmuckstücke her. Gleichzeitig war das Leben nicht immer friedlich. Es kam auch zu Konflikten oder Kriegen zwischen verschiedenen Gruppen, die vielleicht um Land, Wasserstellen oder Handelswege stritten. Bronzeschwerter und Dolche sind nicht nur nützlich auf der Jagd, sondern auch in Kämpfen.

Trotzdem ist die Bronzezeit keine Epoche der ständigen Kriege. Viele Dörfer lebten vermutlich friedlich nebeneinander. Der gemeinsame Glaube oder Traditionen konnten Menschen verbinden. Feste und Feiern, bei denen gegessen, getrunken und getanzt wurde, waren sicher wichtig, um die Gemeinschaft zu stärken. In vielen Kulturen markierten zum Beispiel Sonnenwenden den Wechsel der Jahreszeiten und boten Anlass für gemeinsame Rituale.

Technische Fortschritte am Ende der Bronzezeit

Gegen Ende der Bronzezeit wurden die Techniken in der Metallverarbeitung immer ausgefeilter. Es entstanden kunstvoll verzierte Waffen und Schmuckstücke. Gussformen aus Stein oder Ton erlaubten es, Bronzeteile in größerer Zahl herzustellen. Wer dieses Handwerk beherrschte, war sehr angesehen. Es war ein komplexer Vorgang, das Metall zu schmelzen, zu gießen und richtig abzukühlen. Auch die Töpferei entwickelte sich weiter. Größere und stabilere Gefäße konnten hergestellt werden. Auf vielen Gefäßen findet man eingeritzte oder aufgemalte Muster, die vielleicht Stammeszeichen oder künstlerischen Ausdruck darstellen.

Einige Wissenschaftler nehmen an, dass gegen Ende der Bronzezeit schon erste Kontakte zu neuen Völkern entstanden, die später als Kelten bezeichnet wurden. Diese brachten möglicherweise erste Vorläufer von Eisen in die Region. Doch das gehört schon zum nächsten großen Kapitel der Geschichte: Die Einführung des Eisens veränderte Europa erheblich.

Die Landschaft und das Klima

Das Gebiet des heutigen Belgiens ist geprägt durch seine Nähe zur Nordsee, durch Flüsse wie die Maas oder die Schelde und durch hügelige Landschaften, vor allem in den Ardennen. In der Steinzeit und Bronzezeit sah diese Landschaft etwas anders aus als heute. Es gab viel mehr Wald, weniger Sümpfe waren trocken gelegt, und es gab keine Städte. Doch die Geografie beeinflusste schon immer, wo Menschen sich niederließen. Fruchtbare Böden und Zugang zu Wasser waren entscheidend. So entstanden Dörfer bevorzugt in Flusstälern oder in Gegenden, wo der Boden leicht zu bearbeiten war.

Das Klima war in einigen Phasen milder, in anderen rauer. Schlechte Ernten und harte Winter konnten das Überleben gefährden. In diesen Zeiten war Gemeinschaft besonders wichtig. Menschen halfen einander, wenn die Nahrung knapp wurde. Vielleicht tauschten sie Getreide gegen Fleisch oder halfen sich beim Bau von neuen Häusern oder Wegen. Solche Abhängigkeiten schweißten die Dorfgemeinschaften zusammen.

Alltag in der Stein- und Bronzezeit

Für uns heute ist es spannend, den Alltag jener Zeit zu betrachten. Wenn wir uns vorstellen, wie ein normaler Tag für eine Familie in einem bronzezeitlichen Dorf aussah, müssen wir unsere moderne Welt vergessen.

Es gab weder Strom noch Maschinen. Licht spendete das Feuer, Kerzen oder Öllampen (sofern überhaupt bekannt). Wasser holte man aus Brunnen oder Flüssen. Die Menschen standen vermutlich früh auf, um ihre Tiere zu versorgen, aufs Feld zu gehen oder auf die Jagd. Kinder lernten durch Beobachten und Nachmachen. Es gab keine Schulen, wie wir sie kennen.

Auch Kleidung und Schmuck waren wichtig. Wer es sich leisten konnte, hatte hübsche Armbänder aus Bronze oder vielleicht einen Anhänger aus Bernstein. Bernstein war kostbar, weil er oft von weit her kam. Manchmal finden sich in Gräbern Bernsteinkugeln oder -perlen, die sicher nicht jeder besaß. Frauen trugen oft lange Röcke oder Kleider aus Leinen, Männer Hosen oder Röcke und Hemden. Schuhe wurden aus Leder gefertigt, das man mit einfachen Techniken gerbte.

Die Ernährung war vielfältiger, als man denkt. Natürlich gab es nicht die große Auswahl wie in unseren Supermärkten, aber es wurde Getreide angebaut und zu Brot oder Brei verarbeitet. Fleisch stammte von selbstgejagten Tieren oder von Vieh. Fisch war für die Dörfer in Flussnähe eine gute Ergänzung. Dazu kamen Eier, Milchprodukte, Beeren, Nüsse und Pilze. Gewürze waren rar, aber Kräuter wuchsen überall in den Wäldern und auf Wiesen. Honig war der wichtigste Süßstoff, denn Zuckerrohr oder Zuckerrüben gab es noch nicht.

Konflikte und Verteidigung

Obwohl wir ein recht friedliches Bild vom dörflichen Leben zeichnen, darf man die Probleme nicht vergessen. Konflikte konnten durch Streit um Ackerland oder Vieh entstehen. Vielleicht wollte eine Gruppe das Land einer anderen Gruppe für sich beanspruchen. Da es noch keine staatlichen Strukturen gab, musste jede Gemeinschaft sich selbst verteidigen. Bronzeschwerter, Speere und Pfeilspitzen waren nicht nur für die Jagd gedacht. Immer wieder finden Archäologen Spuren von gewaltsamen Auseinandersetzungen. Zum Beispiel entdeckt man Skelette mit Verletzungen, die von Waffen stammen. Auch Reste von Wehranlagen weisen darauf hin, dass man sich vor Feinden schützen wollte.

Doch der Austausch blieb wichtig. Selbst wenn es Kämpfe gab, führten die Handelswege zu einer gewissen Vernetzung. Manche Feindschaften waren vielleicht nur von kurzer Dauer, während sich freundschaftliche Beziehungen über weite Strecken ausbreiten konnten. Ein Anführer, der durch starke Verbündete oder reiche Handelsbeziehungen glänzte, konnte sein Dorf oder seinen Stamm vor Angriffen schützen und das Leben für viele angenehmer machen.

Kunst und Handwerk

In der Stein- und Bronzezeit war Kunst keine getrennte Beschäftigung wie heute, sondern Teil des Alltags. Wenn ein Handwerker ein Schwert schmiedete oder ein Töpfer ein Gefäß formte, konnte er dieses mit Mustern verzieren. Diese Verzierungen hatten oft eine symbolische Bedeutung oder sollten zeigen, dass es sich um ein besonderes Stück handelte. So entstanden Spiralmuster, geometrische Formen oder Tierdarstellungen, die man bis heute in Museen bewundern kann.

Schmuck war in allen Schichten beliebt, sofern man es sich leisten konnte. Besonders reiche Leute besaßen zum Beispiel Armringe, die mit feinen Linien versehen waren, oder Halsreifen, die man als Torques bezeichnete. Diese Halsreifen waren meist aus Bronze und teilweise sogar vergoldet. Ob sich diese kunstvollen Gegenstände nur eine kleine Oberschicht leisten konnte oder ob sie weiter verbreitet waren, ist nicht immer klar. Manchmal deutet die Fundlage darauf hin, dass nur wenige Menschen solchen Schmuck besaßen.

Übergang zu neuen Epochen

Am Ende der Bronzezeit gingen die Veränderungen immer schneller vonstatten. Neue Völker und Einflüsse kamen ins Land. Einige Historiker sehen in den einströmenden Gruppen die Vorläufer der keltischen Stämme, die wir im nächsten Kapitel kennenlernen werden. Sie brachten vermutlich das Wissen um Eisenverarbeitung mit, was die Bronze als Werkstoff nach und nach verdrängte. Doch selbst in der frühen Eisenzeit wurde Bronze noch für bestimmte Gegenstände benutzt, weil sie sich gut gießen ließ und eine edle Farbe hatte.

KAPITEL 2: DIE KELTISCHEN STÄMME

Nachdem wir uns angeschaut haben, wie die Menschen von der Steinzeit bis zur Bronzezeit lebten, treten wir nun in eine neue Epoche ein. Mit der Zeit lernte man, Eisen zu nutzen, was ein weiterer großer Fortschritt war. Eisen war härter und widerstandsfähiger als Bronze. Das eröffnete neue Möglichkeiten für Werkzeuge und Waffen. Gleichzeitig tauchten in vielen Teilen Europas Völker auf, die wir heute als Kelten bezeichnen. Sie besiedelten große Gebiete in Mittel- und Westeuropa. Auch im Gebiet des heutigen Belgiens lebten keltische Stämme, die wir im Allgemeinen als „Belger" kennen. Wer genau die Belger waren und wie sie sich von anderen Kelten unterschieden, ist nicht abschließend geklärt, doch in den Schriftquellen taucht ihr Name immer wieder auf.

Wer waren die Kelten?

Der Begriff „Kelten" stammt aus der Antike und ist eigentlich ein Sammelbegriff für verschiedene Völker, die ähnliche Sprachen sprachen und gewisse kulturelle Merkmale teilten. Diese keltischen Sprachen bildeten eine Familie, zu der später auch das Gallische und andere Dialekte gehörten. Heutige Sprachen wie Irisch oder Walisisch haben ihre Wurzeln in dieser keltischen Sprachfamilie. Damals, in der frühen Eisenzeit, gab es noch keine einheitliche Nation der Kelten. Vielmehr gab es zahlreiche Stämme, die in lockeren Bündnissen oder auch als Feinde nebeneinander lebten.

Keltische Völker waren bekannt für ihre Kunstfertigkeit in der Metallverarbeitung. Sie stellten prächtige Waffen, Schmuck und Wagen her. Oft waren diese Gegenstände reich verziert mit geschwungenen Mustern und Tiersymbolen. Auch in der Religion gab es viele Gemeinsamkeiten, zum Beispiel die Verehrung von Naturheiligtümern wie Quellen, Bäumen oder heiligen Hainen. Druiden, also Priester, hatten eine wichtige Rolle in der Gesellschaft und konnten sowohl religiöse als auch rechtliche Aufgaben übernehmen.

Die Belger im nördlichen Gallien

Das Gebiet, das die Römer später Gallien nannten, umfasste große Teile des heutigen Frankreich, Belgiens, Luxemburgs und Teile der Schweiz und Deutschlands. Im Norden Galliens lebten diverse keltische Stämme, die man als Belger bezeichnet. Manche Historiker denken, dass dieser Name „Belger" auch eine politische Sammelbezeichnung war. Es könnte sein, dass mehrere Stämme, die sich kulturell ähnelten, so von den Römern genannt wurden. Sicher ist, dass diese Stämme teilweise unterschiedliche Namen trugen und von verschiedenen Häuptlingen oder Königen regiert wurden.

Die Belger waren bekannt dafür, tapfer und kampferfahren zu sein. Als später die Römer unter Julius Caesar in Gallien einfielen, beschreibt Caesar die Belger sogar als „die Tapfersten von allen Galliern". Ob das an ihrer Kampfkraft lag oder an den Umständen, unter denen sie lebten, ist nicht ganz klar. Vielleicht war ihr Gebiet häufiger von germanischen Einfällen bedroht, sodass sie sich ständig verteidigen mussten und dadurch besonders kampferprobt waren. Es könnte auch sein, dass Caesar mit diesem Lob einen Keil zwischen die gallischen Stämme treiben wollte, indem er einige Stämme hervorhob.

Lebensweise der keltischen Stämme

Die keltischen Stämme im heutigen Belgien lebten in befestigten Siedlungen, die man oft als Oppida bezeichnet. Oppida waren größere

Anlagen, manchmal auf Hügeln, manchmal in flachem Land, die von Wällen und Gräben umgeben sein konnten. Innerhalb dieser Befestigungen gab es Häuser, Lagerplätze und Werkstätten. Solche Oppida dienten als Handelszentren und boten Schutz in Kriegszeiten. Nicht alle Kelten lebten aber in Oppida. Viele wohnten in einfachen Dörfern oder Einzelgehöften.

Die Landwirtschaft war weiterhin sehr wichtig. Man baute Getreide wie Weizen oder Gerste an. Auch Hülsenfrüchte, Obst und Gemüse standen auf dem Speiseplan. Das Vieh bestand aus Rindern, Schafen und Schweinen. Pferde waren vor allem für den Transport und das Ziehen von Streitwagen nützlich. Das Schmiedehandwerk hatte einen hohen Stellenwert, weil die Eisenverarbeitung eine zentrale Rolle spielte. Eisen war in vielen Bereichen wichtig: für Pflugscharen, Werkzeuge und natürlich Waffen.

Ein wichtiger Teil des keltischen Lebens war auch der Handel. Die Kelten standen in Kontakt mit Völkern aus dem Mittelmeerraum. Über Flüsse wie die Rhone, die Loire oder die Seine konnten Waren transportiert werden. Bernstein, Zinn, Salz und Metallwaren zählten zu den begehrten Handelsgütern. Im Gebiet des heutigen Belgiens wurde vermutlich ebenfalls Metall gewonnen und verarbeitet. An den Flüssen Maas und Schelde gab es wichtige Handelsrouten.

Gesellschaftsstruktur bei den Kelten

Keltische Stämme waren oft in Adel und einfache Krieger, Bauern und Handwerker gegliedert. An der Spitze konnte ein König oder Häuptling stehen, der im Kriegsfall das Kommando hatte. Dieser Anführer wurde meist durch eine Versammlung der Krieger gewählt oder stammte aus einer mächtigen Adelsfamilie. Die Druiden hatten nicht nur religiöse Aufgaben, sondern konnten auch als Berater des Herrschers auftreten. Sie konnten Recht sprechen, Opfer leiten und waren oft Vermittler zwischen verschiedenen Stämmen.

Die Krieger spielten eine große Rolle, denn in keltischen Gesellschaften war der Mut im Kampf hoch angesehen. Ein Mann, der sich im Kampf auszeichnete, konnte Ansehen und Einfluss gewinnen. Aber auch in Friedenszeiten waren Handwerker, Schmiede oder Kaufleute wichtig, weil sie den Wohlstand einer Gemeinschaft sicherten. Frauen konnten ebenfalls hohes Ansehen erreichen, wenn sie aus einer Adelsfamilie stammten. Es gibt Berichte über keltische Frauen, die in Schlachten kämpften oder eigene Ländereien besaßen.

Religion und Brauchtum der Kelten

Die keltischen Religionen waren vielfältig und stark mit der Natur verbunden. Es gab Götter für Flüsse, Quellen, Berge und Wälder. Einige Gottheiten wurden in Tiergestalt verehrt, andere hatten menschliche Züge. Bei manchen Gottheiten war der Kopf besonders wichtig, denn in der keltischen Vorstellung hatte der Kopf eine große magische Kraft. In Sagen tauchen daher oft Erzählungen auf, in denen ein abgeschlagener Kopf noch weiter sprechen kann.

Feste und Zeremonien fanden häufig in heiligen Hainen oder an bestimmten Naturschauplätzen statt. Dort wurden Opfer dargebracht, zum Beispiel Speisen, Waffen oder Schmuck. Die Druiden waren bei diesen Ritualen die Vermittler zwischen den Menschen und den Göttern. Auch Bestattungsriten spielten eine große Rolle. Adlige wurden oft mit reichen Grabbeigaben, wie Wagen, Waffen oder Schmuck, in Hügelgräbern beigesetzt. Einfachere Leute bekamen weniger Beigaben oder wurden auf Friedhöfen bestattet.

Die Kelten kannten keine einheitliche Schrift, aber sie nutzten in einigen Gebieten eine Schriftform, die man Ogham nennt. Meist war sie jedoch nur auf gravierten Steinen zu finden. Vieles, was wir über die Kelten wissen, stammt aus griechischen und römischen Quellen, die aber manchmal voreingenommen waren. Die antiken Autoren hatten ihre eigene Sicht auf die „barbarischen" Völker im Norden.

Konflikte mit germanischen Stämmen

Im östlichen Teil des heutigen Belgiens und Deutschlands lebten germanische Stämme. Wo genau die Grenze zwischen Kelten und Germanen verlief, ist umstritten. Manche Gebiete waren Mischzonen, in denen sich keltische und germanische Einflüsse begegneten. Auch die Sprachen könnten sich vermischt haben. Über die Beziehungen zwischen

Kelten und Germanen wissen wir nicht alles. Es gab sicher Handel, aber auch Feindseligkeiten und Auseinandersetzungen.

Der Rhein stellte in vielen Epochen eine wichtige Grenzlinie zwischen Völkern dar. Doch es gab immer wieder Gruppen, die den Fluss überquerten. Wenn germanische Krieger in keltische Gebiete eindrangen, kam es zu Kriegen oder Wanderungsbewegungen. Manche keltische Stämme zogen dann weiter nach Westen oder schlossen Bündnisse mit anderen Gruppen. Dieser Druck von Osten könnte ein Grund sein, warum die Belger in den Augen der Römer so kampferprobt waren.

Die Rolle der Belger im weiteren Verlauf

Als die Römer unter Julius Caesar in Gallien einmarschierten (1. Jahrhundert v. Chr.), griffen sie nach und nach verschiedene keltische Stämme an. Caesar beschrieb in seinem Werk „De Bello Gallico" seine Feldzüge und erwähnte dort oft die Belger. Diese wehrten sich mutig gegen die römischen Legionen. Einige Stämme schlossen Bündnisse untereinander, andere arbeiteten mit den Römern zusammen, um eigene Vorteile zu sichern. Letztlich unterlagen alle keltischen Stämme in Gallien der römischen Macht.

Doch in unserem Buch wollen wir noch nicht zu tief in die Römerzeit eintauchen. Wir werden sie im nächsten Kapitel genauer behandeln. Hier soll es nur darum gehen, dass die Belger wichtige Akteure in der Geschichte waren, bevor die Römer kamen. Ihre Kultur und Lebensweise bestimmte das Land für einige Jahrhunderte. Viele Ortsnamen in Belgien und Umgebung gehen auf keltische Ursprünge zurück. Auch manche Bräuche könnten von den Kelten stammen, haben sich aber über die Jahrhunderte stark verändert.

Handel und Austausch der Belger

Die Belger hatten ausgedehnte Handelskontakte, sowohl nach Süden zu anderen keltischen Völkern als auch nach Norden und Westen bis an die Küstenbereiche. Bernstein, Salz, Metalle und landwirtschaftliche Produkte waren begehrte Güter. Das Eisen, das in den Schmieden der Belger verarbeitet wurde, hatte eine hohe Qualität. In einigen Siedlungen fanden

Archäologen große Mengen an Schlacken, also Resten der Eisenschmelze, die zeigen, wie intensiv dieses Handwerk betrieben wurde.

Die Belger verwendeten auch Münzen. Zunächst übernahmen sie griechische oder römische Münztypen und prägten sie mit eigenen Stempeln nach. Später entwickelten sie eigene Motive und Zeichen auf den Münzen. Dies war ein großer Schritt, weil Münzgeld eine Handelserleichterung darstellte und ein eigenes Prestige symbolisierte. Wer eigene Münzen prägen konnte, zeigte damit Unabhängigkeit und Selbstbewusstsein.

Keltische Kunst und Handwerk

Die keltische Kunst war sehr lebendig. Viele Objekte sind mit geschwungenen Linien und Formen verziert. Diese Formen sehen manchmal aus wie Pflanzenranken oder Tiergestalten, die ineinander übergehen. Typisch sind auch Spiralen und Knotenmuster. Oft ist nicht klar, ob sie nur als Dekoration dienten oder ob ihnen eine tiefere Bedeutung zugeschrieben wurde. Keltische Schmiede und Goldschmiede waren für ihre Fertigkeiten berühmt.

Neben Waffen, Schmuck und Wagen bauten die Kelten auch hölzerne Fässer und Bottiche. Diese Technik war ausgesprochen nützlich für den Transport von Getränken und anderen Flüssigkeiten. Das Bierbrauen hatte bei den Kelten einen hohen Stellenwert. Auch Wein kannten sie, wobei er häufig aus südlicheren Gebieten importiert wurde. Im Gegenzug lieferten die Belger vielleicht wertvolle Rohstoffe in diese Regionen.

Keltische Feste und Rituale

Wie bereits erwähnt, spielten Jahreszeitenfeste eine wichtige Rolle. Man feierte zum Beispiel die Samhain-Nacht, die später im Christentum zu Allerheiligen oder Halloween wurde. Im Frühjahr gab es möglicherweise Rituale, die das Wiedererwachen der Natur begrüßten. Dabei könnten Feuer eine große Rolle gespielt haben. Oft wurden Tiere geopfert oder bestimmte Gegenstände rituell ins Feuer oder ins Wasser geworfen. Solche Praktiken sollten die Götter gnädig stimmen und eine gute Ernte oder Gesundheit für die Gemeinschaft erwirken.

Eine Besonderheit war der keltische Kalender, der vermutlich von den Druiden mündlich weitergegeben wurde. Es gab eine Einteilung des Jahres in dunkle und helle Hälfte. Die keltische Religion kannte viele regionale Unterschiede, daher ist es schwer, eine einheitliche Vorstellung davon zu gewinnen. Aber in allen Regionen hatte die Natur einen hohen Stellenwert, da die Menschen von Ackerbau und Viehzucht lebten und sich die Naturgewalten nicht erklären konnten wie wir es heute tun.

Die Nachbarn der Belger

Im Norden grenzten die Belger an germanische Stämme, die entlang des Rheins und weiter nördlich lebten. Im Süden und Westen stießen sie auf andere keltische Völker Galliens. Manchmal verbündete man sich in größeren Kriegen, manchmal bekämpfte man sich. Die Belger waren kein einheitlicher Block. Es gab viele Unterstämme, die sich zum Teil in ihrer Kultur und Sprache leicht unterschieden. Da jede Gruppe eigene Interessen verfolgte, waren auch Konflikte untereinander möglich.

Trotzdem erkennt man im archäologischen Fundgut viele gemeinsame Elemente. Zum Beispiel ähneln sich die Keramikstile, die Schmuckformen oder die Hausbauweisen über weite Strecken. Das zeigt, dass ein kultureller Zusammenhalt bestand, auch wenn es keine zentralisierte Macht gab. Vermutlich gab es Versammlungen von Stammesführern, die gemeinsame Beschlüsse fassten oder Bündnisse aushandelten.

KAPITEL 3: DIE RÖMERZEIT

Einleitung

Mit dem Beginn der Römerzeit veränderte sich das Leben im Gebiet des heutigen Belgiens grundlegend. Zuvor hatten die keltischen Stämme, besonders die Belger, das Land geprägt. Sie hatten eine eigene Kultur, Sprache und Lebensweise. Doch dann kamen die Römer unter Julius Caesar nach Gallien, und ein neues Kapitel begann. Die römische Eroberung war kein friedlicher Akt, sondern ein Ergebnis jahrelanger Kriege. Am Ende errichteten die Römer hier eine Provinz, die sie „Gallia Belgica" nannten. Viele keltische Traditionen blieben bestehen, doch es mischten sich römische Sitten, Verwaltung und Sprache hinein. In diesem Kapitel schauen wir genauer darauf, wie die Römer das Land eroberten und wie sie es anschließend verwalteten. Wir betrachten das Alltagsleben und die großen Veränderungen, die diese Zeit mit sich brachte. Dabei richten wir den Blick nicht nur auf das Militär, sondern auch auf Handel, Kultur und Religion.

Julius Caesars Feldzüge

Die römische Expansion in Gallien begann in der Mitte des 1. Jahrhunderts vor Christus. Rom war damals schon eine mächtige Republik, die Teile

Südeuropas und Nordafrikas kontrollierte. Julius Caesar, einer ihrer einflussreichsten Feldherren, nutzte die politische Lage in Gallien, um seinen Einfluss zu vergrößern. In seinem Werk „De Bello Gallico" schilderte er seine Feldzüge, auch wenn seine Darstellung nicht immer ganz objektiv war.

Caesar beschrieb die Belger als besonders tapfer. Ob das nur Schmeichelei war oder der Wahrheit entsprach, ist bis heute nicht eindeutig geklärt. Sicher ist, dass er die Belger in mehreren Schlachten besiegen musste, bevor sie sich schließlich der römischen Herrschaft unterwarfen. Besonders die Schlacht an der Sabis (vermutlich an der Fluss Sambre) war hart umkämpft. Die keltischen Krieger setzten ihrer Verteidigung alles entgegen. Doch am Ende gewannen die Römer, weil sie besser organisiert waren und ihre Legionen über ein strenges Disziplinarsystem verfügten.

Nachdem Caesar den Norden Galliens unterworfen hatte, begann eine Phase der Sicherung. Er stationierte Truppen in mehreren Gebieten und baute befestigte Lager, die „castra". Auf diese Weise konnten die Römer schnell reagieren, falls sich ein Stamm erneut erhob. Die Belger schlossen zum Teil Bündnisse mit Rom, teils wurden sie direkt römischen Statthaltern unterstellt. Über Jahre hinweg gab es immer wieder kleinere Aufstände und Widerstände. Doch nach Caesars Feldzügen war die Herrschaft der Römer in Gallien weitgehend gefestigt.

Die Provinz Gallia Belgica

Nachdem die Römer Gallien erobert hatten, teilten sie das große Gebiet in verschiedene Provinzen auf. Eine davon war Gallia Belgica. Sie umfasste nicht nur das heutige Belgien, sondern auch Teile des heutigen Nordfrankreichs, Luxemburgs und Westdeutschlands. Rom setzte Statthalter ein, die die Provinz verwalteten und Steuern eintrieben. Diese Statthalter waren oft erfahrene Beamte oder Militärs, die sich in Rom einen Namen gemacht hatten.

Die Provinz Gallia Belgica besaß einige bedeutende Städte, die entweder neu gegründet oder aus keltischen Siedlungen hervorgegangen waren. Beispiele sind Tongeren (lateinisch: Aduatuca Tungrorum) oder auch Bavay im heutigen Nordfrankreich. Die Römer bauten Straßen, um diese Orte miteinander zu verbinden. Bekannte Römerstraßen führten etwa nach Köln (Colonia Claudia Ara Agrippinensium) oder nach Trier (Augusta Treverorum). Dadurch entstand ein Netzwerk, das Handel und Truppentransporte erleichterte.

In den Städten entstanden Bauten, die typisch für die römische Kultur waren: Theater, Thermen (öffentliche Badehäuser), Verwaltungsgebäude und Tempel. Die Römer brachten ihre Architekturstile mit, sodass an einigen Orten sogar Überreste von Säulen, Mosaiken oder Fußbodenheizungen (Hypokausten) gefunden wurden. Wer damals in einer dieser Städte lebte, erlebte also eine Mischung aus keltischen Traditionen und römischen Neuerungen. Auf dem Land blieb jedoch viel bei den alten Gewohnheiten, zumindest anfangs.

Militärische Sicherung und Grenzverteidigung

Ein wichtiger Grund, warum die Römer so lange in Gallien bleiben konnten, war ihre starke Armee. Sie errichteten Kastelle und Grenzbefestigungen. In den nördlichen Regionen, an der Grenze zu germanischen Gebieten, war die Sicherung besonders wichtig. Das Römische Reich wollte sich vor Einfällen germanischer Stämme schützen, die oftmals die Flüsse nutzten, um in römisches Gebiet zu gelangen.

Ein Teil der Verteidigungslinie war der Rhein. Obwohl dieser Fluss nicht immer die Grenze der Provinz Gallia Belgica war, spielte er eine große Rolle in der Militärstrategie der Römer. An mehreren Stellen lagen Legionen bereit, um einzugreifen, falls germanische Krieger den Fluss überquerten. Auch an der Maas gab es kleinere befestigte Lager. Im Inneren des Landes reichten kleine Garnisonen, um die Bevölkerung im Zaum zu halten und mögliche Aufstände zu verhindern.

Das römische Heer bestand nicht nur aus Soldaten, die aus Italien stammten. Im Laufe der Zeit wurden auch Gallier und andere Völker in die römische Armee aufgenommen. Solche Hilfstruppen nennt man Auxiliartruppen. Wer dort diente, konnte nach einer gewissen Zeit das römische Bürgerrecht erhalten. So entstand ein ständiger Austausch zwischen den Einheimischen und den Römern. Die Nachfahren keltischer Krieger konnten also selbst Teil der Armee werden, die einst gegen sie gekämpft hatte.

Verwaltung und Rechtssystem

Das Rechtssystem der Römer galt als sehr fortschrittlich für jene Zeit. In den Provinzen galten römische Gesetze, doch oft wurden die alten Stammesrechte der Kelten nicht völlig abgeschafft, sondern mit einbezogen. Bei Streitigkeiten oder Verbrechen konnten römische Gerichte angerufen werden, sofern man römischer Bürger war. Wer dieses Bürgerrecht nicht hatte, musste sich meist an die örtlichen Gerichte wenden, die unter römischer Aufsicht standen.

Die Steuern wurden in Gallia Belgica zum Teil in Form von Naturalien eingezogen: Getreide, Vieh oder andere Erzeugnisse. Außerdem gab es direkte Steuern, die man mit römischen Münzen zahlen sollte. Die Römer führten ihre Währung in den eroberten Gebieten ein. Das machte den Handel einfacher und sorgte dafür, dass Rom die finanzielle Kontrolle behielt. In den Städten wurde oft Latein gesprochen, während auf dem Land die keltische Sprache noch lange erhalten blieb. Allmählich passten sich jedoch immer mehr Menschen an die römische Lebensweise an, um Vorteile zu genießen.

Die Verwaltung war in kleinere Bezirke aufgeteilt, in denen lokale Beamte zuständig waren. Oft stammten diese Beamten aus einheimischen Adelsfamilien, die sich mit den Römern arrangiert hatten. Auf diese Weise konnten sich die Römer die Unterstützung einflussreicher Familien sichern. Eine solche Politik nennt man „Romanisierung", weil sie darauf abzielte, die örtliche Elite von den Vorzügen Roms zu überzeugen.

Städte und Infrastruktur

Die Städte in Gallia Belgica waren nach römischem Vorbild angelegt. Das heißt, es gab ein rechteckiges Straßennetz, einen Hauptplatz (Forum) und öffentliche Gebäude. Das Forum diente als Marktplatz und Versammlungsort. Dort stand oft auch der wichtigste Tempel oder das Rathaus (Curia). Die Thermen waren nicht nur zum Baden da, sondern auch ein Ort der Begegnung und des Austauschs. Wer es sich leisten konnte, besuchte sie, um zu entspannen, Neuigkeiten zu hören oder Geschäfte zu besprechen.

Ein großer Fortschritt waren die römischen Wasserleitungen. In einigen Städten führten Aquädukte sauberes Wasser von entfernten Quellen in die Stadt. Im Vergleich zu anderen Völkern jener Zeit war das römische Hygienesystem weit fortgeschritten. Allerdings gab es solche Aquädukte eher in größeren Zentren und nicht in jedem Dorf.

Die Römer bauten zudem befestigte Straßen, die durch die Provinz führten. Diese Straßen bestanden oft aus mehreren Schichten von Steinen und Kies. An den Seiten gab es Gräben, um Regenwasser abzuleiten. Für das Militär waren diese Straßen unerlässlich, da Legionen sich so schnell verlegen ließen. Auch der Handel profitierte, weil Warenwagen leichter transportiert werden konnten. Orte mit einem Schnittpunkt mehrerer Straßen entwickelten sich nicht selten zu größeren Siedlungen oder Handelszentren.

Handel und Wirtschaft

Gallia Belgica war für Rom eine wichtige Provinz, weil es dort fruchtbare Böden und Rohstoffe gab. Vor allem Getreide, Leder und Wolle waren begehrte Handelsgüter, die in andere Teile des Römischen Reiches exportiert wurden. Ebenso gab es Metalle und Töpferwaren, die gehandelt wurden. Die Flüsse Maas und Schelde spielten eine große Rolle beim Transport von Gütern. Mit Booten oder Flößen konnte man Waren leichter bewegen als über Landwege.

Rom selbst und andere Provinzen lieferten im Gegenzug Wein, Olivenöl und Luxusartikel wie Glaswaren oder feine Stoffe. Auf den Märkten der römischen Städte in Gallia Belgica trafen sich Kaufleute aus allen Ecken des Reiches. Dort tauschten sie Nachrichten, Zahlungsmittel und Produkte. Manche Händler reisten sogar bis nach Britannien oder Germanien. Auf diese Weise lernte man fremde Sprachen und Bräuche kennen.

Der römische Münzumlauf erleichterte diese Geschäfte. Silberdenare oder Bronzeasses waren in großen Mengen im Umlauf. Wer Geld sparen wollte, konnte es für größere Anschaffungen oder Steuern verwenden. Allerdings blieb der Tauschhandel mit Naturalien in den ländlichen Gegenden ebenfalls wichtig. Viele Bauern wirtschafteten hauptsächlich für den eigenen Bedarf und zahlten Steuern in Form von Getreide oder Vieh.

Gallo-römische Kultur

Mit der Zeit entstand in Gallia Belgica eine sogenannte „gallo-römische" Kultur. Damit ist eine Mischung aus keltischen und römischen Elementen gemeint. Während in den Städten Latein als Verkehrssprache genutzt wurde, sprachen viele Bauern auf dem Land weiterhin ihre keltischen Dialekte. Römische Bräuche wie öffentliche Spiele in Amphitheatern, Gladiatorenkämpfe oder Wagenrennen wurden immer beliebter. Auch römische Feste zu Ehren der Götter hielten Einzug.

Zugleich blieben keltische Traditionen lebendig. Viele Menschen verehrten noch ihre alten Gottheiten oder feierten lokale Feste. Manchmal wurden keltische Tempel in römische Tempel umgewandelt, indem man sie im römischen Stil umbaute. Der Glaube an Naturheiligtümer, Quellen und heilige Haine hielt sich lange. Teilweise wurden keltische Götter mit römischen Göttern gleichgesetzt. So konnte es vorkommen, dass man einen keltischen Flussgott mit Neptun oder einen keltischen Kriegsgott mit Mars gleichsetzte.

Die gallo-römische Oberschicht adaptierte schneller die römische Lebensart. Sie ließ sich römische Bäder bauen, trug römische Kleidung wie die Toga (für Männer) oder Stola (für Frauen) und schickte ihre Kinder in Schulen, wo Latein und griechische Literatur unterrichtet wurden. Diese Familien gewannen oft an Einfluss, weil sie gut mit der römischen Verwaltung kooperierten und dadurch Machtpositionen erlangten.

Religion und frühes Christentum

In der frühen Kaiserzeit dominierten in Gallia Belgica die alten keltischen Götter und die römischen Staatsgötter, die von den Besatzern eingeführt worden waren. Opferungen und Feste waren ein Teil des öffentlichen Lebens. Viele Menschen pilgerten zu Heiligtümern, um die Götter um Schutz und Heilung zu bitten.

Ab dem 1. Jahrhundert nach Christus begann sich das Christentum langsam zu verbreiten, allerdings zuerst in Städten und eher wohlhabenden Kreisen. Das Christentum war anfangs im Römischen Reich nicht erlaubt. Christliche Gemeinden mussten sich heimlich versammeln. Doch im 4.

Jahrhundert wurde das Christentum schließlich zur erlaubten Religion und sogar zur Staatsreligion erhoben. Damit wuchs die Zahl der Gläubigen in Gallia Belgica. Kirchen ersetzten mancherorts die alten Tempel. Bischofssitze entstanden in wichtigen Städten wie Tongeren, später auch in anderen Zentren.

Dieser Wandel geschah jedoch allmählich. Viele Menschen hielten an heidnischen Bräuchen fest, selbst als das Christentum bereits in der Oberschicht angekommen war. Vermutlich gab es ein Nebeneinander von alten und neuen Glaubensformen. Erst in den folgenden Jahrhunderten setzte sich das Christentum stärker durch und prägte das Leben noch mehr.

Der Alltag in Stadt und Land

Für die meisten Menschen in Gallia Belgica bedeutete der Alltag harte Arbeit auf dem Feld. Bauern bestellten ihre Äcker, bauten Getreide, Hülsenfrüchte und Gemüse an. Auch das Vieh war wichtig: Kühe, Schafe und Schweine lieferten Milch, Wolle und Fleisch. In römischer Zeit wurden neue Anbaumethoden eingeführt. Dazu gehörten verbesserte Pflüge, die tiefere Furchen ziehen konnten, sowie systematischer Fruchtwechsel.

Wer in der Stadt lebte und genug Geld hatte, genoss mehr Komfort. In den wohlhabenden Häusern gab es oft eine einfache Fußbodenheizung, bunte Wandmalereien und Mosaikböden. In den Thermen traf man andere Bürger, tauschte Neuigkeiten aus und entspannte in warmen Bädern. Auf den Märkten gab es exotische Waren: würzige Soßen aus dem fernen Osten, feine Töpferware aus Süditalien, Weine aus Spanien oder dem Mittelmeerraum.

Allerdings lebten nicht alle Stadtbewohner in Wohlstand. Es gab auch Handwerker, Tagelöhner und kleine Händler, die mühsam ihren Lebensunterhalt verdienten. Sklavenarbeit war in römischen Gebieten verbreitet. Manche Familien besaßen Sklaven, die im Haushalt oder auf dem Land arbeiten mussten. Freiheit war ein hohes Gut. Manchmal konnte ein Sklave freigelassen werden, wenn er lange gedient hatte oder sein Besitzer Gnade zeigte.

Sprache und Bildung

Latein war die offizielle Sprache der Verwaltung und der Oberschicht. Wer Karriere machen wollte, musste Latein können und römische Schrift beherrschen. Schulen gab es in größeren Städten, wo Kinder aus wohlhabenden Familien das Lesen, Schreiben und Rechnen lernten. Darüber hinaus erhielten sie Unterricht in Rhetorik und Literatur.

Auf dem Land blieben keltische Dialekte verbreitet, vor allem unter der einfachen Bevölkerung. Im Laufe der Zeit vermischten sich Latein und Keltisch immer mehr. Dieser Prozess trug dazu bei, dass sich im späteren Mittelalter romanische Sprachen entwickelten. Allerdings war das ein langer Vorgang, der nicht von heute auf morgen geschah.

Manche Kinder erhielten keine formale Schulbildung. Sie lernten das, was sie für den Alltag brauchten, direkt von ihren Eltern oder in Werkstätten, wenn sie ein Handwerk lernten. Lesen und Schreiben waren für die meisten Menschen nicht unbedingt nötig, solange sie ihre Tätigkeiten ausüben konnten. Daher blieb die Alphabetisierung in weiten Teilen der Gesellschaft gering.

Konflikte und Krisenzeiten

Obwohl die Römer lange Zeit stabil in Gallia Belgica herrschten, gab es immer wieder Krisen. Im 2. und 3. Jahrhundert nach Christus wurde das

Römische Reich von mehreren Seiten bedroht. Germanische Stämme drangen in die Provinzen ein, es kam zu Plünderungen und Verwüstungen. In manchen Regionen kollabierten die Verwaltungsstrukturen, und die Menschen flohen in stärker befestigte Städte oder in höher gelegene Gebiete.

Im 3. Jahrhundert erlebte das Römische Reich zudem eine politische Krise. Mehrere Kaiser regierten nur kurz, es kam zu Machtkämpfen. Die Soldatenkaiser waren oft mit Aufständen und Gegenkaisern konfrontiert. Einige Grenzprovinzen versuchten, sich abzuspalten und eigene Reiche zu gründen. In Gallien entstand zeitweise ein sogenanntes Gallisches Sonderreich, das die Provinzen vor den äußeren Feinden schützen sollte.

All diese Unruhen führten dazu, dass das Leben unsicher wurde. Der Handel ging zurück, Straßen verfielen, und die Bevölkerung in den Städten nahm mancherorts ab. Menschen wanderten aufs Land, wo sie hofften, sich besser versorgen zu können. Die gallo-römische Kultur blieb jedoch bestehen, auch wenn sie unter dem Druck der Krisen litt.

Der Einfluss der Spätantike

Gegen Ende des 3. Jahrhunderts begann Kaiser Diokletian mit umfassenden Reformen. Er teilte das Reich in kleinere Verwaltungseinheiten, um eine bessere Kontrolle zu gewährleisten. Die Provinzen wurden verkleinert, und neue Ämter geschaffen. Er führte zudem eine Münzreform durch, um die Inflation zu bekämpfen. Später teilte Kaiser Theodosius das Reich endgültig in eine westliche und eine östliche Hälfte.

Gallia Belgica lag im Westen und gehörte damit zum Weströmischen Reich, das stärker bedroht war als der Osten. Die germanischen Stämme setzten ihre Wanderungen fort, und neue Gruppen wie die Franken gewannen an Einfluss. Manche germanischen Krieger wurden sogar als Söldner ins römische Heer aufgenommen, um die Grenzen zu verteidigen. Auf diese Weise lernten sie römische Taktik und wurden immer mächtiger.

In der Spätantike gab es eine stärkere Christianisierung. Bischöfe erlangten neue Bedeutung, da sie nicht nur religiöse, sondern auch gesellschaftliche Aufgaben übernahmen. In manchen Städten waren die Bischöfe fast wie

Fürsten, die sogar politische Entscheidungen beeinflussten. Klöster entstanden, in denen Mönche lebten und beteten. Diese Klöster wurden zu Zentren der Schriftkultur, da hier Manuskripte kopiert und aufbewahrt wurden.

Der Zerfall der römischen Herrschaft

Im 5. Jahrhundert geriet das Weströmische Reich immer stärker unter Druck. Die Römer zogen viele Truppen ab, um andere Gebiete zu verteidigen. Gleichzeitig rückten germanische Völker weiter vor. Die Franken, die ursprünglich östlich des Rheins beheimatet waren, breiteten sich in den nördlichen Gebieten Galliens aus. Das heutige Belgien gehörte dabei zu den Regionen, die sie nach und nach in ihre Kontrolle brachten.

Um das Jahr 476 kam es dann zum offiziellen Ende des Weströmischen Reiches, als der letzte weströmische Kaiser abgesetzt wurde. In Gallia Belgica war die römische Verwaltung bereits vorher geschwächt, und viele Städte hatten sich selbst überlassen müssen. Mancherorts regierten nun lokale Adelshäuser oder fränkische Anführer, die ihre eigenen Gesetze durchsetzten. Die römischen Strukturen wurden in manchen Bereichen übernommen, in anderen lösten sie sich auf.

Diese Zeit wird manchmal als „Übergangsphase" bezeichnet. Auf der einen Seite gab es noch viel Romanisches, etwa in Sprache, Kirche und Bauweise. Auf der anderen Seite entstanden neue germanische Königreiche, die andere Gesetze, Gebräuche und Sprachen mit sich brachten. Das Leben änderte sich also erneut. Die Grundlage für das spätere Mittelalter war gelegt.

Erbe der Römerzeit

Trotz des Zerfalls des Weströmischen Reiches war das römische Erbe in Gallia Belgica nicht einfach verschwunden. Viele Straßen blieben in Gebrauch, manche Stadtstrukturen bestanden weiter. In der Sprache lebten lateinische Wörter fort, und in den Klöstern kopierte man lateinische Texte. Die christliche Kirche war fest verwurzelt und bot vielen Menschen Orientierung.

Auch das Rechtssystem profitierte noch lange von römischen Grundlagen. Später griffen fränkische Herrscher auf römische Vorbilder zurück, wenn sie eigene Gesetze schaffen wollten. In einigen Gebieten gab es Mischformen, in denen römisches und germanisches Recht nebeneinander galten.

Heute findet man archäologische Spuren aus der Römerzeit an vielen Orten in Belgien. Ruinen von Thermen, Überreste von Mauern, Gräbern und Villen zeugen von der hochentwickelten Kultur, die einst hier blühte. Ein guter Teil unserer Kenntnisse stammt von Ausgrabungen, bei denen Tongefäße, Münzen oder Schmuckstücke gefunden wurden. So wird deutlich, dass die Römerzeit mehrere Jahrhunderte lang ein wichtiger Teil der Geschichte dieser Region war.

Zusammenfassung

Die Römerzeit im Gebiet des heutigen Belgiens dauerte mehrere Jahrhunderte und hatte einen nachhaltigen Einfluss. Das Land wurde als Gallia Belgica Teil des Römischen Reiches, nachdem Julius Caesar die keltischen Stämme unterworfen hatte. Die Römer brachten ihre Verwaltung, ihre Straßen und ihre Bauten mit. Sie förderten den Handel, führten ein einheitliches Geldsystem ein und stärkten die Städte mit öffentlichen Gebäuden.

Gleichzeitig vermischten sich keltische und römische Traditionen zur gallo-römischen Kultur. Die Gesellschaft blieb vielfältig: Einheimische Sprachen existierten neben Latein, und alte Götter standen neben römischen Gottheiten. Später verbreitete sich das Christentum immer stärker. In Krisenzeiten sah sich das Römische Reich mit germanischen Einfällen und internen Machtkämpfen konfrontiert. Schließlich brach die römische Herrschaft im Westen zusammen, und fränkische Könige übernahmen die Kontrolle.

Doch das Erbe Roms war damit nicht ausgelöscht. Viele Konzepte und Gebäude blieben erhalten und beeinflussten das Frühmittelalter. Mit dieser Übergangsphase gehen wir in das nächste Kapitel, das sich mit den Merowingern und Franken befasst, also den neuen Herren im ehemaligen Gallia Belgica.

KAPITEL 4: DAS FRÜHE MITTELALTER

Einleitung

Nach dem Zusammenbruch der römischen Herrschaft im Westen Europas begann eine Phase, die man das frühe Mittelalter nennt. Im Gebiet des heutigen Belgiens spielten die Franken eine entscheidende Rolle. Diese germanischen Stämme hatten schon während der Römerzeit Kontakte nach Gallien, sei es durch Handel oder als Hilfstruppen in der römischen Armee. Nun übernahmen sie selbst die Macht. An der Spitze stand das Geschlecht der Merowinger, benannt nach dem legendären König Merowech.

Die Merowinger begründeten ein Königreich, das weite Teile des ehemaligen Gallia Belgica umfasste. Ein besonders bekannter Merowinger war Chlodwig (Clovis), der um das Jahr 500 zum Christentum übertrat. In diesem Kapitel verfolgen wir den Weg der Franken von einer losen Stammesgruppe hin zu einer Königsdynastie. Wir sehen, wie sie das Land prägten, wie sich das Christentum durchsetzte und wie sich das gesellschaftliche Leben im Vergleich zur Römerzeit veränderte.

Die Franken und ihre Herkunft

Die Franken waren ein germanisches Volk, das ursprünglich in Regionen östlich des Rheins lebte. Ihr Name könnte von einem Wort für „kühn" oder „frei" abstammen. Schon im 3. Jahrhundert nach Christus traten sie in den Quellen auf, als sie versuchten, das römische Gebiet zu betreten. Rom schloss teils Verträge mit ihnen, um sie als Bundesgenossen (Foederaten) einzusetzen. Das bedeutete, die Franken durften sich in bestimmten Gebieten ansiedeln und erhielten Land. Im Gegenzug verteidigten sie die Grenzen und stellten Soldaten.

Mit dem Niedergang des Weströmischen Reiches ab dem 5. Jahrhundert weiteten die Franken ihren Einfluss aus. Sie besetzten nach und nach Gallien nördlich der Loire. Das Gebiet des heutigen Belgiens war für sie interessant, weil es eine Mischung aus fruchtbaren Böden und Handelswegen bot. Zudem hatten sich bereits in römischer Zeit viele germanische Siedler hier niedergelassen. Der Übergang von römischer zu fränkischer Herrschaft erfolgte also oft schrittweise. Manche gallo-römische Adlige ordneten sich den neuen Herren unter und behielten so ihren Grundbesitz.

Herrschaft der Merowinger

Die Merowinger waren die erste Herrscherdynastie, die das fränkische Reich zusammenhielt. Einer ihrer frühen Könige war Childerich I., doch berühmt wurde vor allem sein Sohn Chlodwig (oder Clovis). Chlodwig gelang es, verschiedene fränkische Gruppen unter seiner Führung zu vereinen. Er besiegte andere germanische Stämme wie die Alemannen und ging schließlich auch gegen die Westgoten vor.

Ein wichtiger Schritt war Chlodwigs Taufe. Der Legende nach ließ er sich um das Jahr 500 in Reims taufen, nachdem er in einer Schlacht einen Sieg errungen hatte, den er auf die Hilfe des christlichen Gottes zurückführte. Mit dieser Entscheidung gewann er die Unterstützung der gallo-römischen Kirche und vieler seiner Untertanen, die bereits Christen waren. Gleichzeitig stärkte er seine Position gegenüber anderen germanischen Herrschern, die meist Arianer waren und nicht das römisch-katholische Christentum vertraten.

Unter den Merowingern wuchs das fränkische Reich. Nach Chlodwigs Tod wurde es jedoch oft aufgeteilt, da germanisches Recht vorsah, das Erbe unter den Söhnen zu verteilen. Das führte zu wiederkehrenden Machtkämpfen innerhalb der königlichen Familie. Dennoch blieb die Dynastie bis ins 8. Jahrhundert hinein bestehen, auch wenn sie in den späteren Jahren immer schwächer wurde.

Gesellschaft und Recht

Das frühe Mittelalter hatte keine einheitliche staatliche Verwaltung wie die Römerzeit. Stattdessen basierte die Macht oft auf persönlichen Bindungen. Die Könige vergaben Land an Gefolgsleute, die dafür Treue und militärische Unterstützung leisten mussten. Dies war ein Vorläufer des späteren Feudalwesens.

Das fränkische Recht war in Gesetzen wie der Lex Salica (Salisches Gesetz) niedergelegt. Darin ging es um Erbrecht, Diebstahl, Körperverletzung und viele andere Bereiche des Zusammenlebens. Anders als im römischen Recht herrschte hier oft das Prinzip der Wergeldzahlung. Das bedeutet, wer jemanden verletzte oder tötete, konnte einen bestimmten Geldbetrag zahlen, um Blutfehden zu vermeiden. Der Betrag hing vom Rang und Wert der verletzten Person ab. Frauen oder Adlige hatten teils andere Tarife als einfache Freie oder Sklaven.

Auf dem Land lebten die Menschen meist in Dörfern oder Gehöften, die sich um einen Adelshof oder ein ehemaliges römisches Gut gruppierten. Die gallo-römischen Eliten fügten sich den neuen Herren oft, blieben aber eine wichtige Schicht. Sie konnten lesen und schreiben, was viele Franken nicht konnten. So behielten sie zum Teil Verwaltungsaufgaben. Zugleich entstanden neue Führungsschichten aus den Reihen der fränkischen Krieger. Diese Männer hatten sich in Schlachten bewährt und erhielten dafür Ländereien.

Religion und Missionierung

Mit Chlodwigs Taufe wurde das katholische Christentum zur Leitreligion. Doch im frühen Mittelalter waren noch viele heidnische Bräuche bei den Franken und anderen Germanen verbreitet. Das Christentum setzte sich erst nach und nach durch. Missionare reisten durchs Land, gründeten Klöster und bauten neue Kirchen. Sie überzeugten die Menschen, ihre alten Gottheiten aufzugeben und sich taufen zu lassen.

Die Kirche spielte eine immer wichtigere Rolle, nicht nur im Glaubensleben, sondern auch in der Politik. Bischöfe hatten oft großen Einfluss, da sie wichtige Berater der Könige waren. Klöster wurden zu Zentren der Bildung. Mönche kopierten alte Texte und schrieben Chroniken, die uns bis heute Informationen über diese Zeit liefern. Viele dieser Aufzeichnungen sind jedoch aus dem Blickwinkel der kirchlichen Schreiber verfasst, sodass wir sie kritisch lesen müssen.

Die Volksfrömmigkeit war oft eine Mischung aus christlichen und heidnischen Elementen. Heilige Quellen, Opferfeste oder Gebete für gute Ernten gab es schon vor dem Christentum. Manchmal übernahmen Christen solche Rituale und verbanden sie mit christlichen Inhalten. Auf diese Weise verschmolz das neue mit dem alten Glauben.

Das Ende der Antike und der Beginn des Mittelalters

Manche Historiker sprechen von einer „Spätantike" bis ins 6. oder 7. Jahrhundert. In dieser Zeit war das römische Erbe noch deutlich zu spüren. Die Städte, Straßen und einige Verwaltungsstrukturen bestanden weiter, zumindest in Teilen. Die gallo-römische Kultur war noch lebendig, auch wenn die germanischen Sitten hinzukamen.

Erst langsam entwickelte sich das, was wir als mittelalterliche Ordnung bezeichnen. Viele Städte schrumpften, weil Handel und Handwerk zurückgingen. Die Menschen suchten Sicherheit auf dem Landgut (Villa), das einem mächtigen Herren gehörte. Dieser Herr, ob fränkischer Adeliger oder gallo-römischer Großgrundbesitzer, bot Schutz. Im Gegenzug mussten die Bauern Abgaben leisten und Dienste verrichten.

Die Grenze zwischen „Antike" und „Mittelalter" ist also nicht eine plötzliche Zäsur, sondern eher ein allmählicher Prozess. In manchem blieb das Römische bestehen, in anderem setzte sich das Germanische durch. Auch das Christentum veränderte sich, als es stärker mit dem ländlichen Alltag und alten Bräuchen in Berührung kam.

Die Rolle der Frau im frühen Mittelalter

Es ist nicht einfach zu sagen, wie das Leben der Frauen unter den Merowingern aussah, da die schriftlichen Quellen sich fast immer auf Krieger und Könige konzentrieren. Doch es gibt einige Hinweise. Frauen waren in der Regel für Haushalt, Kindererziehung und Feldarbeit zuständig. Adlige Frauen konnten jedoch großen Einfluss haben, etwa wenn sie als Ehefrauen oder Mütter von Königen politische Entscheidungen mitbestimmten.

In der Kirche spielten Frauen als Nonnen eine Rolle, wenn auch meist unter der Leitung von männlichen Klerikern. Manche Klöster für Frauen hatten eigene Äbtissinnen, die große Ländereien verwalteten. Diese Frauen standen an der Spitze ihrer Gemeinschaft und konnten sogar mit Königen in Briefkontakt treten. Trotzdem war die Gesellschaft stark von Männern dominiert.

Ein Beispiel für eine einflussreiche Frau ist Königin Brunichild, die im 6. Jahrhundert für einige Zeit die Regierung im fränkischen Reich beeinflusste. Sie war eine westgotische Prinzessin, die in den Merowinger-Hof einheiratete und nach dem Tod ihres Mannes als Regentin für ihren unmündigen Sohn fungierte. Während ihrer Regentschaft schaltete sie Gegner aus und war lange Zeit sehr mächtig. Am Ende wurde sie jedoch selbst gestürzt und auf grausame Weise getötet.

Hofleben und Machtkämpfe

In der Merowingerzeit gab es keinen festen Regierungssitz wie in der späteren Königszeit. Die Könige reisten mit ihrem Gefolge von Pfalz zu Pfalz oder von Hofgut zu Hofgut. Dort ernährte man sich aus den Vorräten, die von den Bauern beigesteuert wurden. Nach einigen Wochen zog man weiter, um eine neue Region nicht zu sehr auszubeuten.

Am Königshof versammelten sich Adlige, Bischöfe und andere Würdenträger. Hier wurden Bündnisse geschmiedet, Hochzeiten arrangiert und Gesetze verkündet. Die Hofgesellschaft war oft in Intrigen verstrickt. Wenn ein König starb, witterten seine Verwandten ihre Chance. Jeder wollte einen Teil des Erbes oder sogar die alleinige Herrschaft. So entstanden immer wieder kleinere Reiche, die später erneut vereinigt wurden.

Diese Machtkämpfe schwächten die Merowinger auf Dauer. Das Ansehen des Königs hing stark davon ab, ob er seine Feinde bezwingen konnte. Man sprach manchmal vom „König von Gottes Gnaden", doch in der Realität zählte vor allem militärische Stärke und reiche Beute. Nur so konnte man die Gefolgsleute bei Laune halten.

Wirtschaft und Handel im frühen Mittelalter

Nach dem Untergang des Weströmischen Reiches brach der Fernhandel nicht völlig zusammen, ging aber deutlich zurück. Besonders der Handel mit Luxusgütern aus dem Mittelmeerraum wurde schwieriger. Viele römische Straßen verfielen, und Piraten oder Räuber machten Reisen gefährlich.

Dennoch gab es noch Handel in der Region. Flüsse blieben wichtige Verkehrswege. Entlang von Maas, Schelde und Rhein transportierte man Waren wie Salz, Getreide, Wolle und Leder. Die Franken nutzten Boote oder einfache Schiffe. Mancherorts entstanden Märkte, auf denen Bauern ihre Erzeugnisse tauschen oder verkaufen konnten. Der Tauschhandel blieb für die meisten Menschen bedeutsam, da Geld nicht immer verfügbar war.

Münzen gab es weiterhin, aber sie wurden weniger geprägt als in der Römerzeit. Goldmünzen und später Silbermünzen dienten vor allem für größere Geschäfte unter Adeligen und Kaufleuten. Im normalen Alltag war Naturaltausch üblich. Wer keinen eigenen Boden besaß, arbeitete oft auf dem Land eines Adligen und gab einen Teil der Ernte ab.

Kultur und Bildung

Die Merowingerzeit war keine Zeit großer Bauwerke wie in der Antike. Kathedralen oder große Klöster entstanden meist erst in den folgenden

Jahrhunderten. Dennoch gab es Ansätze von Kultur und Bildung. Bischöfe und Geistliche schrieben Chroniken oder Heiligenviten (Lebensgeschichten von Heiligen). Auch wenn viele dieser Texte stark religiös geprägt sind, liefern sie uns wichtige Informationen über das frühe Mittelalter.

Der Großteil der Bevölkerung konnte nicht lesen oder schreiben. Bildung war fast ausschließlich in den Händen der Geistlichen und einer kleinen Gruppe von Adligen. Klöster bewahrten das Wissen der Antike, indem sie Manuskripte abschrieben. Dafür benutzten sie Schreibtinten und Federkiele. Pergament, hergestellt aus Tierhäuten, war das wichtigste Schreibmaterial.

In der Kunst finden sich einige Verzierungen von Alltagsgegenständen und Waffen. Zum Beispiel sind fränkische Schwerter, Gürtelschnallen oder Fibeln (Gewandspangen) mit Tiermotiven und Ornamenten geschmückt. Diese Kunststile nennt man manchmal „Tierstile" oder „Germanische Kunst". Sie unterscheiden sich stark von den früheren römischen Verzierungen mit Säulen, Weinranken und Götterdarstellungen.

Das Christentum und die Bischofssitze

Die Kirche erlebte unter den Merowingern einen Aufschwung, weil die Könige sie förderten. Bischöfe waren wichtige Stützen der königlichen Macht, da sie die Schrift beherrschten und das Volk beeinflussen konnten. Sie kümmerten sich um Seelsorge, Bildungsaufgaben und oft auch um die Versorgung der Armen.

Bischofssitze gab es an Orten, die schon in römischer Zeit bedeutend waren, etwa in Tongeren. Später verlegten manche Bischöfe ihren Sitz an neue Orte, die strategisch günstiger lagen oder besser geschützt waren. Mit der Zeit entstanden mehrere Diözesen, deren Grenzen sich teils an ehemaligen römischen Verwaltungsgrenzen orientierten.

Die Bischöfe hielten Synoden ab, um kirchliche Fragen zu klären. Sie legten fest, wie das kirchliche Leben aussehen sollte, wie Festtage gefeiert werden und welche Strafen es für Sünden gab. Viele dieser Bestimmungen wurden in lateinischen Urkunden festgehalten. So blieb die lateinische Sprache weiterhin wichtig im kirchlichen Bereich, auch wenn das Volk eine andere Sprache sprach.

Konfessionelle Unterschiede

Im frühen Mittelalter gab es in Westeuropa hauptsächlich die römisch-katholische Kirche, der auch die Franken nach Chlodwigs Taufe angehörten. Andere germanische Stämme, wie die Goten oder Vandalen, waren überwiegend Arianer, was eine andere Form des Christentums darstellte. Die Franken nutzten den konfessionellen Unterschied teils als Vorwand, um gegen diese Stämme zu kämpfen oder ihre Gebiete zu erobern.

Auch in der Bevölkerung gab es Mischungen: Manche Menschen hielten noch heimlich an heidnischen Ritualen fest oder folgten arianischen Lehrern. Die Merowingerkönige förderten aber vor allem den katholischen Glauben, da sie darin eine Verbindung zum alten römischen Erbe und eine moralische Rechtfertigung ihrer Herrschaft sahen. So entwickelte sich das Fränkische Reich nach und nach zu einem starken katholischen Machtzentrum in Europa.

Alltag und ländliche Strukturen

Im Dorf lebte man in einfachen Holzhäusern oder Lehmhütten. Das Dach war meist aus Stroh oder Reet. In der Mitte des Hauses befand sich oft eine Feuerstelle, die zum Kochen und Heizen diente. Viel Licht gab es nicht, denn Fensterglas war selten und teuer. Stattdessen hatte man kleine Öffnungen oder grobe Fensterläden.

Die Nahrung bestand überwiegend aus Getreidebrei, Brot, Gemüsesuppen und etwas Fleisch. Würzige Kräuter sammelte man in Wäldern oder baute sie im Kräutergarten an. Milchprodukte wie Käse und Butter waren geschätzt. Das Bierbrauen war bei Germanen und Kelten bekannt, und auch die Franken tranken gern Bier. Wein war eher ein Luxusprodukt, das man aus dem Süden importierte.

Viele Familien konnten sich nur das Nötigste leisten. Kleidung wurde aus Wolle oder Leinen hergestellt, die Frauen zuhause spannen und webten. Schuhe und andere Lederwaren waren kostbar und mussten lange halten. Die meisten Leute hatten keinen großen Besitz außer einigen Tieren und wenigen Werkzeugen. Wer Land besaß, war im Vorteil, doch er musste dieses Land gegen Räuber oder gegen Ansprüche anderer schützen.

Übergang zur nächsten Herrscherdynastie

Im Laufe des 7. und 8. Jahrhunderts nahm die Macht der Merowinger ab. Die Könige wurden schwach, weil sie oft in Streitigkeiten verwickelt waren und der Adel immer mächtiger wurde. Das Amt des „Hausmeiers" (Maior domus) gewann an Bedeutung. Der Hausmeier war eigentlich der oberste Verwalter des königlichen Haushalts, übernahm jedoch oft die Regierungsgeschäfte, während der König nur noch repräsentative Aufgaben hatte.

Einer dieser Hausmeier war Karl Martell. Er besiegte 732 die arabischen Heere in der Schlacht von Tours und Poitiers, was seinen Ruhm mehrte. Sein Sohn Pippin der Jüngere (auch Pippin der Kurze genannt) setzte schließlich den letzten Merowingerkönig ab und ließ sich selbst zum König krönen. So begann die Herrschaft der Karolinger, zu denen auch Karl der Große gehörte.

Diese Entwicklung führte zu einem tiefgreifenden Wandel, der das Fränkische Reich weiter vergrößerte und das Mittelalter in Europa entscheidend prägte. Aber dieser Schritt gehört bereits in das nächste Kapitel, in dem wir uns mit Karl dem Großen und seinem Erbe beschäftigen.

KAPITEL 5: DAS KAROLINGISCHE REICH

Übergang von den Merowingern zu den Karolingern

Als das fränkische Reich unter den Merowingern immer größer geworden war, wurde auch das Amt des Hausmeiers wichtiger. Ein Hausmeier verwaltete den königlichen Haushalt und hatte oft viel Macht, wenn der König jung, schwach oder abgelenkt war. Einer dieser Hausmeier war Karl Martell. Er besiegte im Jahr 732 in der Schlacht von Tours und Poitiers ein Heer aus Richtung Spanien, das die fränkischen Gebiete bedrohte. Dadurch stieg sein Ansehen stark. Nach Karl Martell übernahm sein Sohn Pippin der Jüngere, auch Pippin der Kurze genannt, die Aufgaben des Hausmeiers.

Pippin der Kurze entschied sich schließlich, den Merowingerkönig Childerich III. abzusetzen. Mit Unterstützung wichtiger Adliger und der Kirche ließ sich Pippin 751 zum König der Franken krönen. Damit endete die Merowinger-Dynastie und die Herrschaft der Karolinger begann. Für das Gebiet des heutigen Belgiens war dies ein großer Einschnitt, weil das Königtum fortan von einer neuen Familie gestellt wurde, die sich auf ihre eigene Stärke berief.

Die Kirche unterstützte Pippins Krönung, denn er versprach Schutz und förderte den christlichen Glauben. Dabei spielte der Papst eine wichtige Rolle: Er anerkannte Pippins Königswürde und erhielt im Gegenzug militärischen Beistand gegen Feinde in Italien. Dieses enge Band zwischen der Karolingerfamilie und dem Papsttum sollte auch in den folgenden Jahren von großer Bedeutung sein.

Karl der Große

Pippin der Kurze hatte zwei Söhne, Karl und Karlmann. Nach seinem Tod 768 teilten sich die Brüder das fränkische Reich, doch Karlmann starb schon 771. So wurde Karl alleiniger Herrscher. Er ging als Karl der Große (lat. Carolus Magnus) in die Geschichte ein. Oft nennt man ihn auch Charlemagne.

Karl der Große führte viele Kriege, um sein Reich zu vergrößern und innen zu sichern. Er eroberte das Langobardenreich in Oberitalien und führte langwierige Kämpfe gegen die Sachsen im Nordosten. Auch im Osten und Süden dehnte er seine Macht aus. Schließlich erstreckte sich sein Reich über große Teile des heutigen Frankreich, Deutschlands, der Schweiz, Italiens und auch über das Gebiet des heutigen Belgiens. Karls Hauptanliegen war, ein einheitliches, starkes Reich zu schaffen, das an alte römische Traditionen anknüpfen konnte, aber deutlich vom Christentum geprägt war.

Ein Höhepunkt in Karls Leben war die Krönung zum Kaiser im Jahr 800. Der Papst Leo III. setzte ihm in Rom die Krone auf. Dadurch sah sich Karl als Nachfolger der alten römischen Kaiser. Gleichzeitig sollte dies zeigen, dass das weströmische Kaisertum eine neue Gestalt erhielt – nicht mehr in Rom, sondern im fränkischen Reich. Diese Krönung war auch für das Gebiet des heutigen Belgiens wichtig, da es nun Teil eines christlichen Kaiserreiches war, das sich als Mittelpunkt Europas verstand.

Verwaltung und Organisation des karolingischen Reiches

Das karolingische Reich war riesig, und Karl der Große wollte es möglichst gut verwalten. Dazu nutzte er verschiedene Mittel:

Grafschaften: Er teilte sein Reich in viele Grafschaften auf. An der Spitze jeder Grafschaft stand ein Graf. Dieser war zuständig für die Verwaltung, das Militär und die Rechtsprechung. Er sollte Steuern einziehen, für Ordnung sorgen und im Kriegsfall Truppen stellen. Im Gebiet des heutigen Belgiens entstanden so wichtige Grafschaften, die später noch an Bedeutung gewinnen sollten.

Marken: In Grenzgebieten richtete Karl sogenannte Marken ein. Dort setzte er Markgrafen ein, die mit besonderen Befugnissen ausgestattet waren. Sie mussten das Reich gegen äußere Feinde verteidigen und hatten daher oft eine größere militärische Macht als normale Grafen.

Kapitularien: Karl erließ zahlreiche Gesetze und Verordnungen, die man Kapitularien nannte. Darin standen Anweisungen zu unterschiedlichen Themen, zum Beispiel zur Kirche, zum Schulwesen oder zur Gerichtsbarkeit. Diese Kapitularien galten in allen Teilen des Reiches. So wollte Karl eine einheitliche Ordnung durchsetzen.

Missi dominici: Um sicherzugehen, dass seine Anweisungen wirklich befolgt wurden, schickte Karl der Große sogenannte missi dominici („Gesandte des Herrn") aus. Diese zogen zu zweit oder zu dritt durch die Grafschaften, kontrollierten die Grafen und berichteten dem Kaiser, ob alles in Ordnung war. Sie konnten aber auch Beschwerden der Bevölkerung entgegennehmen oder Streit schlichten.

Dank dieser Verwaltungsinstrumente wirkte Karl der Große sehr modern. Es gab zwar noch keine zentrale Bürokratie wie in späteren Jahrhunderten, doch im Vergleich zu anderen Herrschern seiner Zeit war Karls System erstaunlich durchdacht. Auf dem Gebiet des heutigen Belgiens bedeutete das, dass Grafen, Bischöfe und andere Würdenträger eng mit dem Kaiser verbunden waren und seinen Willen umsetzen sollten. An einigen Orten, die schon in römischer Zeit wichtig gewesen waren, blühte das Leben wieder auf, weil Karl und seine Beamten hier Befestigungen oder Verwaltungssitze ausbauten.

Das karolingische Bildungs- und Kulturprogramm

Karl der Große war nicht nur ein Eroberer und Verwalter. Er förderte auch Bildung und Kultur. Er selbst konnte wohl nur schlecht schreiben, doch er war überzeugt, dass Gebildete nützlich für sein Reich waren. Deshalb holte er Gelehrte an seinen Hof. Die berühmtesten waren Alkuin aus England und Einhard aus dem Frankenreich. Sie und andere kluge Köpfe sollten eine kulturelle Erneuerung anstoßen, die wir heute als „Karolingische Renaissance" bezeichnen.

Hofschule: Karls Hof, zeitweise in Aachen (nicht weit vom heutigen Belgien entfernt), entwickelte sich zu einem Zentrum der Gelehrsamkeit. Hier entstanden Schriften, man kopierte alte Texte und diskutierte über Religion und Wissenschaft.

Klosterschulen: Karl forderte, dass Klöster Schulen einrichteten, in denen Mönche, und manchmal auch andere Schüler, Lesen, Schreiben und den christlichen Glauben lernten. An manchen Klöstern entstanden richtige Bibliotheken, in denen man wertvolle Bücher sammelte.

Karolingische Minuskel: In den Skriptorien, also den Schreibstuben der Klöster, entwickelte man eine neue Schriftart, die karolingische Minuskel. Sie war viel klarer und gleichmäßiger als die älteren Schriften und gilt als Vorläufer unserer heutigen lateinischen Schreibschrift.

Einheit in Kirche und Ritus: Karl bemühte sich, eine einheitliche kirchliche Ordnung zu schaffen. Er unterstützte Bischöfe, ließ Predigten in einfacher Sprache verfassen und sorgte dafür, dass Gottesdienste überall ähnlich abliefen. Das trug zum Zusammenhalt im Reich bei, weil religiöse Feiern ein gemeinsames Band schufen.

Im Gebiet des heutigen Belgiens profitierten vor allem Klöster und Bistümer. Etliche Einrichtungen erhielten Zuwendungen, Land und Privilegien. Dadurch konnten sie wachsen und für die Kultur eine wichtige Rolle spielen. So entstand ein Netzwerk an geistigen Zentren, das der Region half, Anschluss an die neuen Entwicklungen zu finden. Gerade in einer Zeit, in der viele Menschen nicht lesen oder schreiben konnten, waren solche Orte entscheidend für das Erbe der Antike und die Weitergabe von Wissen.

Beziehung zur Kirche und zum Papst

Karl der Große sah sich als Beschützer der Kirche. Die enge Verbindung zum Papsttum, die bereits sein Vater Pippin der Kurze aufgebaut hatte, setzte Karl fort. Nach seiner Kaiserkrönung betrachtete er sich als weltlichen Herrscher, der die Christenheit beschützen und leiten sollte. Der Papst unterstützte ihn dabei, weil er im Gegenzug militärische Sicherheit erwartete.

Diese Verflechtung war für das ganze Reich spürbar. Bischöfe hatten oft nicht nur religiöse, sondern auch politische Aufgaben. Sie berieten Karl, verwalteten große Gebiete und waren Teil seines Beraterkreises. In manchen Gegenden war es üblich, dass hohe kirchliche Würdenträger wie Äbte oder Bischöfe selbst über Land und Leute herrschten. Dieses Prinzip setzte sich im Mittelalter an vielen Orten Europas durch und blieb bis in spätere Zeiten von Bedeutung.

Für die Menschen im Gebiet des heutigen Belgiens hatte das durchaus Vorteile. Die Kirche kümmerte sich um Seelsorge, bildete Mönche und Geistliche aus, errichtete Hospitäler und half in Notlagen. Allerdings bedeutete die kirchliche Macht auch, dass viel Land in kirchlichem Besitz war. Wer dort lebte, musste Abgaben zahlen oder dem Bischof beziehungsweise Abt Gehorsam leisten. Doch in einer Zeit, in der Könige und Grafen oft Krieg führten oder um Macht rangen, erschienen viele Klöster und Bistümer vergleichsweise stabile Instanzen.

Das Leben in der Zeit Karls des Großen

Obwohl es unter Karl der Große ein gewisses Maß an Sicherheit gab, war das alltägliche Leben für viele Menschen weiterhin hart. Die große Mehrheit waren Bauern, die auf dem Land arbeiteten. Ihre Felder wurden hauptsächlich für den Eigenbedarf bebaut, und was übrig blieb, musste als Abgabe an den Grundherrn oder als Zehnt an die Kirche abgegeben werden. Der Zehnt war eine Abgabe in Höhe von ungefähr einem Zehntel der Ernte oder anderer Erträge.

In den Städten, von denen es im Karolingerreich nur wenige gab, lebten Handwerker, Händler und Geistliche. Aachen war ein wichtiges Zentrum, weil Karl dort seine Pfalz und seine Kapelle errichtet hatte. Das heutige Belgien hatte ebenfalls einige Orte mit römischen Wurzeln, die im Frühmittelalter weiterbestanden. Doch viele dieser Städte waren kleiner geworden als zur Römerzeit. Nur allmählich wuchsen sie wieder.

Handel gab es natürlich, doch oft fanden Geschäfte auf lokaler Ebene statt. Man tauschte Waren wie Getreide, Leder, Salz oder Stoffe gegen Metallwerkzeuge oder andere Dinge. Münzen wurden vor allem für größere Geschäfte genutzt. Seit den Karolingern war es wichtig, ein einheitliches Münzsystem zu haben. Dabei führte Karl die Silberwährung ein, die den Handel im ganzen Reich erleichtern sollte.

Für das Alltagsleben waren Feste und Feiertage wichtig. Viele kirchliche Festtage strukturierten das Jahr. Das Osterfest hatte eine besondere Bedeutung, auch Weihnachten und die Zeit der Fastenperioden waren sehr wichtig. Die Menschen nahmen an Prozessionen teil und nutzten solche Gelegenheiten, um Freunde und Nachbarn zu treffen. Musik, Tanz und gute Speisen gehörten dazu – sofern man sie sich leisten konnte.

Nach Karls Tod: Teilung und Erbstreitigkeiten

Karl der Große starb 814 in Aachen. Sein einziger überlebender Sohn Ludwig der Fromme trat die Nachfolge an. Doch Ludwig hatte schwierige Aufgaben vor sich. Einerseits wollte er das Reich zusammenhalten und die kirchlichen Reformen fortsetzen, andererseits musste er seine eigenen Söhne einbinden, um Erbstreitigkeiten zu vermeiden. Tatsächlich kam es nach Ludwigs Tod 840 zu heftigen Kämpfen zwischen seinen Söhnen Lothar, Ludwig dem Deutschen und Karl dem Kahlen.

Die drei Brüder stritten um die Aufteilung des riesigen Reiches. Schließlich kam es 843 zum Vertrag von Verdun. In diesem Vertrag teilten sie das karolingische Reich in drei Teile auf:

Westfrankenreich (Karl der Kahle) umfasste das Gebiet des heutigen Frankreich westlich einer ungefähr nordsüdlich verlaufenden Linie.

Ostfrankenreich (Ludwig der Deutsche) umfasste das Gebiet des späteren Deutschlands.

Mittelreich (Lothar I.) erstreckte sich dazwischen und reichte von den Niederlanden über Teile des heutigen Belgiens und Luxemburgs, Lothringens, Burgunds bis hinunter nach Italien.

Dieses Mittelreich ging auf Lothar I. zurück, weshalb man später oft von Lotharingien oder Lothringen sprach. In diesem Bereich lagen auch Teile des heutigen Belgien, was für die spätere Geschichte große Folgen haben sollte. Denn die Grenzregionen wechselten in den kommenden Jahrhunderten mehrmals ihre Zuordnung, und auch die lokalen Adligen nutzten diese Verwerfungen, um eigene Macht aufzubauen.

Das Mittelreich und weitere Teilungen

Das Mittelreich war schwer zu regieren, da es sich über eine lange Nord-Süd-Achse erstreckte. Lothar I. hatte zudem das Kaiseramt inne, fühlte sich also für das gesamte Erbe seines Vaters und Großvaters verantwortlich. Doch sein Reich wurde nach wenigen Jahren erneut aufgeteilt, als er starb und seinen Söhnen wiederum Erbteile hinterließ.

Für das Gebiet des heutigen Belgiens bedeutete das, dass manche Regionen zum sogenannten Lotharingien gehörten, andere zu Westfranken. Lotharingien selbst wurde später auch „Niederlothringen" genannt, als man es nochmal teilte. Dieses ständige Hin- und Hersortieren erschwerte eine stabile Verwaltung von oben. So konnten sich in den Provinzen und Grafschaften regionale Herren herausbilden, die mehr oder weniger unabhängig waren.

Etliche Adelsfamilien erhielten vom König (egal ob Westfranken oder Kaiser) das Recht, bestimmte Gebiete zu verwalten. Weil die Könige ständig in Konflikte verstrickt waren, nutzten die lokalen Grafen, Bischöfe und Herzöge die Lage, um ihre Macht zu stärken. Das war der Ursprung späterer Gebilde wie Flandern, Hennegau (Hainaut), Brabant, Limburg, Namur, Lüttich (Fürstbistum) und anderer Territorien. Doch all das sollte sich erst in den kommenden Jahrhunderten voll ausprägen.

Bedrohungen von außen: Normannen und andere Feinde

Während die Karolinger sich intern stritten, kam es im 9. Jahrhundert zu neuen Bedrohungen von außen. Besonders die Normannen (auch Wikinger genannt) fielen immer wieder in die Gebiete entlang der Küsten und Flüsse ein. Sie segelten auf schnellen Schiffen die Flüsse hinauf und plünderten Städte und Klöster. Auch das heutige Belgien war von solchen Überfällen betroffen, vor allem in den Regionen um die Schelde oder an den Küstenbereichen.

Die Könige und Grafen reagierten, indem sie Burgen bauten und Verteidigungsanlagen verstärkten. Diese mussten schnell errichtet werden, um den Bewohnern Zuflucht zu bieten. Manche Städte legten neue Mauern oder Wallanlagen an. Allerdings waren die Normannen sehr beweglich, und nicht immer konnte man rechtzeitig reagieren. Die Überfälle führten zu Angst und Zerstörung, brachten aber auch Veränderungen: Auf lange Sicht förderte die Notwendigkeit, sich zu verteidigen, den Burgenbau und die Entstehung lokaler Adelsfamilien mit eigenen Soldaten.

Neben den Normannen gab es weitere Völkerwanderungen und Bedrohungen. Im Osten erschienen Ungarn und andere Gruppen, die ebenfalls in fränkische Gebiete eindrangen. Das Reich war durch die innere Zersplitterung schwach geworden. Nur langsam gelang es, neue Strukturen zu schaffen, die diese Bedrohungen abwehren konnten.

Das Ende der karolingischen Linie im Westen

Die Karolinger-Dynastie hielt sich im Westfrankenreich bis zum Ende des 10. Jahrhunderts. Mit dem Tod von Ludwig V. endete die männliche Linie. In Ostfranken, wo sich später das Heilige Römische Reich entwickelte, waren die Karolinger schon früher abgekommen und andere Dynastien traten an ihre Stelle. Nach dem Ende der Karolinger herrschten im Westen die Kapetinger, beginnend mit Hugo Capet, der 987 zum König gewählt wurde. Doch diese Entwicklung betrifft vor allem das Gebiet des späteren Frankreichs.

Für die Region, die heute Belgien heißt, bedeutete das Ende der Karolinger, dass sie nicht mehr von einer königlichen Zentralgewalt aus regiert wurde, die an die Tradition Karls des Großen anknüpfte. Stattdessen bekamen die lokalen Herren, Grafen und Bischöfe mehr Freiraum. Man kann sagen, dass in diesem Spannungsfeld die Grundlagen für den Feudalismus gelegt wurden, der die kommenden Jahrhunderte prägen sollte. Daran anknüpfend entwickeln wir im nächsten Kapitel, wie sich Feudalismus und Grafschaften weiter herausbildeten und wie der mittelalterliche Machtaufbau in dieser Region verlief.

Das karolingische Erbe im Gebiet des heutigen Belgiens

Obwohl das karolingische Reich nach Karl dem Großen nicht dauerhaft in einem Stück erhalten blieb, hinterließ es tiefe Spuren. Das gilt besonders für:

Verwaltung: Die Einteilung in Grafschaften und Marken wirkte fort. Die lokalen Grafen sahen sich als Nachfolger oder Vertreter der alten karolingischen Ordnung. Das verlieh ihrer Herrschaft mehr Legitimation.

Kirche: Klöster und Bistümer, die Karl gefördert hatte, blieben wichtige Zentren. Sie bewahrten Bücher, Wissen und entwickelten religiöse und kulturelle Traditionen weiter. Das heutige Belgien hat einige dieser altehrwürdigen Abteien, die auf karolingische Gründungen oder Förderungen zurückgehen.

Handel und Münzen: Das einheitliche Münzsystem war zwar nicht auf Dauer stabil, doch es wirkte im Bewusstsein der Menschen nach, dass es eine übergeordnete Ordnung geben kann, die für einheitliche Maßstäbe sorgt.

Sprache: In karolingischer Zeit gab es noch verschiedene Volksdialekte und die lateinische Kirchensprache. Im Gebiet des heutigen Belgiens verschmolzen germanische und romanische Einflüsse. Die Karolinger ermöglichten, dass Latein zumindest an den Klöstern Bestand hatte. Aber in den ländlichen Regionen entwickelten sich Formen des Altniederländischen (oder Altniederfränkischen) und romanische Dialekte. Das waren frühe Vorläufer der heutigen Sprachgrenzen.

Erinnerung an Karl den Großen: Karl wurde nach seinem Tod zur fast sagenhaften Gestalt. Besonders in Aachen, aber auch in anderen Orten, die er förderte, blieb die Erinnerung an seinen Glanz lebendig. Er galt als gerechter Herrscher, Beschützer des Glaubens und Erneuerer der Bildung. Viele Herrscher in späteren Jahrhunderten bezogen sich auf ihn, um ihre eigene Macht zu rechtfertigen.

Kulturelle Impulse und ihre Folgen

Die „Karolingische Renaissance" hatte zwar ihre Zentren oft im heutigen Deutschland, Frankreich und Italien, doch sie strahlte ebenso auf die Gebiete der heutigen Niederlande und Belgiens aus. Klöster in dieser Region erhielten Abschriften antiker Texte, fertigten prachtvolle Bücher an und sorgten für einen gewissen kulturellen Austausch. Die Skriptorien waren Orte konzentrierter Arbeit und Bildung. Dort entfaltete sich eine Kunst, die in Buchmalereien, in Elfenbeinschnitzereien und manchmal sogar in Fresken an Klosterwänden sichtbar wurde.

Für die ländliche Bevölkerung waren diese kulturellen Entwicklungen allerdings eher fern. Die meisten Menschen wussten nicht, dass in den Klöstern alte Texte gepflegt wurden. Sie beschäftigten sich mit dem Ackerbau, mit dem Vieh und dem Überleben im Alltag. Gleichwohl kann man sagen, dass die Verbreitung christlicher Ideen, die auch in Dorfkirchen gepredigt wurden, das Denken der Menschen veränderte. Es entstand ein stärkeres Gemeinschaftsgefühl, wenn man zusammen die Feste des Kirchenjahres beging oder gemeinsam pilgerte.

Burgenbau und Verteidigung

Die Zeit der Karolinger war auch die Zeit der Normanneneinfälle, wie bereits erwähnt. Das hatte Folgen für die Verteidigungstechnik und den

Burgenbau. Wo zuvor vielleicht nur hölzerne Palisaden standen, errichtete man jetzt festere Mauern und Türme. Zuerst griff man zu Holz, doch später wurden Steinbauten immer häufiger, wenn die Mittel dazu vorhanden waren. Aus manchen dieser frühen Burgen entwickelten sich später städtische Zentren, weil Kaufleute Schutz suchten und sich im Umfeld ansiedelten.

Im Gebiet des heutigen Belgiens entstanden an Flüssen Wehranlagen, um die Normannenflotten aufzuhalten. Außerdem gab es Befestigungen nahe der Grenzen zu rivalisierenden Grafen oder Königreichen. Denn je schwächer die zentrale Macht war, desto eher sahen benachbarte Herren ihre Chance, Land zu gewinnen. Diese Burgen blieben nicht nur im Besitz von Grafen oder Herzögen. Auch Bischöfe bauten in ihren Diözesen Verteidigungsanlagen, um ihre Schätze und Einwohner zu schützen.

Die Anfänge eigenständiger Territorien

Als das karolingische Reich endgültig zerfiel, nutzten lokale Adlige die Gunst der Stunde. Sie erklärten sich oft für eigenständig, hielten aber weiterhin eine formale Treue gegenüber dem König oder Kaiser, der irgendwo weit weg herrschte. In Wirklichkeit handelten diese Grafen, Herzöge oder Bischöfe jedoch meistens eigenständig.

So kann man in dieser Zeit die Anfänge von Territorien wie Flandern, Hennegau (Hainaut), Brabant, Namur, Limburg und Lüttich (als Fürstbistum) beobachten. Jeder dieser Bereiche hatte eine eigene Geschichte, eigene Familien und Machtansprüche. Manche waren nah an der Küste, andere lagen weiter im Landesinneren, wieder andere in den hügeligen Ardennen. Ihre Zukunft sollte sehr unterschiedlich verlaufen, doch sie alle verband das Erbe der fränkischen und karolingischen Ordnung. Im nächsten Kapitel werden wir noch genauer darauf eingehen, wie sich diese Territorien im Rahmen des Feudalismus herausbildeten.

Ausblick: Der Feudalismus im Hochmittelalter

Am Ende der Karolingerzeit war das politische System in Europa sehr unübersichtlich. Es gab Könige, die nur auf dem Papier mächtig waren. Gleichzeitig gewannen regionale Herren an Bedeutung. Sie versprachen

Schutz, Vergaben von Land und forderten dafür Treue. Dieses Prinzip, das wir Feudalismus nennen, prägte das Hochmittelalter. Für das Gebiet des heutigen Belgiens heißt das, dass verschiedene Grafen und Bischöfe versuchten, ihre Macht zu sichern. Sie gründeten Städte, gewährten Marktrechte und nutzten das aufblühende Wirtschaftsleben, um ihre Stellung zu festigen.

So sehen wir, dass die karolingische Epoche zwar eine große Einheit schuf, die jedoch nur wenige Generationen Bestand hatte. Danach zerfiel vieles wieder, und auf den Trümmern entstanden neue Strukturen. Diese Entwicklung legte aber den Grundstein für eine Vielzahl kleiner Herrschaften, die später die Geschichte Belgiens und des gesamten niederländisch-französischen Raums beeinflussten. Die Idee eines großen christlichen Imperiums lebte in den Köpfen mancher Zeitgenossen weiter, doch die Wirklichkeit war regionaler, vielseitiger und oft von kleinen Machtkämpfen bestimmt.

KAPITEL 6: FEUDALISMUS UND GRAFSCHAFTEN

Was ist Feudalismus?

Nachdem das karolingische Reich zerfallen war, stellten sich viele Menschen die Frage: Wer beschützt uns, wenn Feinde angreifen? Wer sorgt dafür, dass Felder bestellt werden können und die Ernten sicher sind? Die Könige, die es noch gab, waren oft zu schwach und weit entfernt, um überall gleichzeitig Schutz zu bieten. Deshalb entwickelte sich ein System der gegenseitigen Abhängigkeiten, das wir heute Feudalismus nennen.

Das Wort „Feudalismus" leitet sich von „Lehen" ab. Ein Lehen ist ein Stück Land (oder ein Recht), das ein Herr (zum Beispiel ein König oder Graf) einem Vasallen überträgt. Dieser Vasall erhält das Land und darf es bewirtschaften. Dafür schwört er seinem Herrn Treue und verpflichtet sich zu Kriegsdienst oder zu anderen Diensten. Der Vasall kann wiederum Untervasallen einsetzen, denen er Teile seines Landes weitergibt. Auf diese Weise bildete sich eine Hierarchie. An der Spitze stand ein König oder Kaiser, darunter Grafen, Herzöge oder Bischöfe, dann Ritter und lokale Adlige. Ganz unten in der Pyramide waren die Bauern, die wenig Besitz hatten und auf dem Land der Herren arbeiteten.

Dieses System entstand im Gebiet des heutigen Belgiens, nachdem die Karolinger nicht mehr in der Lage waren, eine starke Zentralgewalt auszuüben. Lokale Grafen und Herren gewannen an Bedeutung. Sie übernahmen Aufgaben wie Verteidigung, Gerichtsbarkeit und Verwaltung. Dafür erwarteten sie von den Bauern und freien Männern Gehorsam, Dienste und Abgaben. Das klingt ungerecht, aber aus der Sicht vieler Menschen war es besser, einen örtlichen Herrn zu haben, der Schutz bot, als gar keinen Schutz zu haben.

Die Entstehung der Grafschaften

Im Früh- und Hochmittelalter entwickelten sich im heutigen Belgien und den angrenzenden Gebieten mehrere Grafschaften und Herzogtümer. Viele dieser Herrschaften hatten ihre Wurzeln bereits in karolingischen Verwaltungsbezirken. Die Grafen verwalteten ursprünglich das Land im Namen des Königs, doch mit der Schwäche des Königtums agierten sie zunehmend selbständig.

Wichtige Grafschaften, die später oft im Zusammenhang mit Belgien genannt werden, sind zum Beispiel:

- Grafschaft Flandern (im Nordwesten)

- Grafschaft Hennegau (Hainaut) (im Südwesten)

- Grafschaft Namur (im Zentrum des Maasgebietes)

- Herzogtum Brabant (zunächst als Pagus oder kleine Grafschaft, später aufgewertet)

- Bistum Lüttich (Fürstbistum) (kirchliche Herrschaft im Osten)

- Grafschaft Luxemburg (südöstlich an den Ardennen)

Diese Gebiete erhielten ihre Namen oft von wichtigen Handelsstädten oder Flüssen. Flandern lag etwa an der Nordseeküste und war durch seine flachen Böden und Tuchherstellung bekannt. Hennegau erstreckte sich um die Stadt Mons. Namur lag an der Maas und war ein natürlicher Verkehrsknotenpunkt. Brabant entwickelte sich im Raum von Löwen (Leuven) und später Brüssel. Lüttich war ein Bischofssitz und damit eine kirchliche Herrschaft. Luxemburg wurde von einer Burg aus regiert und erstreckte sich in die hügeligen Ardennen.

Das Zusammenspiel von Kirche und Adel

Ein besonderes Merkmal des Mittelalters in dieser Region war das enge Zusammenspiel zwischen geistlichen und weltlichen Fürsten. Bischöfe und Äbte, die große Ländereien besaßen, hatten ähnliche Rechte wie weltliche Grafen. Sie sprachen Recht, erhoben Steuern und konnten sogar Truppen aufstellen. Oft kam es vor, dass ein Graf und ein Bischof miteinander im Konflikt lagen, wenn es um Macht oder Gebietsansprüche ging.

Um ihre Herrschaft zu festigen, nutzten die Adligen und geistlichen Herren dieselben Mittel: Sie vergaben Lehen, bauten Burgen oder Klöster und versuchten, durch Heiraten und Absprachen Bündnisse einzugehen. Es konnte auch geschehen, dass ein Graf die Wahl eines neuen Bischofs beeinflusste, denn geistliche Ämter waren von großer Bedeutung. Umgekehrt unterstützten Bischöfe oder Äbte einen Grafen, wenn sie sich Vorteile erhofften.

Die Kirche besaß zudem eine besondere moralische und geistige Autorität. Da fast alle Menschen im Mittelalter fest im christlichen Glauben standen, konnte ein Bischof großes Ansehen genießen. Er durfte exkommunizieren, also jemanden aus der Gemeinschaft der Gläubigen ausschließen. Das war eine ernste Strafe. Daher musste auch ein mächtiger Graf aufpassen, sich nicht mit dem Bischof völlig zu überwerfen.

Burgen und befestigte Städte

Im Feudalismus war der Besitz einer Burg ein Zeichen von Macht. Eine Burg war nicht nur ein militärischer Stützpunkt, sondern auch ein Verwaltungssitz und Symbol der Herrschaft. Von hier aus organisierte der

Graf oder Ritter sein Lehen. Burgen lagen häufig an strategisch günstigen Orten: auf einem Hügel, an einer Flussschleife oder nahe einer Handelsstraße. Durch hohe Mauern und Gräben konnte man Angreifer abschrecken oder lange Widerstand leisten.

Im Lauf des Hochmittelalters begannen auch Städte, sich wieder stärker zu befestigen. Große Mauern umgaben die Kerne der Städte, um Angriffe abzuwehren. Hier bot sich Schutz für Händler und Handwerker. Wer das Stadttor betrat, zahlte Zölle oder Marktabgaben, dafür durfte er seine Waren verkaufen. Manche Städte wuchsen so sehr, dass sie den umliegenden Herrschern allmählich Rivalen wurden. Doch noch in dieser Zeit waren viele Städte überschaubar und konnten bei Gefahr Zuflucht im Umland suchen.

Burgen und Städte profitierten voneinander. Eine Burg sicherte die ländliche Umgebung, während die Stadt Handel und Gewerbe förderte. Oft hatten die Grafen und Bischöfe Interesse daran, Märkte zu gründen, um Einnahmen durch Zölle oder Steuern zu haben. Je besser es einer Stadt wirtschaftlich ging, desto mehr Geld konnte auch ihr Stadtherr einnehmen. So entstand eine enge Verbindung zwischen ländlichem Feudalwesen und städtischer Entwicklung.

Die Rolle der Bauern und die Grundherrschaft

Die Mehrheit der Bevölkerung waren Bauern. Sie arbeiteten auf dem Land der Grundherren: Das konnten Grafen, Ritter, Klöster oder Bischöfe sein. Im Gegenzug für den Schutz, den der Herr versprach, mussten die Bauern Abgaben zahlen und Frondienste leisten. Das bedeutete, sie bearbeiteten nicht nur ihre eigenen Felder, sondern auch die Ländereien ihres Herrn, halfen beim Bau von Wegen oder bei der Ernte auf dem Herrenhof.

Man unterscheidet grob zwischen freien und unfreien Bauern. Freie Bauern konnten theoretisch ihren Wohnort wechseln oder ihr Land verkaufen, doch in der Praxis war das schwierig, weil ihr ganzer Alltag an ihren Hof gebunden war. Unfreie Bauern oder Hörige hatten weniger Rechte, sie gehörten in gewisser Weise zum Grund und Boden dazu. Sie konnten den Herren nicht verlassen, ohne dessen Erlaubnis. Im Gegenzug war der Herr verpflichtet, sie vor Übergriffen zu schützen.

Auf vielen Gütern gab es eine „Hufe", einen meist festen Landanteil, den ein Bauer bewirtschaftete. Er durfte einen Teil der Ernte behalten. Ein anderer Teil ging als Abgabe an den Herrn. So entstand ein System, in dem die Bauern die Hauptlast trugen, während der Grundherr von den Erträgen lebte und sich um militärische oder politische Fragen kümmerte. Für die Bauern war das Leben oft hart und entbehrungsreich. Missernten oder Kriege konnten schnell Hungersnöte auslösen. Trotzdem war das System relativ stabil, weil jede Schicht ihre Aufgaben hatte und kaum jemand eine bessere Alternative sah.

Die Grafen von Flandern

Eines der bekanntesten Fürstenhäuser in dieser Zeit waren die Grafen von Flandern. Flandern umfasste damals nicht nur das heutige Westflandern in Belgien, sondern reichte auch in Teile Nordfrankreichs hinein. Das Land war fruchtbar und profitierte vom Handel an der Nordseeküste. Bekannte Städte wie Brügge, Gent oder Ypern entwickelten sich zu wichtigen Handels- und Tuchzentren.

Die frühen Grafen von Flandern waren nominell Vasallen des französischen Königs. Doch wenn der König schwach war oder zu weit weg, agierten sie weitgehend eigenständig. Sie bauten ihr Herrschaftsgebiet aus und suchten Bündnisse mit anderen Fürsten. Durch geschickte Heiratspolitik verbanden sie sich mit Adelshäusern aus England oder aus anderen Teilen Europas. Das verschaffte ihnen Einfluss und Geld.

Im Hochmittelalter wurden die flandrischen Städte reich. Kaufleute gründeten Gilden, die sich untereinander absprachen. Gerade die Tuchproduktion blühte. Schafwolle aus England kam über den Seeweg nach Flandern, dort wurde sie zu Tuch verarbeitet und in ganz Europa verkauft. Die Grafen verdienten an Zöllen und Steuern mit. Gleichzeitig wurden die Städte mächtiger und wollten eigene Rechte. Manchmal kam es zu Auseinandersetzungen zwischen den Städten und den Grafen, wenn es um Mitbestimmung, Steuern oder andere Privilegien ging.

Weitere wichtige Territorien

Neben Flandern spielten weitere Grafschaften und Herzogtümer eine Rolle:

Hennegau (Hainaut): Lag im südwestlichen Teil, an der Grenze zum heutigen Frankreich. Die Hauptstadt war Mons. Die Grafen von Hennegau gehörten zu den einflussreichen Häusern im europäischen Hochadel. Auch sie waren oft mit benachbarten Fürstenhäusern verwandt und beteiligten sich an Kriegen und Bündnissen. Hennegau hatte Ackerland, war aber weniger auf den Handel ausgerichtet als das küstennahe Flandern.

Namur: Diese Grafschaft lag an der Maas und besaß wichtige Flussübergänge. Die Stadt Namur entwickelte sich an der Mündung der Sambre in die Maas und war durch ihre Festung strategisch bedeutsam. Die Grafen von Namur waren oft im Streit mit benachbarten Herren, da die Flusstäler wertvolle Handelswege boten.

Brabant: Erst war es nur ein kleineres Territorium, doch mit der Zeit wuchs sein Einfluss. Die Herzöge von Brabant hatten ihren Sitz unter anderem in Löwen (Leuven) und später in Brüssel. Brabant lag in einem Gebiet, wo romanische und germanische Sprachen aufeinandertrafen. Das Herzogtum profitierte von Handelsrouten und dem Aufstieg seiner Städte. Später wurden die Herzöge von Brabant zu mächtigen Fürsten, die große Teile des heutigen Zentralbelgiens kontrollierten.

Alle diese Territorien hatten ihre eigenen Fürstenfamilien, eigene Traditionen und wechselnde Bündnisse. Häufig heirateten sie in andere Häuser ein oder führten Kriege um Land und Ehre. Dieses Geflecht macht die mittelalterliche Geschichte Belgiens sehr komplex, denn Grenzen konnten sich schnell verschieben.

Das Fürstbistum Lüttich: Geistliche Herrschaft

Ein besonderer Fall war das Bistum Lüttich (Liège), das seit dem frühen Mittelalter als Sitz eines Bischofs Bedeutung hatte. Lüttich entwickelte sich zu einem sogenannten Fürstbistum, dessen Bischof nicht nur kirchliche Macht, sondern auch weltliche Befugnisse ausübte. Das heißt, der Bischof regierte wie ein Fürst über Land, erhob Steuern und befahl Soldaten.

Die Stadt Lüttich lag günstig an der Maas und wurde im Hochmittelalter immer wichtiger. Handel, Handwerk und Bildung spielten hier eine Rolle. Die Bischöfe gründeten Kirchen, Stifte und Schulen. Manchmal entstand ein Konflikt zwischen den Bürgern der Stadt und dem Bischof, wenn es um Selbstverwaltung oder Steuern ging. Auch mit den Grafen von Namur, Limburg oder Brabant gab es Spannungen, wenn Gebietsansprüche sich überschnitten.

Dass ein Bischof gleichzeitig Landesherr war, hatte Vor- und Nachteile. Einerseits konnte er sich auf die Autorität der Kirche berufen und besaß einen starken Rückhalt. Andererseits gab es keine Erbfolge wie bei weltlichen Dynastien. Wenn ein Bischof starb, wählte das Domkapitel einen neuen. Dieser Neue konnte aus einer anderen Familie stammen und andere politische Ziele verfolgen. Das sorgte für wechselnde Allianzen und oft für Unruhe, falls mehrere Kandidaten Anspruch auf den Bischofsstuhl erhoben.

Das Leben auf einer Burg – Ritter und Turniere

In vielen Grafschaften lebten Ritter, die Lehen von ihrem Grafen erhalten hatten. Diese Ritter waren meist Nachkommen von Kriegern, die für ihre Dienste mit Land belohnt wurden. Ihr Alltag war auf Kampf und Verteidigung ausgerichtet, sie mussten reiten, Fechten und Bogenschießen beherrschen. Zudem gehörte eine gewisse Bildung dazu, etwa das Verstehen einfacher Dokumente und das Pflegen höfischer Sitten.

Ein Ritter bewahrte seine Ehre, indem er tapfer im Kampf war und dem Kodex der Ritterlichkeit folgte. In friedlichen Zeiten übte man bei Turnieren, wo Ritter im Wettkampf mit Lanzen und Schwertern aufeinandertrafen. Solche Turniere fanden oft bei Festlichkeiten statt und zogen Schaulustige an. Die Herren nutzten Turniere, um Bündnisse zu schließen, Ehen zu arrangieren oder um ihre Macht zu demonstrieren.

Auf der Burg gab es aber auch das alltägliche Leben: Bauern brachten ihre Abgaben, Handwerker reparierten Waffen und Gebäude, Frauen kümmerten sich um den Haushalt und die Versorgung. In der Burgküche wurde gekocht, im Rittersaal wurden Gäste bewirtet. Oft war das Leben in der Burg zugig und kalt, Wasser musste aus Brunnen geholt werden, und die sanitären Verhältnisse waren einfach. Die Vorstellung von märchenhaften Burgen mit hohem Komfort entstand erst viel später.

Städtewachstum und das Entstehen der Stadtgemeinden

Parallel zum Feudalismus auf dem Land wuchsen ab dem 11. und 12. Jahrhundert manche Städte stark an. Besonders Flandern, Brabant und Teile des Maasgebietes erlebten einen Wirtschaftsaufschwung. Händler schlossen sich in Gilden zusammen, Handwerker gründeten Zünfte. Daraus entwickelten sich die Stadtgemeinden, die ihre eigenen Rechte und Freiheiten verteidigten.

Oft kauften oder erstritten sich Städte das Recht, eigene Schöffen zu ernennen oder Steuern selbst einzutreiben. Manche erhielten sogar das Recht, Mauern zu bauen und eine eigene Stadtmiliz aufzustellen. Das schwächte die Macht der Grafen ein wenig, aber diese duldeten es meistens, weil sie von den Steuern und vom Fernhandel profitierten.

In Flandern etwa wurden Städte wie Brügge, Gent und Ypern zu Handelszentren, die mit ganz Europa vernetzt waren. In Brabant entwickelte sich Brüssel zu einer wichtigen Handelsstadt. Auch Lüttich hatte eine aktive Bürgerschaft, die den Bischof herausforderte. Solche städtischen Gemeinwesen gewannen an Einfluss und bildeten einen Gegenpol zum Landadel. Trotzdem war das Mittelalter von einer engen Verbindung zwischen Stadt und Land geprägt. Beide brauchten einander: Die Städte brauchten Nahrung und Rohstoffe, die Bauern brauchten Werkzeuge, Märkte und Schutz.

Kriege und Bündnisse zwischen den Grafschaften

Weil jede Grafschaft oder jedes Fürstentum eigene Interessen verfolgte, kam es häufig zu Streit und Fehden. Die Grafen führten kleinere Kriege oder schlossen Bündnisse, je nachdem, welche Vorteile sie sahen. Oft riefen sie Verbündete von außen zu Hilfe. So konnten etwa die Grafen von Flandern den englischen König um Unterstützung bitten, während ihre Gegner sich vielleicht an den französischen König wandten.

Diese Verflechtungen führten zu einem ständigen Wandel der Machtverhältnisse. Für die einfache Bevölkerung war das oft leidvoll, weil Kriege Verwüstung brachten. Felder wurden niedergebrannt, Vieh gestohlen, Dörfer geplündert. Manchmal versuchte die Kirche, durch

Friedensbewegungen (wie den „Gottesfrieden") die Gewalt einzudämmen, aber das gelang nur teilweise.

Trotz aller Fehden wuchsen Handel und Wirtschaft. Die Landesherren merkten, dass sie vom Wohlstand der Städte profitieren konnten. Also schlossen sie oft Kompromisse. Städte bekamen Markt- und Zollrechte, während die Herren davon Steuern und Zölle kassierten. Diese Balance zwischen Konflikt und Kooperation prägte das Leben im Mittelalter.

Adel und Heiratspolitik

Ein zentrales Mittel, um Macht zu sichern oder auszuweiten, war die Heiratspolitik. Adlige Familien versuchten, durch geschickte Eheschließungen Land, Titel oder Bündnispartner zu gewinnen. Hatte ein Graf keine männlichen Erben, konnte es passieren, dass seine Tochter den Titel erbte. Wenn sie dann einen Adligen aus einer anderen Familie heiratete, ging die Grafschaft in den Besitz ihrer Kinder über. So wechselten Territorien von einer Dynastie zur anderen.

Solche Heiraten waren meist strategisch geplant und weniger von Liebe geprägt. Aber manchmal konnte eine geschickte Heirat auch den Frieden zwischen zwei verfeindeten Häusern sichern, da nun gemeinsame Enkel im Spiel waren. Wenn jedoch ein Herrscher starb, ohne Erben zu hinterlassen, konnten Erbstreitigkeiten und Thronfolgewirren ausbrechen, die das Land ins Chaos stürzten.

Adelige Frauen hatten in diesem System eine wichtige Rolle. Einerseits galten sie als schwächer und waren rechtlich oft benachteiligt, andererseits konnten sie durch Heirat und Erbe enorme Macht mitbringen. Manche Gräfin oder Herzogin regierte zeitweise als Vormund ihrer Kinder oder als alleinige Herrscherin, wenn der Ehemann im Krieg war oder verstorben war.

Einfluss fremder Mächte

Das Gebiet des heutigen Belgiens war zwischen großen Reichen eingeklemmt. Im Westen lag das Königreich Frankreich, im Osten das römisch-deutsche Reich (später „Heiliges Römisches Reich" genannt), im

Norden und Westen gab es Verbindungen nach England. Diese fremden Mächte versuchten, die Entwicklung in den Grafschaften zu beeinflussen.

Frankreich: Der französische König beanspruchte oft die Oberhoheit über Flandern oder Hennegau, besonders dann, wenn diese Gebiete formal Lehen der französischen Krone waren. Grafen wie jene von Flandern wollten hingegen möglichst selbstständig bleiben, suchten aber auch Schutz vor anderen Feinden.

Römisch-deutsches Reich: Teile des heutigen Belgien gehörten mal mehr, mal weniger offiziell zum Reich, besonders die Gebiete östlich der Maas oder im Raum Lüttich. Der deutsche König, der zugleich römischer Kaiser sein konnte, versuchte, seinen Einfluss geltend zu machen. Allerdings war er meistens mit Konflikten in Deutschland oder Italien beschäftigt und konnte sich nicht permanent um die niederlothringischen Territorien kümmern.

England: Englands Könige trieben Handel mit den flandrischen Städten (besonders Wolle nach Flandern). Dadurch hatten sie oft ein Interesse an einer guten Beziehung zu Flandern. In manchen Zeiten heirateten englische Prinzen flandrische Gräfinnen oder umgekehrt. Solche Allianzen führten dazu, dass sich Grafschaften im heutigen Belgien in große europäische Konflikte verwickelt sahen, etwa in Kriege zwischen Frankreich und England.

Diese fremden Interessen machten die politische Lage kompliziert. Ständig musste ein Graf oder Herzog abwägen, mit wem er sich verbündet und wem er Loyalität verspricht. Ein Fehler konnte zum Verlust von Land führen. Ein kluger Schachzug konnte dagegen den eigenen Einfluss massiv erweitern.

Gesellschaftliche Veränderung: Aufstieg des Bürgertums

Trotz des dominierenden Feudalwesens tat sich ab dem Hochmittelalter auch eine neue Schicht hervor, die man das Bürgertum nennt. Diese Schicht bestand aus Kaufleuten, Handwerkern, Geldwechslern und anderen Berufsgruppen, die in den Städten lebten. Mit ihren Gilden und Zünften organisierten sie sich und vertraten ihre Interessen. Da der Handel zunahm und immer mehr Geld im Umlauf war, wurden manche Kaufleute sehr wohlhabend.

Das Bürgertum wollte Mitspracherechte in der Stadtverwaltung. Immer öfter schafften sie es, Stadträte zu bilden, die Gesetze für die Stadt machten, Steuern erhoben und das Militär organisierten. Das führte zu Spannungen mit den adeligen Stadtherren, die oftmals traditionelle Rechte beanspruchten. In einigen Städten kam es sogar zu Aufständen der Bürger gegen die Herrschaft eines Grafen oder Bischofs. Solche Konflikte nennt man „Stadtrechtekämpfe".

Im heutigen Belgien war diese Entwicklung besonders stark. Flandern und Brabant galten als Zentren des städtischen Lebens und des Fernhandels. Brügge, Gent und Ypern waren bedeutende Metropolen für Tuchhandel, während Brüssel und Löwen ebenfalls an Einfluss gewannen. Die Bürger wurden reicher und selbstbewusster, was das feudale Gleichgewicht veränderte. Denn nun gab es nicht mehr nur zwei Stände (Adel und Klerus) und die breiten Massen der Bauern, sondern auch eine städtische Elite.

Rittertum und höfische Kultur

Parallel zur Entwicklung der Städte blühte am Hofe der Grafen und Herzöge eine höfische Kultur auf. Dichter, Sänger und Minnesänger kamen an die Burghöfe, um Geschichten von Helden, Liebe und Ehre vorzutragen.

Es entstanden Sagenkreise, die das Rittertum verherrlichten, zum Beispiel die Tafelrunde um König Artus oder die Lieder über Roland und Karl den Großen.

Die Adligen gaben Feste, Turniere und Bankette, bei denen man sich in schönen Gewändern präsentierte. Ritterliche Tugenden wie Großzügigkeit, Tapferkeit und Treue wurden idealisiert. Frauen an den Höfen spielten dabei eine Rolle als verehrte Damen, denen die Ritter dienten – zumindest in den Erzählungen. Die Wirklichkeit war oft rauer, aber der höfische Glanz und die Dichtung verzauberten viele Menschen und prägten die mittelalterliche Vorstellung von Ehre und Anstand.

Im Gebiet des heutigen Belgiens war diese höfische Kultur besonders in Flandern und Brabant zu spüren, wo Grafen- und Herzogshöfe genug Reichtum hatten, Dichter und Künstler zu fördern. Selbst die Bischöfe leisteten sich manchmal einen kultivierten Hofstaat, um ihr Ansehen zu erhöhen.

Lokale Identitäten und Sprachen

Das mittelalterliche Gebiet, in dem heute Belgien liegt, war sprachlich und kulturell kein einheitliches Gebiet. Im Norden und Westen sprachen die Menschen überwiegend niederfränkische Dialekte, die man als Vorformen des heutigen Niederländisch betrachten kann. Im Süden und Osten waren romanische Dialekte verbreitet, Vorläufer des Französischen oder Wallonischen. Zudem gab es in den Ardennen und Grenzgebieten Mischformen.

Die Adligen und Geistlichen nutzten Latein für amtliche Dokumente, doch im Alltag sprach man die regionalen Dialekte. Mit der Zeit entwickelten sich einzelne Identitäten. Die Bewohner Flanderns hatten andere Gewohnheiten und Feste als jene in Namur. Das blieb auch später sehr wichtig und führte zu eigenen Bräuchen und Traditionen in verschiedenen Regionen. Trotz dieser Unterschiede gab es aber auch verbindende Elemente, vor allem die kirchlichen Feste, die jeder kannte.

Wandel durch Investiturstreit und Kreuzzüge

Im Hochmittelalter wurde Europa von zwei großen Ereignissen beeinflusst: dem Investiturstreit und den Kreuzzügen. Der Investiturstreit war ein Konflikt zwischen Kaisern und Päpsten um die Frage, wer Bischöfe einsetzen durfte. Auch das Fürstbistum Lüttich und andere geistliche Herrschaften im heutigen Belgien waren davon betroffen. Manche Bischöfe stellten sich auf die Seite des Kaisers, andere auf die Seite des Papstes. Das schwächte zeitweise ihre Position gegenüber den Grafen oder Herzogtümern, die ihre Chance sahen, an Einfluss zu gewinnen.

Die Kreuzzüge führten viele Adlige, Ritter und auch einfache Leute ins Heilige Land, um Jerusalem und andere Stätten aus der Hand muslimischer Herrscher zu befreien. Auch aus Flandern, Hennegau und Brabant brachen Männer auf. Wer als Kreuzritter zurückkehrte, brachte manchmal Geschichten, Reichtümer oder neue Kontakte mit. Für die Region änderte sich dadurch zwar nicht direkt die Struktur, aber der europäische Zusammenhalt der christlichen Fürsten erlebte einen Aufschwung. Gleichzeitig entstanden neue Handelsverbindungen im Mittelmeerraum.

Wachsende Macht der Grafen und innere Konflikte

Zur Zeit des Hochmittelalters gelang es einigen Grafenhäusern, ihren Besitz erheblich zu erweitern. Sie erbten neue Gebiete, kauften sie oder eroberten sie. Gerade wenn ein Herr keinen männlichen Erben hatte, konnte ein Graf sich durch Heirat oder geschickte Verhandlungen große Gebiete aneignen. Das machte ihn noch stärker. Jedoch führte dies oft zu Spannungen innerhalb der Adelsfamilie oder zu Konflikten mit Nachbarn, die sich ebenfalls Hoffnungen auf das Gebiet gemacht hatten.

So kam es, dass manche Familien großen Einfluss ansammelten, zeitweise sogar eine Bedrohung für den französischen König oder den römisch-deutschen Kaiser darstellten. Die Chroniken berichten von endlosen Fehden und Bündnissen. Für die Bevölkerung bedeutete das oft Unsicherheit, hohe Steuern und Kriegsgefahr. Dennoch sorgte der wachsende Wohlstand in vielen Regionen auch für einen gewissen Aufschwung. Neue Techniken in der Landwirtschaft, zum Beispiel ein besserer Pflug oder die Dreifelderwirtschaft, erhöhten die Erträge. In den Städten entwickelte sich das Handwerk weiter.

Der Feudalismus als Grundpfeiler des Mittelalters

Zusammenfassend war der Feudalismus die Grundordnung, die das Mittelalter im Gebiet des heutigen Belgiens und weiten Teilen Europas prägte. Er band die Menschen aneinander: Der Bauer erhielt Schutz vom Grundherrn, der Ritter erhielt Land vom Grafen, der Graf schwor Loyalität dem König. In der Praxis war das System von vielen Ausnahmen und Sonderfällen durchzogen. Ständige Absprachen, Bündnisse, Verträge und Eide formten ein Netz, das man nur schwer überblicken konnte.

Trotz seiner teils harten Seiten schuf der Feudalismus eine gewisse Stabilität in einer Zeit, in der es kein starkes Staatswesen gab. Man kann sagen, er war ein praktischer Kompromiss, um Ordnung und Sicherheit zu gewährleisten. Allerdings schloss er viele Menschen von Freiheit aus. Bauern konnten nicht einfach wegziehen, wenn sie auf dem Land eines Grundherrn geboren waren. Gesellschaftlicher Aufstieg war selten, außer man trat in den Klerus ein oder erlangte in der Stadt Reichtum.

KAPITEL 7: DAS STÄDTISCHE LEBEN

Einleitung

Im Hochmittelalter wuchsen viele Städte in dem Gebiet, das wir heute Belgien nennen, zu wichtigen Zentren heran. Bereits in der Zeit der Karolinger hatte es Siedlungen gegeben, doch jetzt veränderte sich viel. Die Bevölkerung nahm zu, der Handel wurde immer reger, und die handwerkliche Produktion entwickelte sich. Städte wie Brügge, Gent und Ypern in Flandern, aber auch Brüssel und Löwen in Brabant sowie Lüttich am Fluss Maas erhielten nach und nach Stadtrechte und durften sich selbst verwalten.

In diesem Kapitel wollen wir uns anschauen, warum die Städte wuchsen, wie der Handel lief, wie sich die Handwerker in Zünften zusammenschlossen und wie der Alltag in einer mittelalterlichen Stadt aussah. Wir werden auf die Bedeutung der Stadtrechte eingehen und sehen, welche besonderen Pflichten und Freiheiten die Bürger hatten. Außerdem werfen wir einen Blick auf Konflikte zwischen den Städten und den mächtigen Adligen oder Bischöfen der Region. Dabei bleiben wir stets in der Zeit des Mittelalters verankert und schauen nicht in spätere Epochen.

Wachsende Bevölkerung und die Suche nach Sicherheit

Im Hochmittelalter, ungefähr ab dem 11. Jahrhundert, erholte sich Europa von vorherigen Krisen. Die Landwirtschaft verbesserte sich durch neue Methoden: Zum Beispiel führte man vermehrt die Dreifelderwirtschaft ein, bei der ein Teil des Ackers brach lag, während die anderen Felder genutzt wurden. Das führte zu höheren Erträgen. Auch neue Pflugtypen halfen, schwerere Böden zu bearbeiten. Mit mehr Nahrung konnten mehr Menschen leben und Kinder aufziehen.

Weil die Bevölkerung wuchs, suchten viele Menschen nach besseren Lebensbedingungen. Wer auf dem Land keinen Hof erben konnte oder wer sich von den Abgaben seines Grundherren befreien wollte, zog in eine Stadt. Dort gab es die Chance, als Tagelöhner, Knecht oder Lehrling in einer Werkstatt zu arbeiten. Zwar war das Leben auch hier nicht immer einfach, doch man war freier als auf dem Land.

Gleichzeitig boten Städte oft Sicherheit. Rings um die Stadt wurden Mauern gebaut, teilweise mit Türmen und Toren. Bei Angriffen von Feinden konnten die Bewohner hinter diesen Mauern Schutz finden. Manche Orte hatten ihre Ursprünge in einer Burganlage, die dann erweitert wurde, um eine gesamte Siedlung zu umfassen. Auch Flüsse schützten Städte, wenn sie an günstigen Stellen lagen.

Die Rolle von Handel und Märkten

Für die wachsenden Städte war der Handel besonders wichtig. Städte lebten davon, dass Waren von außerhalb hereinkamen und wieder hinausgingen. Kaufleute brachten z. B. Getreide, Wein, Gewürze, Salz oder Stoffe in die Stadt. Dort verkauften sie sie an Händler oder direkt an die Einwohner. Im Gegenzug kaufte man lokale Produkte wie Tuch, Lederwaren oder Metallgeräte, um sie in andere Gegenden zu bringen.

Das Gebiet des heutigen Belgiens lag günstig. Flüsse wie die Schelde, die Maas und die Leie ermöglichten den Transport von Waren per Schiff. Auch die Nähe zur Nordsee war vorteilhaft, denn so konnten Güter aus England, Skandinavien oder dem Baltikum eingeführt werden. Besonders bedeutend war der Tuchhandel: In Flandern wurde aus englischer Schafwolle qualitativ hochwertiges Tuch hergestellt, das man in ganz Europa schätzte.

In vielen Städten gab es wöchentliche Märkte, auf denen Bauern aus dem Umland ihre Erzeugnisse anboten. Daneben fanden jährlich oder halbjährlich größere Messen statt, die Menschen von weit her anzogen. Einige Städte entwickelten sich zu Messezentren, wo Kaufleute nicht nur Waren tauschten, sondern auch Verträge abschlossen oder neue Geschäftspartner kennenlernten.

Die Stadtoberen – das konnten Grafen, Herzöge oder Bischöfe sein – profitierten von diesem Handel. Sie erhoben Zölle an den Stadttoren oder verlangten Gebühren für Marktplätze. Mit diesen Einnahmen finanzierte man den Unterhalt der Stadtmauer, Brücken oder anderer Gemeinschaftseinrichtungen. Manchmal wurde das Geld aber auch für Prunkbauten oder für militärische Kampagnen verwendet.

Entstehung und Bedeutung der Zünfte

Handwerker spielten in den Städten eine zentrale Rolle. Ob Schmiede, Bäcker, Schneider oder Tischler – sie alle stellten Waren her, die die Stadtbewohner benötigten. Im Laufe der Zeit schlossen sich Handwerker gleichen Berufs zu Zünften zusammen. Eine Zunft war eine Art Zusammenschluss, bei dem man sich gegenseitig unterstützte und Qualität sowie Preise der Produkte regelte.

Um einer Zunft beizutreten, musste man bestimmte Voraussetzungen erfüllen. Meistens durchlief man die Stufen vom Lehrling zum Gesellen und schließlich zum Meister. Erst als Meister durfte man eine eigene Werkstatt eröffnen und Lehrlinge ausbilden. Die Zunft legte fest, wie lange die Ausbildung dauerte, welche Prüfstücke am Ende gefertigt werden mussten und welche Regeln beim Verkauf galten.

Zünfte hatten nicht nur wirtschaftliche Aufgaben. Oft bildeten sie auch eine Bruderschaft, in der sich die Mitglieder religiös verbunden fühlten. Man traf sich zu gemeinsamen Gottesdiensten, beteiligte sich an Prozessionen und feierte Feste zusammen. Wenn ein Handwerker krank wurde oder starb, halfen die Zunftbrüder dessen Familie. Auf diese Weise war die Zunft ein soziales Netz in einer Zeit ohne staatliche Absicherung.

Die Zünfte hatten außerdem politische Macht. In vielen Städten wählten sie Vertreter in den Stadtrat oder setzten eigene Regeln für das Handwerk durch. Das führte manchmal zu Konflikten mit den Patriziern, also den reichen Kaufleuten, die den Rat dominierten. Die Patrizier wollten oft die Preise für Rohstoffe diktieren, während die Zünfte mehr Mitspracherecht verlangten.

Stadtverfassungen und Stadtrechte

Im Mittelalter entwickelten viele Städte ihre eigenen Stadtverfassungen, die man auch Weistümer oder Stadtrechte nannte. Darin stand, wie die Stadt regiert werden sollte: Wer saß im Stadtrat, wie wurden die Ratsmitglieder gewählt, welche Steuern durften erhoben werden und wer durfte Gericht halten? Solche Rechte mussten die Städte oft beim Landesherrn, also beim Grafen oder Bischof, erkaufen oder erkämpfen.

Ein wichtiges Recht war das Recht auf Selbstverwaltung. Wenn eine Stadt das erhielt, konnten die Bürger ihre Angelegenheiten weitgehend selbst regeln. Sie stellten einen Schultheiß (oder einen Bürgermeister) und die Schöffen, die im Gericht urteilten. Das bedeutete, dass nicht mehr nur ein vom Grafen eingesetzter Vogt das Sagen hatte, sondern die Stadtbewohner mitbestimmten.

Für die Bürger war das eine große Errungenschaft. Wer mindestens ein Jahr und einen Tag in der Stadt lebte und sich dem Stadtrecht unterwarf, galt als frei. Damit entzog er sich der Lehnsherrschaft seines alten Grundherrn, der auf dem Land regierte. So war das Stadtrecht ein Anreiz für Bauern, die sich aus der feudalen Abhängigkeit lösen wollten.

Allerdings war diese Freiheit nicht grenzenlos. In vielen Städten gab es eine Hierarchie: Oben standen reiche Kaufleute, die den Rat dominierten, darunter kamen Handwerker, die sich in Zünften organisierten, und am unteren Ende standen Tagelöhner, Knechte oder Zugewanderte ohne feste Rechte. Einige Städte kannten sogar Listen, wer als echter Bürger (Burgensis) eingetragen war und wer nicht.

Alltag in der mittelalterlichen Stadt

Das Leben in den Städten war vielfältig. Die Straßen waren oft eng, gepflastert war meist nur der Marktplatz oder wichtige Hauptwege. Abwasser und Müll landeten nicht selten in offenen Rinnen. Wer es sich leisten konnte, wohnte in einem Steinhaus mit mehreren Stockwerken. Die meisten Bürger lebten aber in Fachwerkbauten aus Holz, Lehm und Stroh.

In den Gassen war es tagsüber voll und laut. Händler riefen ihre Waren aus, Handwerker hämmerten, Wagen rumpelten über Kopfsteinpflaster. Pferde und Esel trugen Lasten. Nachts schloss man die Stadttore, und die Straßen waren dunkel. Nur einige Laternen oder Fackeln erleuchteten den Weg. Wer noch unterwegs war, brauchte eine Genehmigung, sonst wurde er leicht für einen Dieb gehalten.

Öffentliche Brunnen oder Zisternen lieferten Wasser für das Kochen und Waschen. Reiche Familien hatten vielleicht einen eigenen Brunnen im Hof. Das Wasser war aber nicht immer sauber, Krankheiten breiteten sich schnell aus. Besonders gefürchtet waren Seuchen wie die Pest, die im 14. Jahrhundert weite Teile Europas heimsuchte und viele Städte entvölkerte.

Zu den Vergnügungen zählten Marktfeste und Jahrmärkte. Dann gab es Gaukler, Musiker und allerlei fremde Händler in der Stadt. Die Menschen tanzten, aßen gebratenes Fleisch oder süße Speisen, sofern sie das Geld hatten. Auch kirchliche Feiertage waren Anlässe für Prozessionen, Theateraufführungen und bunte Umzüge. In manchen Städten bildeten sich sogenannte „Schützengilden" oder „Bogenschützengilden", die zur Verteidigung beitrugen, aber auch an Festtagen Wettkämpfe veranstalteten.

Patrizier, Zünfte und soziale Spannungen

In vielen Städten herrschte ein spannungsgeladenes Verhältnis zwischen den alteingesessenen Patrizierfamilien und den Zünften. Die Patrizier, meist reiche Kaufleute, bildeten eine Art Oberschicht. Sie stellten den Großteil des Rates, besaßen Ländereien oder Schiffe und kontrollierten damit den Fernhandel. Ihre große Macht stieß bei den Handwerkern auf Unmut.

Die Zünfte wollten mehr Mitspracherecht. Sie sorgten ja dafür, dass die Waren hergestellt wurden, und stellten im Ernstfall auch Milizen, um die Stadt zu verteidigen. Wenn der Rat zu hohe Steuern beschloss oder die Interessen der Zünfte ignorierte, kam es zu Aufständen. Besonders in Flandern gab es heftige Konflikte zwischen Zünften und Patriziern, zum Beispiel in Gent oder Brügge.

Solche Unruhen konnten auch gegen den Landesherrn gerichtet sein, wenn er die Patrizier bevorzugte oder den Handel zu stark besteuerte. So kam es zu bürgerlichen Revolten, bei denen die Zünfte kurzfristig die Macht übernahmen. Die Folge war oft ein Kompromiss: Zunftvertreter bekamen Sitze im Stadtrat, während die Patrizier gewisse Privilegien behielten.

In einigen Städten waren diese inneren Spannungen jahrelang spürbar. Trotzdem blieb die Stadt ein Anziehungspunkt für viele. Denn wer hier ein Handwerk ausüben konnte, hatte bessere Chancen, sich seinen Lebensunterhalt zu sichern und wenigstens ein Stückchen städtischer Freiheit zu genießen, als wenn er auf dem Land an einen Grundherrn gebunden war.

Beispiele großer Städte

Brügge entwickelte sich im Hochmittelalter zu einem der bedeutendsten Handelsplätze Europas. Die Nähe zur Nordsee ermöglichte Schiffen aus England, dem Baltikum und sogar aus Italien den Zugang. Brügge war berühmt für den Tuchhandel, die Kaufleute waren weit vernetzt. Als sich später die Wasserrouten veränderten und der Hafen versandete, verlor Brügge an Bedeutung, doch im 13. und 14. Jahrhundert war die Stadt auf ihrem Höhepunkt.

Gent im Landesinneren lag an der Leie und der Schelde und konnte so auch größeren Schiffen Handel ermöglichen. Handwerk und Tuchherstellung blühten. Gent war eine der größten Städte in Nordwesteuropa, mit einer starken Bürgerschaft und mächtigen Zünften. Die Genter Weberzunft konnte Tausende von Arbeitskräften haben.

Lüttich war vor allem als geistliches Zentrum bekannt, denn hier residierte der Bischof, der zugleich Landesherr des Fürstbistums war. Trotzdem entwickelte sich in der Stadt selbst ein reger Handel. Man baute an der Maas Häuser und Märkte, Händler legten Waren an Land, die von weit her kamen. Die Bürger von Lüttich hatten jedoch immer wieder Streit mit ihrem Bischof, weil sie mehr Freiheiten forderten.

Brüssel wuchs im Hochmittelalter, nachdem es Stadtrechte erhalten hatte, zu einem wichtigen Verwaltungs- und Handelsort heran. Die Nähe zu mehreren Handelsrouten und die politischen Verbindungen der Herzöge von Brabant begünstigten das Wachstum. Brüssel war etwas kleiner als Gent oder Brügge, gewann aber später stark an Bedeutung, als die Herzöge von Brabant dort öfter Hof hielten.

Zunfthandel: Tuch, Bier, Metall und mehr

Das Tuchgewerbe war in den flandrischen Städten besonders ausgeprägt. Weber, Färber, Tuchscherer und andere Berufe arbeiteten zusammen, um aus Wolle das begehrte Tuch herzustellen. Die Zunft der Weber war oft die mächtigste, weil ihre Produkte weit exportiert wurden und große Gewinne brachten.

Doch auch andere Gewerke waren wichtig. Die Bierbrauerzunft etwa versorgte die Stadt mit dem wichtigsten Alltagsgetränk. Wasser war häufig verschmutzt, daher trank man gern Dünnbier, das nur wenig Alkohol enthielt. Metzgerzünfte sorgten für Fleisch, Bäcker für Brot und Gebäck, Schmiede für Werkzeuge und Waffen.

Manche Städte waren berühmt für ihre Metallverarbeitung, besonders in Regionen, wo es Eisenminen gab oder wo sich wegen der guten Handelswege leicht Material beschaffen ließ. Man herstellte Schwerter, Rüstungen, aber auch Kessel, Töpfe und andere Gebrauchsgegenstände.

Jede Zunft hatte ihre eigene Ordnung, ihr eigenes Zunftwappen und bestimmte Rituale. Oft gab es eine Zunfttruhe, in der alle wichtigen Dokumente und Gelder verwahrt wurden. Bei Festen trugen die Mitglieder einheitliche Kleidung oder Abzeichen. Das stärkte das Zusammengehörigkeitsgefühl und machte die Zunft in der Stadtgesellschaft sichtbar.

Fernhandel und frühe Banken

Der Fernhandel führte nicht nur zu Wohlstand, sondern brachte auch das Bedürfnis nach sicheren Zahlungswegen mit sich. Wenn Kaufleute aus Italien, Frankreich oder England nach Flandern reisten, brauchten sie die Möglichkeit, größere Geldsummen zu bewegen, ohne alles in Form von Münzen mitnehmen zu müssen. Das wäre zu gefährlich und zu schwer gewesen.

So entstanden frühe Formen von Wechselbriefen oder Krediten, die von Kaufmannsfamilien ausgestellt wurden. Kaufleute hinterlegten an einem Ort Geld und erhielten einen Wechselschein, den sie in einer anderen Stadt einlösen konnten. Das funktionierte nur, wenn man den Handelspartnern vertraute, weshalb es oft enge Netzwerke waren.

In den größeren Städten gab es Kaufleute, die sich auf Geldverleih spezialisierten. Das Wort „Bank" stammt möglicherweise von den Bänken (Tischen), an denen Geldwechsler saßen. Allerdings war das Zinsnehmen umstritten, weil die Kirche es als Wucher ansehen konnte. Manche Geldwechsler arbeiteten daher mit Tricks, indem sie Gebühren statt Zinsen berechneten.

Der Fernhandel begünstigte außerdem den Kulturaustausch. Händler brachten nicht nur Waren, sondern auch Ideen, Geschichten und Neuigkeiten aus anderen Ländern mit. In den Gasthäusern und auf den Märkten kamen Menschen zusammen, die sonst nie Kontakt gehabt hätten. So trugen die Städte zur Vielfalt in dieser Region bei.

Stadtkultur: Feste, Gilden und Bruderschaften

Das städtische Leben war nicht nur von Arbeit und Handel geprägt. Gilden und Zünfte veranstalteten Feste, zu denen man die ganze Stadt einlud. Prozessionen zu kirchlichen Feiertagen waren häufig ein farbenfrohes Ereignis. Man dekorierte Straßen und Plätze, führte religiöse Schauspiele auf oder trug Reliquien durch die Gassen.

Neben den handwerklichen Zünften gab es auch Schützengilden oder Bogenschützengilden, die an Festtagen Wettbewerbe ausrichteten. Sie trainierten allerdings nicht nur zum Spaß, sondern auch zur Verteidigung. In Krisenzeiten stellten die Gilden Milizen auf, die die Stadtmauern bewachten oder in Schlachten zogen, falls die Stadt im Krieg war.

In vielen Städten entstanden auch Bruderschaften, die sich um wohltätige Zwecke kümmerten. Zum Beispiel wurde Geld für Kranke, Arme oder Waisen gesammelt. Die Mitglieder solcher Bruderschaften sahen es als christliche Pflicht, einander beizustehen. Gleichzeitig verschaffte ihnen dieses Engagement Ansehen und Einfluss.

Die Bürger einer Stadt waren stolz auf ihre Gemeinschaft. Manche Städte führten ein eigenes Wappen und einen Wahlspruch. Kirchtürme oder Belfriede (hohe Türme, in denen das Stadtsiegel und oft die Schatzkammer verwahrt wurden) galten als Symbole der städtischen Freiheit und Unabhängigkeit.

Konflikte mit dem Adel: Beispiel Guldensporenschlacht

Immer wieder kam es zu Konflikten zwischen den aufstrebenden Städten und dem Adel. Ein bekanntes Beispiel ist die Guldensporenschlacht von 1302 in der Nähe von Kortrijk. Die flämischen Städte, allen voran Brügge und Gent, hatten sich gegen den französischen König aufgelehnt, der Flandern als Lehen beanspruchte. Die Stadtmilizen gewannen überraschend gegen das schwer bewaffnete Ritterheer.

Die Schlacht hieß Guldensporenschlacht, weil man anschließend bei den Gefallenen viele goldene Sporen sammelte, die die Ritter getragen hatten. Dieser Sieg stärkte das Selbstbewusstsein der flämischen Bürger enorm. Sie konnten zeigen, dass sie nicht einfach von Rittern beherrscht werden wollten.

Solche Auseinandersetzungen gab es auch in anderen Teilen des Landes. Doch Flandern wurde oft zum Inbegriff der rebellischen Städte, die sich gegen die Feudalherren zur Wehr setzten. Das bedeutete aber nicht, dass es dauerhaft friedlich blieb. Wenige Jahre später schlugen die Franzosen zurück, und die Lage änderte sich erneut.

Insgesamt zeigen solche Ereignisse, wie kompliziert das Verhältnis zwischen Städten und Adligen war. Mal brauchten die Herren die finanziellen Mittel der Städte für ihre Kriege, mal unterdrückten sie die städtische Freiheit. Umgekehrt wollten die Bürger zwar Schutz, aber keine dauernde Einmischung.

Alltag der Frauen in den Städten

Frauen spielten im städtischen Leben eine wichtige Rolle, auch wenn sie nicht dieselben Rechte hatten wie Männer. In vielen Zünften waren Frauen nur selten Meisterinnen, doch sie arbeiteten durchaus in Familienbetrieben mit und übernahmen wichtige Aufgaben. Als Witwe konnte eine Frau oft den Betrieb ihres verstorbenen Mannes weiterführen.

In manchen Berufen war die Mitarbeit von Frauen selbstverständlich, etwa in der Tuchherstellung oder beim Bierbrauen. Auch als Bäckerinnen, Wäscherinnen oder Marktfrauen waren sie unentbehrlich. Frauen aus wohlhabenden Patrizierfamilien verwalteten die Geschäfte, wenn ihre Männer auf Reisen waren, oder sie kümmerten sich um die Haushalte, in denen zahlreiche Gesellen wohnten.

Das Eherecht oder das Stadtrecht regelte, was eine Frau erben konnte oder ob sie Verträge abschließen durfte. In einigen Städten gab es Regelungen, die Frauen gewisse wirtschaftliche Freiheiten erlaubten, während andere Städte sie stärker einschränkten. Generell war das Mittelalter eine patriarchalische Zeit. Doch im städtischen Alltag lässt sich beobachten, dass Frauen aktiv am wirtschaftlichen Leben teilnahmen und oft unverzichtbar waren.

Frauen gründeten manchmal eigene Beginenkonvente. Beguinen waren fromme Frauen, die in Gemeinschaften lebten, ohne Nonnen in einem Kloster zu sein. Sie führten ein religiös geprägtes Leben und arbeiteten in der Krankenpflege oder im Handwerk. Diese Beginenhöfe entstanden in mehreren flandrischen Städten und boten Frauen eine Möglichkeit, ein eigenständiges Leben zu führen.

Bildung und Kultur in den Städten

Obwohl viele Menschen weder lesen noch schreiben konnten, entwickelten sich in den Städten Ansätze von Bildung. Geistliche Schulen, die an Kirchen und Klöstern angebunden waren, unterrichteten Jungen im Lesen und Schreiben von Latein. Später entstanden auch städtische Schulen, die sich an Söhne von Kaufleuten und Handwerkern richteten.

In diesen Schulen lernten die Kinder einfache Rechenarten, etwas Geografie, Recht und oft kirchliche Gesänge. Höhere Bildung war meist den Klerikern vorbehalten, die in Domschulen oder Klosterbibliotheken arbeiteten. Trotzdem wuchs das Interesse an Büchern. Reiche Patrizierfamilien konnten sich teure handgeschriebene Werke leisten, oft kunstvoll illuminiert.

Daneben blühte die volkssprachliche Dichtung auf. In Flandern und Brabant entstanden Erzählungen, Gedichte und Lieder in niederländischen Dialekten. Im südlichen Teil der Region (im heutigen Wallonien) gab es dagegen romanische Dialekte, in denen sich ebenfalls eine mündliche Überlieferung herausbildete. So wurde die Stadt ein Ort des kulturellen Austauschs, in dem man nicht nur Latein, sondern auch die eigenen Mundarten pflegte.

Sogenannte „Chambers of Rhetoric" (Kammern der Rhetorik) bildeten sich erst später stärker aus, doch schon im Hochmittelalter trafen sich gebildete Bürger, um Texte zu diskutieren oder Theaterstücke aufzuführen. Solche Gruppen trugen zur Entstehung einer städtischen Kultur bei, die im Spätmittelalter immer ausgeprägter wurde.

Medizin und Hygiene

In den Städten gab es Ärzte und Bader, die versuchten, Krankheiten zu heilen. Doch das Wissen über Medizin war begrenzt, und viele Behandlungen waren eher schmerzhaft oder wirkungslos. Kräuterfrauen, Hebammen und Heilkundige versuchten ebenfalls zu helfen, nutzten aber oft Methoden, die die Kirche misstrauisch betrachtete.

Hygiene war ein großes Problem. Man kannte zwar Badestuben und versuchte, sauber zu bleiben, doch Abwässer liefen meist in offene Kanäle, die schlecht gereinigt wurden. Bei Epidemien wie der Pest starben große Teile der Stadtbevölkerung. Man wusste nicht, dass Flöhe auf Ratten die Krankheit übertrugen.

Trotzdem gab es Versuche, die Stadt sauberer zu halten. Manche Städte hatten Regeln gegen das Wegwerfen von Abfall auf die Straßen. Wachen patrouillierten und bestraften Übeltäter mit Geldbußen. Reichtümer in den Städten lockten jedoch immer mehr Menschen an, und die Stadt wuchs oft schneller, als man sie organisieren konnte.

Die Bedeutung der Städte für die regionale Macht

Im Verlauf des Hochmittelalters wurde klar: Wer die Unterstützung der Städte hatte, war mächtig. Die Grafen und Herzöge brauchten städtische Steuereinnahmen und Soldaten. Die Städte brauchten im Gegenzug Schutz und Handelsfreiheit. Dadurch entstand eine gegenseitige Abhängigkeit.

Es kam vor, dass ein Fürst einen Krieg gegen einen Nachbarn führte und Geld benötigte. Dann bat er die Städte um ein Darlehen oder erhöhte die Zölle. Waren die Städte damit nicht einverstanden, drohten sie, ihre Unterstützung zu verweigern. Andererseits konnten die Städte nicht auf Dauer allein bestehen, da sie auf das Umland angewiesen waren, um mit Lebensmitteln versorgt zu werden.

In Flandern wurde diese enge Beziehung besonders sichtbar. Die Grafenfamilien merkten, dass sie stark sein konnten, wenn die großen Städte wie Brügge, Gent oder Ypern hinter ihnen standen. Doch sobald diese Städte sich verbündeten, konnten sie ihren Grafen auch unter Druck setzen. Ähnliches spielte sich in Brabant, Hennegau oder Namur ab, wenn auch in kleinerem Maßstab.

(60) So entstanden Kompromisse: Die Fürsten ließen den Städten bestimmte Rechte und Freiheiten, im Gegenzug zahlten die Städte Steuern, huldigten dem Fürsten und stellten Truppen. Diese Balance war sensibel. Manchmal führte sie zu großen Konflikten. Letztlich sorgte sie aber dafür, dass die Städte zu einem bestimmenden Element der mittelalterlichen Gesellschaft wurden und das Land im heutigen Belgien maßgeblich prägten.

Ausblick

Die Entwicklung der Städte im Hoch- und Spätmittelalter war eng mit Handel, Handwerk und politischer Selbstbestimmung verbunden. Aus kleinen Siedlungen wurden blühende Zentren, in denen Zünfte und Kaufleute das Leben bestimmten. Gleichzeitig entstanden soziale Spannungen, denn nicht alle Bürger hatten dieselben Chancen. Auch die Konflikte zwischen den Städten und den Grafen oder Bischöfen blieben nie lange aus.

Dennoch kam es in weiten Teilen des heutigen Belgiens zu einem beeindruckenden Wohlstand. Die Tuchproduktion in Flandern und Brabant war europaweit bekannt, und andere Wirtschaftszweige entwickelten sich ebenfalls. Dieses städtische Netzwerk bereitete den Boden dafür, dass später, in der burgundischen Zeit, ein noch größerer Glanz Einzug halten konnte.

KAPITEL 8: DIE BURGUNDISCHE ZEIT

Einleitung

Nach der Zeit des Feudalismus und dem Aufstieg der Städte kamen im Spätmittelalter die Herzöge von Burgund in den Fokus. Sie regierten nicht nur Burgund im heutigen Frankreich, sondern erweiterten ihren Machtbereich auch auf Gebiete im heutigen Belgien, den Niederlanden und Luxemburg. Diese Epoche begann ungefähr in der Mitte des 14. Jahrhunderts und dauerte bis zum Ende des 15. Jahrhunderts.

Man nennt sie oft die burgundische Zeit oder auch die Epoche der burgundischen Niederlande. Die Herzöge von Burgund brachten ein neues Hofleben mit viel Prunk, sie förderten Kunst und Kultur und organisierten ihre Gebiete straffer als ihre Vorgänger. Besonders Philipp der Gute und Karl der Kühne sind als mächtige burgundische Herrscher bekannt.

In diesem Kapitel beleuchten wir, wie die Burgunder zu so großer Macht gelangten, welche Ziele sie verfolgten und wie sie mit den selbstbewussten Städten in Flandern, Brabant und anderswo umgingen. Dabei sehen wir sowohl den Glanz, den sie an ihre Höfe brachten, als auch die Konflikte und Kriege, die ihre Herrschaft begleiteten.

Der Ursprung der burgundischen Dynastie

Die Geschichte Burgunds beginnt in Ostfrankreich. Burgund war zunächst ein eigenes Königreich und wurde später Teil des Heiligen Römischen Reiches, dann wieder Teil des französischen Königtums. Die genaue Zugehörigkeit wechselte mehrmals, bis Ende des 14. Jahrhunderts das Herzogtum Burgund an ein jüngeres Adelsgeschlecht aus dem Haus Valois fiel.

Philipp der Kühne (Philipp II.) war ein Sohn des französischen Königs Johann II. und erhielt Burgund als Apanage. Apanage bedeutet, dass ein königliches Familienmitglied ein eigenes Territorium bekommt. Philipp der Kühne heiratete Margarete von Flandern, die Erbin großer Ländereien in den Niederlanden, darunter Flandern, Artois und Teile von Burgundischen Freigrafschaften. So kam es, dass er durch diese Ehe wichtige Gebiete im heutigen Belgien erbte.

Dieser Heiratsvertrag war ein entscheidender Moment, denn damit gelangte Flandern, eines der reichsten Gebiete Europas, unter die Kontrolle des Hauses Burgund. Die mächtigen Städte in Flandern, wie Brügge und Gent, waren zwar selbstbewusst, doch nun bekamen sie einen neuen Landesherrn, der im Hintergrund eng mit dem französischen Königshaus verwandt war.

Das wachsende Herzogtum und die burgundische Politik

Nach Philipp dem Kühnen folgten andere Herzöge aus dem Haus Valois-Burgund, zum Beispiel Johann Ohnefurcht und später Philipp der Gute. Alle hatten dasselbe Ziel: die zersplitterten Gebiete zwischen Frankreich und dem Heiligen Römischen Reich unter ihre Kontrolle zu bringen und zu einem zusammenhängenden Reich zu formen.

Sie kauften, erbten oder eroberten Grafschaften wie Artois, Hennegau, Holland, Seeland und Brabant. Auch Limburg, Luxemburg und andere Territorien kamen in ihren Besitz. Schritt für Schritt entstand ein großer Block von Ländereien, der im Norden bis zur Küste der Nordsee reichte und im Süden an das eigentliche Burgund stieß.

Diese Politik war geschickt, aber auch teuer. Um das zu finanzieren, brauchten die Herzöge das Geld der Städte, vor allem in Flandern und Brabant. Dort florierte der Handel. Indem die Herzöge die städtischen Oberschichten umgarnten, sicherten sie sich Steuern und Kredite. Im Gegenzug gaben sie den Städten bestimmte Privilegien oder Handelsrechte.

Dennoch war dieses Verhältnis nicht immer einfach. Die großen Städte, allen voran Gent, wollten ihre Freiheit verteidigen. Wenn ein Herzog zu hohe Steuern verlangte oder ihre Rechte zu beschneiden drohte, kam es zu Aufständen. Die burgundischen Herzöge schlugen solche Aufstände oft hart nieder, zeigten sich aber später wieder großzügig, um die Stimmung zu beruhigen.

Philipp der Gute und sein Hof

Einer der bedeutendsten Burgunderherrscher war Philipp der Gute (1419–1467). Unter ihm wuchs das Territorium enorm an. Er kaufte 1429 das Herzogtum Brabant und erhielt später Luxemburg. Besonders bekannt wurde Philipp für seinen prunkvollen Hof, den er teils in Dijon (in Burgund) und teils in Brügge oder anderen Städten seiner niederländischen Besitzungen unterhielt.

Der Hof von Philipp dem Guten war berühmt für Feste, Turniere und eine prachtvolle Hofhaltung. Er liebte Kunst und Kultur, sammelte wertvolle Manuskripte, ließ prachtvolle Teppiche weben und engagierte berühmte Maler. Zu seiner Zeit wirkten Maler wie Jan van Eyck, der in Brügge lebte. Er schuf realistische Gemälde von großer Feinheit, die am burgundischen Hof sehr geschätzt waren.

Philipp der Gute gründete 1430 den Orden vom Goldenen Vlies. Dieser Ritterorden sollte die Elite des Adels in seinen Ländern an sich binden. Wer Mitglied im Orden wurde, galt als besonders angesehen und loyal zum Herzog. Die Treffen des Ordens waren prunkvolle Ereignisse, die den Glanz des burgundischen Hofes weit über die Grenzen hinaus bekannt machten.

Politisch bemühte sich Philipp, in seinen vielen Territorien eine einheitliche Verwaltung aufzubauen. Er schuf zentrale Räte und versuchte, ein verbindliches Rechtssystem durchzusetzen. Dabei achtete er darauf, die städtischen Freiheiten nicht zu stark zu beschneiden, weil er die Zusammenarbeit mit den Bürgern brauchte. Doch manchmal kam es zu Konflikten, wenn Philipp hohe Abgaben verlangte oder neue Gesetze einführte.

Der Aufstieg der burgundischen Niederlande

Das Herrschaftsgebiet in den Niederlanden und im heutigen Belgien nannte man zunehmend die „burgundischen Niederlande". Diese Ländereien waren reicher als das eigentliche Herzogtum Burgund in Frankreich. Hier gab es bedeutende Handelsstädte, Textilzentren und reiche Kaufleute, die dem Herzog Kredite geben konnten.

Die burgundische Verwaltung errichtete teils neue Residenzen in Orten wie Brüssel oder Mechelen, wo sich Beamte, Adlige und Geistliche versammelten. Philipp der Gute versuchte, ein Zusammengehörigkeitsgefühl zwischen den verschiedenen Provinzen zu schaffen, indem er eine gemeinsame Politik, gemeinsame Siegel und Wappen förderte.

Die Ständeversammlungen sollten die wichtigsten Gruppen (Adel, Klerus und Städte) repräsentieren und mit dem Herzog zusammenarbeiten. Man traf sich zu sogenannten Generalständen, um über Steuern und Gesetze zu beraten. So hoffte Philipp, alle Gebiete, von Flandern bis Luxemburg, zu vereinen. Doch da jedes Territorium eigene Traditionen hatte, war es schwierig, eine hundertprozentige Einheit zu erzielen.

Gleichzeitig nahm die Macht der burgundischen Herzöge so sehr zu, dass sie fast wie Könige agierten. In der französischen Politik spielten sie eine Rolle als Rivalen des französischen Königs, teils sogar als Verbündete Englands im Hundertjährigen Krieg. Im Römisch-Deutschen Reich waren sie ebenfalls ein wichtiger Faktor, zumal Teile ihres Landes formal zum Reich gehörten.

Hofkultur und Feierlichkeiten

Der Glanz des burgundischen Hofes war legendär. Feste und Bankette dauerten mitunter tagelang. Tische wurden reich gedeckt mit exotischen Speisen, Weinen und kunstvollen Zuckerarbeiten. Musiker und Spielleute unterhielten die Gäste, während sich Ritter in Turnieren maßen.

Auch Hochzeiten und Taufen wurden in großem Stil gefeiert. Wenn der Herzog oder ein enger Verwandter heiratete, lud man Adlige aus ganz Europa ein, um Bündnisse zu stärken. Man schmückte die Städte, durch die der Hochzeitszug zog, mit Blumen, Fahnen und Leintüchern.

Diese Feste waren nicht nur zur Unterhaltung da. Sie dienten auch der Politik. Bei solchen Gelegenheiten konnten Verhandlungen geführt werden,

Adlige knüpften Kontakte und neue Absprachen wurden getroffen. Die aufwändige Hofhaltung zeigte auch, dass der Herzog reich und mächtig war, und beeindruckte mögliche Gegner.

Künstler und Handwerker profitierten von diesem Pomp. Goldschmiede fertigten Schmuck und kostbare Tafelgeräte, Schneider nähten prachtvolle Gewänder mit Brokat und Pelz. Dichter verfassten Lobreden, und Maler hielten das höfische Leben in Bildern fest. All das machte die burgundische Zeit zu einer kulturellen Blüte in den niederländischen Territorien.

Die Stellung der Städte unter den Burgundern

Viele Städte wie Brügge, Gent, Ypern, Brüssel oder Antwerpen waren wirtschaftlich stark und hatten eine selbstbewusste Bürgerschaft. Wenn der Herzog Geld brauchte, wandte er sich an diese Städte. Manchmal machte er Zugeständnisse, wenn sie im Gegenzug hohe Steuern bewilligten oder Kredite gaben.

Doch es kam immer wieder zu Spannungen. Die Bürger wollten ihre Privilegien erhalten und keine zu hohe Steuerlast tragen. Wenn ein Herzog ihre Freiheiten beschnitt, rebellierten sie. Philipp der Gute und sein Nachfolger Karl der Kühne (Karl der Temeräre) führten mehrfach Kriege gegen aufständische Städte oder setzten militärische Mittel ein, um sie zu disziplinieren.

Ein berühmter Konflikt war der Aufstand von Gent in den 1440er Jahren. Gent weigerte sich, eine vom Herzog geforderte Steuer zu zahlen. Philipp der Gute schickte Truppen, und es folgten mehrere Jahre der Kämpfe. Schließlich unterwarfen sich die Genter, mussten aber eine harte Strafe zahlen und viele Rechte aufgeben.

Dennoch blieben die Städte unverzichtbar. Der Handel und die Tuchproduktion waren das wirtschaftliche Rückgrat des burgundischen Reiches. Auch wenn der Herzog militärisch überlegen war, brauchte er die Unterstützung der Städte, um langfristig seine Position zu halten. So pendelte die Beziehung zwischen Kooperation und Konflikt, je nach politischer Lage.

Karl der Kühne und der Traum vom Königstitel

Karls der Kühne (reg. 1467–1477) übernahm das Erbe seines Vaters Philipp des Guten. Karl versuchte, das burgundische Reich weiter zu stärken und aus den verstreuten Territorien ein zusammenhängendes Königreich zu formen. Er hoffte, vom Kaiser oder Papst einen Königstitel zu erhalten und sich somit offiziell als König in der Mitte Europas zu etablieren.

Karl war ein energischer, manchmal rücksichtsloser Herrscher, der häufig im Krieg war. Er führte Kämpfe gegen Lothringen, gegen die Schweizer Eidgenossen und gegen das Herzogtum Geldern im Norden. Seine militärischen Unternehmungen kosteten viel Geld und Menschenleben. Die Städte mussten hohe Abgaben leisten, was zu Unmut führte.

Besonders dramatisch war sein Konflikt mit den Schweizer Truppen. Karl wollte die Gebiete am Oberrhein und in Lothringen sichern, stieß aber auf entschlossene Gegner. In den Schlachten von Grandson (1476) und Murten (1476) verlor Karl gegen die Schweizer. Sein Ruf als unbesiegbarer Feldherr war dahin.

Schlimmer noch: 1477 fand Karl der Kühne in der Schlacht von Nancy den Tod. Ohne männlichen Erben hinterließ er das burgundische Reich in einer politisch brenzligen Lage. Seine Tochter Maria von Burgund musste das Erbe antreten und sah sich sofort mit Ansprüchen des französischen Königs konfrontiert, der einen Teil der burgundischen Gebiete zurückforderte.

Konflikte und das Ende der burgundischen Epoche

Nach Karls Tod zerfiel das burgundische Reich in mehrere Teile. Frankreich schlug sofort zu und beanspruchte das Herzogtum Burgund selbst, während die niederländischen Territorien von Maria von Burgund regiert wurden. Maria heiratete Maximilian von Habsburg, was später zur Herrschaft der Habsburger über die burgundischen Niederlande führte.

Damit endete die rein burgundische Epoche. Zwar blieben viele Strukturen erhalten, doch nun kam das Haus Habsburg ins Spiel. In den nächsten Kapiteln unseres Buches werden wir sehen, wie diese neue Herrschaft das Land prägte. Doch zunächst wollen wir uns noch mehr mit der Zeit der Religionskonflikte und anderer Entwicklungen befassen, bevor wir zum habsburgischen Kapitel kommen.

Trotzdem bleibt die burgundische Zeit in Erinnerung als eine Ära des Glanzes, der höfischen Kultur und des politischen Ehrgeizes. Die Herzöge von Burgund sammelten enorme Kunstschätze, förderten Maler und Baumeister und hinterließen Spuren in den Städten: prachtvolle Stadthallen, Belfriede, Kirchen und Adelspaläste.

Man darf aber nicht vergessen, dass diese Glanzzeit auch Schattenseiten hatte. Hohe Steuern, harte Strafen für aufständische Städte und ständige Kriege machten das Leben der einfachen Bevölkerung schwer. Besonders in den Grenzregionen litten die Menschen unter militärischen Auseinandersetzungen. Und die höfische Verschwendung stand oft in starkem Gegensatz zur Armut vieler Bauern und Handwerker.

Gesellschaftliche Veränderungen und Hofkultur

Die burgundische Epoche brachte einen stärkeren Austausch zwischen Adel und gebildeten Bürgern. Die Herzöge nahmen häufig kluge Berater aus dem städtischen Bürgertum in ihre Dienste. So konnten sich manche reiche Kaufleute am Hof etablieren, im Rang aufsteigen und sogar Adelstitel erwerben.

Gleichzeitig lebten viele Adlige lieber am Hof als auf ihren Burgen. Dort pflegten sie Sitten wie das höfische Turnierwesen, Musik und Dichtung.

Berühmte Musiker – zu dieser Zeit sprach man oft von franko-flämischen Komponisten – wirkten am burgundischen Hof. Diese Musiker prägten die Kirchenmusik und weltliche Lieder in Europa.

Mit dem Orden vom Goldenen Vlies schuf man eine Gemeinschaft von hochrangigen Adligen, die sich gegenseitig unterstützten. Der Orden hatte strenge Regeln, man feierte gemeinsame Feste und hielt Kapitelversammlungen ab. Dadurch entstand ein Gefühl elitärer Zusammengehörigkeit. Die Kunst, die diesen Orden umgab (z. B. gestickte Mäntel, goldene Colliers und aufwändige Liturgie), unterstrich den Glanz des Herzogtums.

Auch in den Städten bemerkte man diesen neuen Stil. Patrizier und Handwerker, die sich das leisten konnten, wollten prunkvolle Kleidung und Wohnhäuser haben. Der Geschmack an reichen Stoffen, Goldschmiedekunst und erlesenen Speisen breitete sich allmählich aus. So stieg der Bedarf an Kunsthandwerk, was den Künstlern und Werkstätten in Flandern, Brabant und anderen Regionen zugutekam.

Verwaltung und Zentralisierung

Die burgundischen Herzöge versuchten, ihre Gebiete zentraler zu verwalten, als es bisher üblich war. Es gab zentrale Räte, die sich um Finanzen, Justiz und politische Entscheidungen kümmerten. Man baute neue Archive auf, in denen Urkunden gelagert wurden, um Rechte und Besitztitel abzusichern.

Gleichzeitig setzten die Herzöge eigene Statthalter ein, die vor Ort den Willen des Hofes durchsetzen sollten. Wo vorher ein örtlicher Graf oder Bischof weitgehend eigenständig agieren konnte, stand nun oft ein burgundischer Beauftragter, der kontrollierte, ob die Steuern korrekt eingezogen wurden und ob die Gerichtsbarkeit den Regeln des Herzogs folgte.

Diese Zentralisierung stieß nicht überall auf Zustimmung. Manche alte Adelsfamilien sahen ihre Macht in Gefahr. Auch Städte, die traditionell eigene Rechte hatten, wehrten sich gelegentlich gegen eine allzu straffe Burgunderherrschaft. Dennoch konnten die Herzöge sich weitgehend durchsetzen, weil sie militärische Stärke besaßen und wirtschaftlich von den Steuern der wohlhabenden Gebiete profitierten.

Ein Resultat war, dass das Gebiet im heutigen Belgien stärker zusammenwuchs. Zwar gab es immer noch Unterschiede zwischen Flandern, Brabant, Hennegau und anderen Landesteilen, doch eine einheitlichere Administration und häufige Reisen des Herzogs durch seine Territorien förderten ein Zusammengehörigkeitsgefühl – zumindest in den Oberschichten.

Kriege und Friedensschlüsse

Das burgundische Reich war aber auch in viele Konflikte verwickelt. Der Hundertjährige Krieg zwischen Frankreich und England hatte zeitweise direkte Folgen für Flandern, das eng mit England im Tuchhandel verbunden war, während die Burgunder durch Heirats- und Erbschaftsverträge mit dem französischen Königshaus verbandelt waren.

Philipp der Gute wechselte bei Bedarf die Seiten, um seine Gebiete zu schützen oder zu erweitern. Er schloss mit England Friedensverträge, brach sie wieder, verbündete sich mit Frankreich und so weiter. Dieser diplomatische Eiertanz ermöglichte ihm, sein Territorium zu vergrößern, war aber riskant.

Karl der Kühne blieb ebenfalls in diese große europäische Politik verstrickt. Er scheiterte letztlich an der Idee, ein von beiden Großmächten (Frankreich und dem Reich) unabhängiges Königreich zu errichten. Denn weder der französische König noch der deutsche Kaiser wollte, dass Burgund zu mächtig wurde.

Neben diesen großen Konflikten gab es lokale Kriege. Zum Beispiel kämpften die Burgunder gegen das Herzogtum Geldern im Norden oder gegen Lothringen im Osten. Jede dieser Auseinandersetzungen kostete Geld und forderte Opfer, was wiederum die Bevölkerung belastete und in den Städten zu Unmut führen konnte.

Wirtschaft und Wohlstand

Trotz der häufigen Kriege war das burgundische Zeitalter für viele Städte eine Zeit des wirtschaftlichen Aufschwungs. Der Handel mit Tuch, Wolle, Metallen und Gewürzen blieb wichtig. Außerdem wurde der Handel über die Nordsee und die Ostsee weiter ausgebaut. In Antwerpen wuchs ein großer Hafen heran, der später eine führende Rolle im internationalen Handel übernehmen sollte.

Die Herzöge unterstützten diesen Handel, weil er ihnen Steuereinnahmen brachte. Sie hielten große Messen ab, förderten den Bau besserer Straßen und sorgten dafür, dass wichtige Flüsse schiffbar blieben. Darüber hinaus setzten sie oft ein einheitliches Münzsystem durch, was den Handel zwischen den verschiedenen Provinzen erleichterte.

Die Landwirtschaft profitierte davon nur teilweise. Während die Bauern immer noch in einer feudalen Ordnung lebten und hohe Abgaben entrichten mussten, konnten sich einige in Stadtnähe durch spezialisierte Produktion verbessern. So stieg der Bedarf an Fleisch, Gemüse, Butter oder Bier in den wachsenden Städten. Bauern, die das liefern konnten, fanden Abnehmer und verbesserten ihren Lebensstandard.

Die Gegensätze blieben jedoch groß: Reichtum in den Städten, Pracht am burgundischen Hof auf der einen Seite, Armut und harte Arbeit bei vielen Bauern und Handwerkern auf der anderen. Manche protestierten dagegen, doch die Burgunder hatten genug Mittel, um Aufstände zu unterdrücken oder zu kaufen.

Kulturelle Blüte: Malerei, Musik, Buchmalerei

Die burgundische Epoche gilt als Zeit großer kultureller Leistungen. Maler wie Jan van Eyck, Rogier van der Weyden und andere berühmte „flämische Primitiven" schufen realistische Bilder, in denen sie Licht, Schatten und Details meisterhaft darstellten. Auftraggeber waren nicht nur der Herzog, sondern auch Adlige, reiche Kaufleute und Kirchen.

In der Buchmalerei entstanden prächtige Stundenbücher und liturgische Werke, die Ranken, Miniaturen und vergoldete Buchstaben enthielten. Der Hof von Burgund besaß eine große Bibliothek, in der man solche Handschriften sammelte. Auch einzelne Bürger konnten sich kleine Gebetbücher leisten, wenn sie das Geld hatten.

Die Musik entwickelte sich in den flandrischen Städten zu neuer Raffinesse. Komponisten wie Guillaume Dufay oder Johannes Ockeghem wirkten im 15. Jahrhundert. Sie verbanden mehrstimmigen Gesang mit kunstvollen Harmonien. Diese Kompositionen breiteten sich in ganz Europa aus und prägten die Kirchen- und Hofmusik.

Der Prunk zeigte sich auch in der Mode. Männer und Frauen trugen lange Gewänder mit engen Ärmeln und weiten Röcken, oft mit Pelzbesatz und farbenfrohen Stoffen. Hüte und Kopfbedeckungen wurden immer ausgefallener. An Festtagen präsentierten sich die Adligen gern in Gold und Seide, während die Bürger ebenfalls versuchten, zumindest ein wenig Glanz in ihre Kleidung zu bringen.

Ende der burgundischen Herrschaft und Ausblick

Mit dem Tod Karls des Kühnen 1477 zerbrach der Traum von einem selbstständigen burgundischen Königreich in Mitteleuropa. Seine Tochter Maria von Burgund heiratete Maximilian von Habsburg, und so kamen große Teile der burgundischen Niederlande unter habsburgische Herrschaft. Das Herzogtum Burgund selbst fiel weitgehend an den französischen König zurück.

Die burgundische Zeit hinterließ jedoch tiefe Spuren. Die Verwaltung, die Kunst, die Hofsitten und das Zusammenwachsen der einzelnen

Grafschaften und Herzogtümer zu einem größeren Ganzen wirkten fort. Die vielen Städte in Flandern, Brabant und anderen Gebieten waren nun Teil eines größeren politischen Verbunds, der später „die burgundischen Niederlande" oder „die habsburgischen Niederlande" genannt wurde.

Der Glanz und die Macht der Burgunder hatten nicht nur das Bild Europas geprägt, sondern auch den Regionen einen neuen Rang verschafft. Die Städte blieben wohlhabend, und mit dem Übergang an das Haus Habsburg öffnete sich das Tor zu neuen Bündnissen und Konflikten, die wir in späteren Kapiteln noch kennenlernen werden.

Für das Volk war die burgundische Epoche eine zwiespältige Zeit. Einerseits bot sie kulturelle Höhepunkte, wirtschaftliche Chancen und ein Stück weit Zusammenhalt. Andererseits war sie geprägt von autoritärer Herrschaft, hohen Steuern und militärischen Auseinandersetzungen. Doch in den Städten blieb das Selbstbewusstsein weiter bestehen, sodass sie auch in der kommenden Zeit an vielen politischen Entscheidungen mitwirken wollten.

KAPITEL 9: DIE HABSBURGISCHE HERRSCHAFT

Einleitung

Nach dem Ende der burgundischen Epoche im späten 15. Jahrhundert gingen weite Teile der „burgundischen Niederlande" – darunter auch viele Regionen im heutigen Belgien – in den Besitz des Hauses Habsburg über. Diese Dynastie war in Europa sehr mächtig, denn sie stellte Kaiser im Heiligen Römischen Reich und regierte gleichzeitig über Spanien und andere Gebiete.

In diesem Kapitel schauen wir, wie es zu diesem habsburgischen Erbe kam. Wir verfolgen, wie Maximilian von Habsburg die Kontrolle über Flandern und Brabant erlangte und wie sein Enkel Karl V. als Kaiser das Reich vergrößerte. Außerdem betrachten wir die Stellung der örtlichen Ständeversammlungen und Städte und wie sie ihre Rechte in einem immer mächtiger werdenden Herrschaftsgefüge zu verteidigen suchten. Dabei lernen wir, dass die Habsburger zwar einerseits für Stabilität sorgten, andererseits aber immer wieder in Konflikte verstrickt waren – sei es mit Frankreich, innerhalb des Reiches oder mit der aufkommenden Reformation, die das Land bald erschüttern sollte.

Der Übergang an das Haus Habsburg

Als Karl der Kühne 1477 in der Schlacht von Nancy starb, hinterließ er eine Tochter: Maria von Burgund. Sie war seine Erbin und damit Herrscherin über die burgundischen Niederlande. Doch ihre Lage war kritisch, denn der französische König Ludwig XI. nutzte die Gunst der Stunde, um das alte Herzogtum Burgund selbst in Besitz zu nehmen.

Die niederländischen Stände (Vertreter des Adels und der Städte) standen nun vor der Frage, wem sie sich anschließen sollten. Maria von Burgund wusste, dass sie einen starken Partner brauchte. Sie heiratete deshalb 1477

Maximilian von Habsburg, den Sohn Kaiser Friedrichs III. vom Heiligen Römischen Reich. Damit war das Bündnis zwischen dem Haus Burgund und dem Haus Habsburg besiegelt, und die einst „burgundischen" Territorien kamen unter habsburgische Herrschaft.

Dieser Wechsel war nicht ganz friedlich. In Flandern und Brabant gab es Widerstände, da die Stände befürchteten, Maximilian könnte ihre Privilegien einschränken. Auch Frankreich sah die neue Verbindung kritisch. Trotzdem setzten sich Maria und Maximilian durch, zumal sie versprachen, die städtischen Rechte zu achten und den Handel zu fördern.

Als Maria von Burgund schon 1482 bei einem Reitunfall verstarb, erbte ihr Sohn Philipp der Schöne das Land. Zunächst führte Maximilian die Regentschaft für seinen minderjährigen Sohn. Immer wieder kam es zu Aufständen, besonders in Gent und Brügge, weil die Städte sich gegen hohe Steuern wehrten. Aber auch diese Konflikte konnte Maximilian letztlich unter Kontrolle bringen.

Philipp der Schöne und das wachsende Habsburger-Reich

Philipp der Schöne (Philipp I. von Kastilien) übernahm als junger Mann die niederländischen Erblande. Seine Hochzeit mit Johanna von Kastilien (genannt Johanna die Wahnsinnige) brachte ihm wiederum Rechte in Spanien ein. Plötzlich schien es, als würden weite Teile Westeuropas in einer Hand vereint.

Für die Regionen im heutigen Belgien bedeutete das, dass sie nun Teil eines Herrschaftsgefüges waren, das sich bis in die Iberische Halbinsel (Spanien) erstrecken konnte. Zwar war Philipp der Schöne selbst nicht lange aktiv in den Niederlanden, da er sich um seine spanischen Ansprüche kümmern wollte. Er starb schon 1506 sehr früh. Dennoch war diese Eheschließung für die künftige Politik entscheidend.

Der Adel in Flandern, Brabant und anderen Grafschaften war gespalten. Einige hofften, dass Spanien und das Heilige Römische Reich als starke Schutzmächte gegen Frankreich wirken könnten. Andere fürchteten, dass die Habsburger zu viel Macht anhäuften. Die Städte blieben wachsam und verteidigten ihre städtischen Privilegien.

Vor Ort in den Niederlanden führte meist ein Statthalter oder eine Statthalterin die Amtsgeschäfte für die Habsburger. So versuchte man, das große Gebiet mit zentralen Mitteln zu verwalten. Schon bei den Burgundern war das begonnen worden, aber jetzt kam eine noch größere politische Verflechtung hinzu, denn die Habsburger trugen zusätzlich den Kaisertitel, lenkten das Kaiserreich und später auch die spanischen Königreiche.

Kaiser Karl V. – Der mächtigste Herrscher seiner Zeit

Im Jahr 1500 wurde in Gent ein Kind geboren, das bald zu einem der mächtigsten Herrscher Europas aufsteigen sollte: Karl V. Er war der Sohn von Philipp dem Schönen und Johanna von Kastilien. Er erbte – nach dem frühen Tod seines Vaters und der politischen Entmachtung seiner Mutter – die Herrschaft über das riesige Reich, zu dem unter anderem die burgundischen Niederlande, Spanien, Teile Italiens und die Kolonien in Übersee gehörten.

Als Karl 1519 zum Kaiser des Heiligen Römischen Reiches gewählt wurde, war er noch ein junger Mann. Er nannte sich fortan Kaiser Karl V. (im deutschsprachigen Raum) bzw. König Karl I. (in Spanien). In seinen eigenen Worten war sein Reich so weit gespannt, dass „die Sonne darin nie untergeht." Für die Regionen im heutigen Belgien bedeutete das, dass sie nun im Zentrum eines Weltreichs standen, von dem aus Kaiser Karl große Teile der europäischen Politik lenkte.

Karl V. war in Gent geboren und hatte eine gewisse Zuneigung zu seinen flämischen Untertanen. Er sprach auch niederländische Dialekte, zumindest in jungen Jahren. Die Niederlande bildeten einen der wohlhabendsten Teile seines Reiches, weshalb er sich bemühte, dort ruhig regieren zu können.

Allerdings führten Karls endlose Kriege gegen Frankreich, gegen das Osmanische Reich oder gegen protestantische Fürsten im Reich immer wieder zu hohen Steuerforderungen. Die Stände in den Niederlanden mussten darüber beraten, ob sie neue Gelder bewilligten. Manchmal gab es Widerstand. Auch die Städte wehrten sich, wenn sie zu stark belastet wurden. Dennoch gelang es Karl meist, seine Ansprüche durchzusetzen, da er – wie schon die Burgunder – über die militärische Macht und das Ansehen eines Kaisers verfügte.

Verwaltung und Zentralisierung unter Karl V.

Karl V. setzte die Bestrebungen seiner Vorfahren fort, die niederländischen Provinzen stärker zu zentralisieren. Dazu baute er Behörden und Räte aus, die in Brüssel, Mechelen oder Löwen ihren Sitz hatten. Er wollte eine einheitlichere Gesetzgebung und Verwaltung, um leichter Steuern zu erheben und Recht zu sprechen.

In den Provinzen Flandern, Brabant, Hennegau, Artois, Holland, Seeland, Luxemburg und anderen gab es jeweils eigene Ständeversammlungen. Diese versuchten, ihre althergebrachten Freiheiten zu behalten. Doch Karl V. richtete einen „Großen Rat" (z. B. in Mechelen) ein, der höchste Gerichtsinstanz sein sollte. Außerdem ernannte er Statthalter und Gouverneure, die in seinem Namen regierten.

Trotz dieser Zentralisierungsversuche blieb das Herrschaftsgefüge sehr komplex. Jede Provinz hatte ihre eigenen Traditionen und Privilegien. Jede Stadt hütete eifersüchtig ihre städtischen Rechte. Kaiser Karl musste also diplomatisch vorgehen, um keine Aufstände zu provozieren. Er verkaufte manchmal „Begnadigungsbriefe" oder ließ sich bestimmte Sondersteuern bewilligen, indem er den Ständen Zugeständnisse machte.

Im Jahr 1548 erreichte Karl V., dass die niederländischen Provinzen innerhalb des Heiligen Römischen Reiches eine Sonderstellung erhielten. Sie wurden zum sogenannten „Burgundischen Kreis" zusammengefasst, was ihnen ein Stück Autonomie sicherte. Damit wollte Karl dafür sorgen, dass die habsburgischen Niederlande nicht dauernd in die Konflikte des Reiches hineingezogen wurden. Gleichzeitig band er sie aber enger an sich selbst.

Konflikte mit Frankreich und die Bedeutung der Grenzregionen

Ein stetiges Problem war die Rivalität mit Frankreich. Die französischen Könige sahen es nicht gern, dass die Habsburger einen so großen Machtblock an ihrer Nordostgrenze besaßen. Immer wieder kam es zu Feldzügen und Belagerungen, besonders in den Grenzgebieten. Festungsstädte und Burgen wurden ausgebaut.

In den Niederlanden war man teils beunruhigt, weil die Kriege hohe Kosten verursachten. Trotzdem hofften manche Adlige, dass ein starker Kaiser das Land vor französischen Angriffen schützen würde. Für die Städte war es entscheidend, dass ihre Handelsrouten offenblieben, weshalb sie zum Beispiel in Flandern und Brabant durchaus bereit waren, in Befestigungen zu investieren.

Die Grenzregion um Luxemburg, Hennegau und Artois war besonders gefährdet. Dort wechselten manche Festungen mehrfach den Besitzer. Während einer Belagerung litten die umliegenden Dörfer und Kleinstädte, es kam zu Plünderungen und Zerstörungen. Auch wenn Kaiser Karl V. nicht immer persönlich vor Ort war, führte er seine Feldherren gegen Frankreich und konnte einige Siege erringen.

Letztlich endete der Dauerkonflikt mit Frankreich nie ganz. Erst in späteren Epochen sollten neue Grenzlinien gezogen werden. Für die Zeit Karls V. blieb die Gefahr stets im Hinterkopf. Zugleich war diese militärische Bedrohung für ihn ein Argument, hohe Steuern von den Niederlanden zu verlangen.

Die Erbfolge: Philipp II. und die spanische Linie

Karl V. hatte einen Sohn, Philipp (später Philipp II. von Spanien). Schon zu Lebzeiten traf Karl V. Vorkehrungen für dessen Nachfolge. 1555 dankte Karl in Brüssel offiziell ab und übergab die Herrschaft in den Niederlanden an Philipp. Ein Jahr später trat er auch als Kaiser des Heiligen Römischen Reiches zurück, und sein Bruder Ferdinand übernahm diesen Titel.

Damit kam es zur Aufspaltung des habsburgischen Hauses in eine spanische und eine österreichische Linie. Die niederländischen Territorien fielen an die spanische Linie, also an Philipp II. Dieser sprach kaum Niederländisch und war stark von der spanischen Hofkultur geprägt. Zunächst reiste Philipp durch die Niederlande, um seine Erbuntertanen kennenzulernen. Doch bald kehrte er nach Spanien zurück und lenkte die Geschicke aus der Ferne.

Für viele flandrische und brabantische Adlige war das ein Problem: Philipp II. ließ sich in Spanien nieder, war also nicht so greifbar wie sein Vater. Zudem war Philipp II. ein tiefgläubiger Katholik, der die Ideen der aufkommenden Reformation strikt bekämpfte. Er setzte harte Maßnahmen gegen alle Andersgläubigen durch, was bald zu schweren Spannungen führte.

Auch die Städte blickten unsicher in die Zukunft: Würde Philipp II. ihre Privilegien respektieren und eine gewisse Freiheit lassen? Oder würde er das Land straff regieren, um seine Kriege gegen Frankreich und seine Glaubensfeinde zu finanzieren? Die Antworten auf diese Fragen zeigten sich in den kommenden Jahren und führten schließlich zu Aufständen und Revolten. Doch an dieser Stelle geht es zunächst weiter mit den religiösen Entwicklungen, die immer wichtiger wurden.

Lebensalltag und Wirtschaft in habsburgischer Zeit

Auch wenn die Politik oft von großen Namen wie Karl V. und Philipp II. dominiert wurde, ging das alltägliche Leben für die Menschen in den Städten und auf dem Land weiter. Der Handel in Flandern und Brabant blieb stark. Antwerpen stieg allmählich zum größten Hafen der Region auf und übertraf sogar Brügge, das durch Versandung und politische Unruhen zurückfiel.

Die Textilproduktion blieb wichtig, aber es kamen neue Gewerbezweige hinzu, etwa der Schiffsbau, die Metallverarbeitung und ein ausgeprägter Finanzsektor. Reiche Kaufleute investierten in Handel mit Übersee – schließlich war Spanien eine Weltmacht mit Kolonien in Amerika.

Auf dem Land gab es in manchen Regionen Fortschritte in der Landwirtschaft, etwa neue Anbaumethoden oder bessere Geräte. Dennoch lebten viele Bauern in bescheidenen Verhältnissen. Sie waren weiter von Grundherren abhängig, mussten Abgaben zahlen und konnten wenig gegen Missernten tun.

Die Adelsfamilien, die sich an den habsburgischen Hof banden, profitierten von Ämtern und Privilegien. Sie stellten Statthalter, Bischöfe, hohe Beamte. Die Städte setzten auf Handelsgewinne, um ihren Wohlstand zu sichern. Dabei wurde oft übersehen, dass sich gleichzeitig das religiöse Klima veränderte und die Spannungen um den Glauben stetig zunahmen.

Die ersten Anzeichen religiöser Spannungen

Schon vor der Reformation Martin Luthers gab es im Spätmittelalter einzelne Bewegungen, die Kritik an der Kirche übten oder eine Frömmigkeit suchten, die weniger von Ritualen, dafür mehr von persönlicher Bibellektüre geprägt war. In den Niederlanden war das etwa die Devotio Moderna, zu der berühmte Namen wie Thomas von Kempen gehörten.

Als Martin Luther ab 1517 seine Thesen verbreitete, fand das auch in den habsburgischen Niederlanden Gehör. Kaufleute und Adlige, die in Deutschland gewesen waren, brachten Luthers Schriften mit. Doch Kaiser Karl V. war entschlossen, die Reformation zu bekämpfen. Er wollte sein Reich einheitlich katholisch halten.

Dennoch blieben die Ideen der Reformation nicht auf Deutschland beschränkt. In den niederländischen Städten entstanden kleine lutherische oder calvinistische Kreise, die sich heimlich trafen. Manchmal waren es gebildete Bürger, die die Bibel in der Volkssprache lasen. Oder es waren Handwerker, die sich von der Kritik an kirchlichen Missständen angezogen fühlten.

Karl V. erließ strenge Gesetze gegen sogenannte „Ketzerei" und richtete eine Inquisition ein, die ketzerische Bücher beschlagnahmen und predigende Laien bestrafen sollte. Es gab sogar Todesurteile gegen hartnäckige Protestanten. Diese Repressionsmaßnahmen schürten aber nur den Groll im Land. Vor allem in Flandern und Brabant wuchs das Unbehagen, da man sich in Fragen der Religion nicht vorschreiben lassen wollte, was man zu glauben hatte.

Zunächst blieben offene Zusammenstöße selten, denn die meisten Protestanten hielten sich bedeckt, um nicht verfolgt zu werden. Aber unter der Oberfläche gärte es. Als Karl V. abdankte und Philipp II. sein Nachfolger wurde, lagen die religiösen Spannungen schon in der Luft. Sie sollten bald, im nächsten Kapitel, eine zentrale Rolle spielen.

Kultur und Gesellschaft zur Zeit Karls V.

Trotz der Spannungen war das 16. Jahrhundert eine Phase kultureller Entfaltung. Humanisten und Gelehrte kamen auch in den habsburgischen Niederlanden zu Wort. In Löwen (Leuven) hatte sich bereits im 15. Jahrhundert eine bedeutende Universität entwickelt. Dort wirkten Wissenschaftler und Theologen, die von neuen Ideen der Renaissance beeinflusst waren.

Die Buchdruckkunst verbreitete sich, sodass Schriften einfacher kopiert und verteilt werden konnten. Das half sowohl katholischen als auch protestantischen Autoren, ihre Standpunkte zu verbreiten. Doch es bot auch der weltlichen Literatur neue Möglichkeiten: Abenteuerromane, Chroniken und politische Flugschriften fanden immer mehr Leser.

Kunst und Architektur folgten teils noch spätgotischen Formen, teils kamen Einflüsse der Renaissance aus Italien. Reiche Kaufleute und Adelshöfe bestellten Porträts, Altarbilder und Tafelgemälde. Die Tradition der flämischen Malerei blieb stark. Künstler wie Quinten Massys arbeiteten in Antwerpen, wo das künstlerische und wirtschaftliche Leben zusammenfloss.

Gleichzeitig wuchs die städtische Kultur, etwa in den Kammern der Rhetorik (rederijkerskamers), wo sich Bürger trafen, um Theaterstücke und Gedichte in niederländischer Sprache zu verfassen. Wettkämpfe zwischen verschiedenen Städten förderten die literarische Kreativität. In den Mündern der Menschen vermischten sich romanische und germanische Dialekte, was eine reiche Sprachvielfalt schuf.

Auf dem Lande hingegen war das Leben härter und weniger geprägt von kulturellen Neuerungen. Bauern und Landarbeiter waren mit Feldarbeit beschäftigt, hatten kaum Zugang zu höherer Bildung und blieben stark von den Feudalherren und Pächtern abhängig. Doch auch auf dem Land gab es Bräuche und Feste, etwa Kirchweihen, Erntefeiern und Jahrmärkte, die das Gemeinschaftsgefühl stärkten.

Die Rolle der Adligen und Statthalter

Da die Habsburger-Herrscher nicht immer in den Niederlanden residierten – Karl V. und später Philipp II. verbrachten viel Zeit an anderen Orten –, setzten sie Statthalter ein. Oft stammten diese Statthalter aus adeligen Familien, die dem Kaiser besonders treu waren, zum Beispiel aus den Häusern von Egmont oder Horn oder aus der Familie Nassau.

Die Statthalter hatten die Aufgabe, kaiserliche oder königliche Anordnungen umzusetzen, Steuern einzutreiben und für Ruhe und Ordnung zu sorgen. Sie vertraten den Landesherrn bei den Ständen, also den Versammlungen von Adel, Klerus und den Städten. Das war eine heikle Aufgabe, denn wenn der König zu viel forderte, lehnten sich die Stände auf.

Manche Adlige in den Niederlanden empfanden die habsburgische Zentralisierung als Bedrohung ihrer eigenen Macht. Sie waren es gewohnt, in ihren Provinzen eigenständig zu regieren. Wenn der Kaiser oder König ihnen zu viele Freiheiten nahm, konnten sie sich zu Oppositionsführern entwickeln. Das sollte sich bald besonders in der Reformationszeit zeigen, als hohe Adlige wie Wilhelm von Oranien (Nassau) eine große Rolle spielten.

Noch allerdings, im ersten Drittel des 16. Jahrhunderts, war die Lage kontrollierbar. Karl V. hatte genügend Ansehen und finanzielle Mittel, um die Adligen zu besänftigen. Erst in der zweiten Hälfte des Jahrhunderts, als

Philipp II. immer stärker auf die Gegenreformation setzte und viele Kriege führte, begannen die größeren Aufstände.

Kriege gegen die Osmanen und andere Herausforderungen

Während Karl V. in den Niederlanden um Steuergelder und religiöse Einheit rang, hatte er gleichzeitig an vielen Fronten Krieg zu führen. Die Osmanen bedrängten das Reich in Ungarn und belagerten Wien (1529). Auch in Nordafrika kam es zu Kämpfen, wo Karl versuchte, Piratenstützpunkte zu erobern.

Die Niederländer fragten sich manchmal, warum sie für Kriege gegen die Osmanen zahlen sollten, die so weit entfernt stattfanden. Doch Karl argumentierte, dass es um den Schutz der Christenheit gehe. Auch der Papst unterstützte Karl. Die Stände gaben schließlich widerstrebend Geld, da ein Teil der katholischen Elite in den Niederlanden sich nicht dem Vorwurf aussetzen wollte, sie unterstützten keine Kreuzzugsmaßnahmen gegen die Osmanen.

Innerhalb des Heiligen Römischen Reiches musste Karl sich zudem mit den protestantischen Fürsten auseinandersetzen, die im Schmalkaldischen Bund zusammenstanden. Er führte sogar Krieg gegen sie, konnte aber die Ausbreitung der Reformation nicht dauerhaft stoppen. Diese Konflikte schlugen in den Niederlanden später hohe Wellen, als Protestanten sich solidarisch mit ihren Glaubensgeschwistern in Deutschland erklärten.

Die Folge all dieser Großkonflikte war eine immer höhere Abgabenlast. Während reiche Kaufleute sich das leisten konnten und mitunter von den Kriegen profitierten (weil Militärgüter oder Schiffe gebraucht wurden), litten viele Handwerker und Bauern darunter. Die Unzufriedenheit wuchs.

Die letzten Jahre Karls V. in den Niederlanden

Karl V. war müde von den vielen Konflikten. Physisch litt er unter Gicht und anderen Krankheiten. Er wollte seinen Lebensabend ruhiger verbringen. In Brüssel hielt er 1555 eine berühmte Abdankungszeremonie ab, bei der er sich von seinen niederländischen Untertanen verabschiedete und die Macht an seinen Sohn Philipp II. übertrug.

Diese Szene wird oft als prachtvolles Spektakel beschrieben: Der alte Kaiser, vom Schmerz gezeichnet, wurde von hochrangigen Adligen gestützt, während er eine bewegende Rede hielt. Viele Anwesende konnten ihre Tränen nicht verbergen, denn trotz aller Kritik war Karl eine eindrucksvolle Persönlichkeit, die Jahrzehnte lang die Geschicke Europas bestimmt hatte.

Nach diesem Abschied reiste Karl V. nach Spanien, wo er sich in ein Kloster zurückzog. Im Jahr 1558 starb er. In den Niederlanden blieb davon das Bewusstsein zurück, dass eine Ära endete. Man war nun „spanisches" Erbland unter Philipp II. und hatte einen König, der anders regierte als Karl.

So entgingen die habsburgischen Niederlande der direkten Einbindung ins österreichische Habsburgerreich, aber sie gerieten in die enge Umklammerung des spanischen Königs. Die Städte und Provinzen hielten an ihren Privilegien fest, sahen sich nun aber mit steigenden Konflikten konfrontiert, besonders in Fragen der Religion.

Die Regentschaft Philipps II. in den Niederlanden

Philipp II. war zunächst persönlich in den Niederlanden, um seine Erbhuldigung von den Ständen entgegenzunehmen. Doch bald ging er nach Spanien zurück. Er setzte Verwandte und Vertraute als Statthalter in Brüssel ein, so etwa seine Halbschwester Margarethe von Parma oder später den Herzog von Alba als militärischen Machthaber.

Philipp II. hielt streng am katholischen Glauben fest. Er wollte die Ausbreitung des Calvinismus und Luthertums um jeden Preis verhindern. Darum erließ er noch härtere Gesetze gegen Andersgläubige als sein Vater Karl V. Das führte bei den protestantischen Gruppen zu Angst und Wut, da Verhaftungen und Prozesse drohten.

Auch viele katholische Adlige waren skeptisch. Sie fühlten sich übergangen, weil Philipp vor allem spanische Räte und Beamte einsetzte. Zudem fürchteten sie, dass Philipp die Selbständigkeit der niederländischen Provinzen weiter beschneiden würde. Entsprechend wuchs der Unmut.

Noch gab es keinen flächendeckenden Aufstand, doch die Spannungen waren offen sichtbar. Im nächsten Kapitel, wenn wir über „Der Kampf der Religionen: Reformation und Gegenreformation" sprechen, wird deutlich, wie sich diese Konflikte in den Niederlanden entluden und letztlich zu einem langen, harten Krieg führten.

Überblick: Habsburgische Herrschaft und ihre Auswirkungen

Zwischen 1477 und Mitte des 16. Jahrhunderts verwandelten sich die ehemals burgundischen Niederlande in einen Teil des habsburgischen Großreiches. Erst war es Kaiser Karl V., der das Land formte und zentralisierte, dann kam sein Sohn Philipp II., der von Spanien aus regierte.

Für das Gebiet des heutigen Belgien bedeutete das eine Verbindung zu großen europäischen und sogar überseeischen Besitztümern, was wirtschaftliche Vorteile bringen konnte (Handel, Finanzen, militärische Sicherheit). Gleichzeitig sorgte diese Einbindung aber für hohe Steuerlasten, militärische Verpflichtungen und politische Fremdbestimmung.

In kultureller Hinsicht war die habsburgische Zeit ein Zeitalter des Übergangs: Renaissance, Humanismus, Buchdruck und religiöse Reformideen prägten die Städte. In der Kunst entwickelte sich eine neue Vielfalt, und die Universitäten gewannen an Bedeutung.

Doch es kam auch zu wachsender Unzufriedenheit, vor allem wegen der religiösen Fragen und der harten Haltung gegenüber Protestanten. Diese

Spannungen sollten bald zu ernsthaften Auseinandersetzungen führen und die Region für lange Zeit in Kriege stürzen.

Zusammenfassung und Ausblick

Die habsburgische Herrschaft in den Niederlanden entstand durch Heiraten, Erbschaften und politische Manöver. Das Land war nun Teil eines riesigen Imperiums, das Kaiser Karl V. verwaltete. Seine Bemühungen um Zentralisierung und Einheit im Glauben stießen bei vielen Untertanen auf Widerstand.

Zwar konnten die Niederlande in diesem großen Reich ökonomisch profitieren, da sie wichtige Handelsplätze entwickelten. Doch die auferlegten Steuern und die Eingriffe in die lokalen Rechte sorgten für Spannungen. Vor allem aber wurde die Frage des richtigen Glaubens immer drängender.

Mit Philipp II. kam ein Herrscher, der die Gegenreformation besonders streng verfolgte. Hier lag der Keim für die kommenden Religionskonflikte, die das Land in einen langen Krieg führten und nachhaltig veränderten. Im nächsten Kapitel konzentrieren wir uns genau auf diese religiösen Auseinandersetzungen, die Reformation und Gegenreformation in den niederländischen Provinzen, und sehen, wie sie das Schicksal der Menschen bis in jede Stadt und jedes Dorf hinein beeinflussten.

KAPITEL 10: DER KAMPF DER RELIGIONEN

Einleitung

In der ersten Hälfte des 16. Jahrhunderts verbreiteten sich die Lehren der Reformation in vielen Teilen Europas. Ob Luthers Ideen in Deutschland oder Calvins Einfluss in der Schweiz – überall stellten Reformatoren Fragen an die bestehende katholische Kirche und forderten Veränderungen. Auch in den habsburgischen Niederlanden stießen diese Gedanken auf Resonanz.

Dieses Kapitel beleuchtet, wie die Reformation in die heutigen belgischen Gebiete kam, wie verschiedene Strömungen (lutherisch, calvinistisch, täuferisch) Anhänger fanden und welche Konsequenzen das hatte. Wir sehen, wie Kaiser Karl V. und später Philipp II. darauf reagierten und versuchten, mit harter Hand die Abkehr vom Katholizismus zu verhindern. Zugleich entstand eine Gegenreformation, in der Ordensgemeinschaften und Bischöfe das katholische Glaubensleben erneuerten.

Diese Auseinandersetzungen über den rechten Glauben waren nicht nur religiös, sondern auch politisch und sozial aufgeladen. Viele Adlige und Bürger sahen im Protestantismus eine Chance, sich von der kaiserlich-königlichen Bevormundung zu lösen. Die Folge waren Aufstände, Unruhen und langfristig ein Riss durch das Land, dessen Auswirkungen man über Generationen spürte.

Frühe reformatorische Einflüsse im 16. Jahrhundert

Schon vor Luthers Auftreten im Jahr 1517 gab es in den Niederlanden religiöse Bewegungen, die eine innigere Frömmigkeit suchten. Die „Devotio Moderna" (Neue Frömmigkeit) legte Wert auf persönliche Gebete und Bildung. Sie wirkte zwar noch nicht kirchensprengend, bereitete aber den Boden für eine nachdenklichere Betrachtung der Glaubenspraxis.

Als Luthers Thesen bekannt wurden, gelangten sie rasch in die reichen Handelsstädte Flanderns und Brabants. Kaufleute reisten nach Deutschland und brachten seine Schriften mit. Drucker druckten Flugschriften oder Bibelübersetzungen. Obwohl Kaiser Karl V. streng dagegen vorging, konnte er den Untergrund nicht vollends auslöschen.

Gleichzeitig kamen calvinistische Ideen aus der Schweiz, die in manchen Städten auf mehr Anklang stießen als die lutherische Lehre. Der Calvinismus betonte die Vorbestimmung (Prädestination) und eine strenge Sittenordnung. Manche Handwerker und Kaufleute empfanden Calvins Lehre als diszipliniert und schlicht und zogen sie dem prunkvollen Katholizismus vor.

In einigen Orten bildeten sich erste Gemeinden, die sich zum reformierten Glauben bekannten. Diese Versammlungen fanden häufig im Geheimen statt, weil die Obrigkeit Ketzerprozesse anstrengte. Jedoch wuchs die Zahl der Sympathisanten, besonders in städtischen Milieus. Auf dem Land blieb die Anhängerschaft meist geringer.

Neben Luther und Calvin gab es radikalere Strömungen, etwa die Täufer (Anabaptisten). Sie lehnten die Kindertaufe ab und wollten eine reine Glaubensgemeinschaft schaffen. Ihre Ideen verbreiteten sich in Teilen Flanderns und im Raum um Antwerpen, stießen aber auf heftige Verfolgung. Viele Täufer flohen in sicherere Gebiete oder wanderten aus.

Repression unter Karl V. und Philipp II.

Kaiser Karl V. wollte um jeden Preis eine konfessionelle Spaltung seiner Erblande verhindern. Im gesamten 16. Jahrhundert blieb er ein entschiedener Verteidiger der katholischen Kirche. Er ließ Gesetze („Plakate") erlassen, in denen die Verbreitung reformatorischer Schriften unter Strafe gestellt wurde. Es gab Hinrichtungen von Predigern und Gläubigen, die sich weigerten abzuschwören.

Trotzdem breitete sich der Protestantismus weiter aus. Drucker gingen in den Untergrund, Leser schlossen sich heimlich zusammen, um in kleinen Gruppen die Bibel zu lesen. Manchem gelang es, mithilfe reicher Gönner, die städtischen Obrigkeiten zu bestechen, damit sie wegschauten.

Als Karl V. 1555 abdankte und Philipp II. die Nachfolge in den Niederlanden antrat, verstärkte sich der Druck. Philipp war noch weniger kompromissbereit als sein Vater. Er sah im Protestantismus eine Bedrohung der göttlichen Ordnung. Zugleich befürchtete er, dass protestantische Fürsten in Deutschland, England oder Frankreich die Unzufriedenheit in den Niederlanden schüren könnten.

Philipp II. führte die Inquisition fort und gab den zuständigen Behörden größere Befugnisse. Ein besonderer Dorn im Auge war ihm, dass der Calvinismus in einigen Städten wie Valenciennes oder Tournai immer mehr Anhänger fand. Auch in Antwerpen kam es zu regelrechten Konventikeln, also geheimen Versammlungen.

Nicht alle katholischen Gläubigen begrüßten das harte Vorgehen. Ein Teil des Adels – selbst streng katholisch – befürchtete, die massiven Strafen könnten einen Flächenbrand auslösen. Doch Philipp II. verharrte in seinem Kurs. Das führte nach und nach zu Protestbriefen, in denen Adlige um Milderung der Gesetze baten.

Das „Geusen"-Bittgesuch und der Bildersturm

1566 kam es zu einem bekannten Ereignis: Einige Adlige, die sich später die „Geusen" (Bettler) nannten, überreichten Margarethe von Parma, der damaligen Statthalterin, eine Bittschrift. Darin forderten sie eine

Lockerung der Religionsgesetze. Margarethe war überrascht von der Einigkeit der Adligen. Sie meinte, man könne zumindest kurzzeitig die strengen Verfolgungen aussetzen.

Während diese Frage noch diskutiert wurde, entlud sich die Wut vieler Protestanten in einem Ikonoklasmus, dem sogenannten „Bildersturm". Aufgebrachte Calvinisten stürmten Kirchen und Klöster, zerschlugen Heiligenstatuen und Gemälde. Sie wollten damit ein Zeichen gegen den katholischen Bilderkult setzen, den sie als Götzendienst verurteilten.

Besonders in Flandern und Brabant verwüsteten Bilderstürmer zahlreiche Kirchen. Das sorgte für Entsetzen bei den katholischen Einwohnern. Die Obrigkeit schritt ein, doch oft kam Hilfe zu spät, weil die Aufständischen schnell und in Gruppen agierten. Diese Bildersturmbewegung erregte in ganz Europa Aufsehen.

Für Philipp II. war dies der Beweis, dass ein zu mildes Vorgehen die Lage verschlimmert. Er beschloss, hart durchzugreifen. Er sandte 1567 den Herzog von Alba als neuen Statthalter in die Niederlande. Dieser sollte mit militärischer Gewalt die Ordnung wiederherstellen und die Protestanten samt ihren Unterstützern bestrafen.

Der Blutrat und der beginnende Aufstand

Der Herzog von Alba richtete in Brüssel den sogenannten „Blutrat" ein, ein Sondergericht, das die Verantwortlichen für den Bildersturm verfolgen sollte. Zahlreiche Adlige, darunter Graf Egmont und Graf Hoorn, wurden wegen Hochverrats angeklagt und hingerichtet. Damit wollte Alba die übrigen Adeligen einschüchtern.

Doch diese grausamen Methoden trieben viele Menschen erst recht in den Widerstand. Auch katholische Adlige waren empört, denn sie sahen in der Hinrichtung Egmonts und Hoorns einen Angriff auf ihre Ständefreiheiten. Viele flohen ins Ausland. Wilhelm von Oranien (Wilhelm der Schweiger), ein hoher Adliger mit Besitz in den Niederlanden, rief zum bewaffneten Widerstand auf.

Damit begann in den nördlichen Provinzen der Niederlande ein Aufstand gegen die spanisch-habsburgische Herrschaft. In den südlichen Regionen, also in Flandern und Brabant (Teile des heutigen Belgien), kam es ebenfalls zu Unruhen, aber dort blieb die Lage zunächst wechselhaft. Manche Städte stellten sich gegen Alba, andere unterstützten ihn.

Dieser Konflikt sollte später zum sogenannten Achtzigjährigen Krieg (1568–1648) führen, in dem sich die nördlichen Provinzen von Spanien lösten und schrittweise zu einer Republik formierten. Die südlichen Provinzen blieben jedoch vorerst in habsburgisch-spanischer Hand. Doch die Religionskonflikte und die Frage nach der politischen Autonomie bestimmten für Jahrzehnte das Geschehen.

Gegenreformation und katholische Erneuerung

Angesichts der protestantischen Bedrohung wurde auch die katholische Kirche aktiv. Im Zuge der Gegenreformation, die mit dem Konzil von Trient (1545–1563) ihren Höhepunkt erreichte, reformierte man die kirchlichen Strukturen und setzte stärker ausgebildete Priester ein. Orden wie die Jesuiten gewannen an Bedeutung.

In den habsburgischen Niederlanden gründeten die Jesuiten Schulen und Kollegien, um die Jugend im katholischen Glauben zu erziehen. Gleichzeitig förderte man den Bau und die Ausschmückung von Kirchen im barocken Stil, um die Gläubigen wieder zu überzeugen. Bildende Kunst sollte eine wichtige Rolle spielen, um Gefühle anzusprechen und den Glauben zu festigen.

Zahlreiche Bischöfe in Flandern, Brabant und anderen Provinzen stärkten ihre Diözesen und besuchten Gemeinden persönlich, um Missstände zu beseitigen. Sie predigten mit Nachdruck gegen den Calvinismus und brachten neue Liturgien und Prozessionen in die Städte.

Auch politische Autoritäten wie der Herzog von Alba oder später andere Statthalter halfen den Kirchenleuten, indem sie protestantische Versammlungen verbieten ließen und Kirchenschließungen durchsetzten. Dies alles wirkte in den südlichen Niederlanden relativ erfolgreich: Viele Gebiete blieben oder wurden wieder katholisch geprägt.

Unterschiede zwischen dem Norden und dem Süden

Während in den nördlichen Provinzen der Calvinismus starke Wurzeln schlug und sich der Aufstand gegen die spanische Krone ausbreitete, gelang es den katholischen Kräften im Süden, den Protestanten weitgehend das Feld streitig zu machen. Dadurch entstand ein religiös-kultureller Unterschied zwischen Nord- und Südniederlanden, der politische Folgen hatte.

In den nördlichen Provinzen konsolidierte sich schließlich die protestantische Republik der Sieben Vereinigten Provinzen (offiziell ab 1581). Im Süden hingegen etablierten die spanischen Habsburger eine streng katholische Herrschaft, die von Adeligen und Klerikern unterstützt wurde.

Diese Spaltung wirkte über Jahrhunderte nach und ist mit ein Grund dafür, dass das heutige Belgien nicht Teil der protestantischen Niederlande wurde. Die südlichen Provinzen hießen nun zunehmend „Spanische Niederlande". Für die Menschen dort bedeutete das Leben unter strengem katholischen Einfluss, während im Norden eine calvinistische Staatskirche entstand.

Allerdings war die Situation im Süden keineswegs ohne Probleme. Auch hier gab es immer wieder Versuche einzelner Städte, sich dem Einfluss Madrids zu entziehen. Zudem blieben kleine Gruppen von Protestanten, die versteckt oder im Exil lebten. In Krisenzeiten, wenn das spanische Militär schwächelte, flammten lokale Aufstände auf.

Alltagsleben in Zeiten des Glaubenskonflikts

Die konfessionellen Spannungen führten dazu, dass Freundschaften und Verwandtschaften zerbrachen. Wer sich offen zum Calvinismus bekannte, verlor oft seine Existenz, wurde verhaftet oder musste fliehen. Manche Familien teilten sich, weil Brüder oder Schwestern verschiedene Glaubensüberzeugungen hatten.

Die ständige Angst vor religiöser Verfolgung prägte das städtische Klima. In Gasthäusern und Werkstätten achtete man auf seine Worte, denn man wusste nie, ob ein Spitzel mithörte. In den Kirchen wurden Predigten gehalten, die Feinde des wahren Glaubens verteufelten.

Zugleich gab es Orte, an denen überraschend friedlich zusammengelebt wurde, weil örtliche Beamte oder Adlige beide Augen zudrückten und auf den Vorteil des Handels setzten. Manche Städte wollten keine gewaltsamen Unruhen, weil das den Handel störte. Dadurch konnten protestantische Gemeinden zeitweise toleriert werden.

Immer jedoch schwelte im Hintergrund die Gefahr, dass ein königlicher Statthalter oder ein religiöser Eiferer die Zügel anzog und gegen Abweichler vorging. Für einfache Leute, die nur ihren Lebensunterhalt verdienen wollten, war es eine aufreibende Zeit.

Das Wirken der Jesuiten und anderer Orden

Die Jesuiten spielten in den südlichen Niederlanden eine herausragende Rolle bei der Wiederherstellung des katholischen Glaubens. Sie gründeten Schulen, Universitäten und widmeten sich der seelsorgerischen Arbeit. Besonders in den Städten, wo es viele gebildete und reiche Bürger gab, fanden sie Zulauf.

Andere Orden, wie die Kapuziner oder die Klarissen, förderten die Frömmigkeit der Bevölkerung. Sie betrieben Spitäler, Waisenhäuser und halfen den Armen. Diese karitative Tätigkeit trug dazu bei, dass die katholische Kirche wieder Ansehen gewann, auch bei den unteren Schichten.

Die barocke Kunst in Kirchen und Kapellen sollte das Herz der Menschen berühren. Reliquien, Heiligenfiguren und prachtvolle Altäre wurden gezeigt, um Gläubige zu beeindrucken. Prediger betonten die Gemeinschaft in der Eucharistie, das Sakrament der Beichte und den Gehorsam gegenüber dem Papst.

Diese Form der Glaubenspraxis, die durch Prachtentfaltung und volkstümliche Prozessionen gekennzeichnet war, fand besonders in Flandern Anklang. Städte wie Antwerpen oder Brüssel wurden zu Zentren

der Gegenreformation, wo Architekten und Maler großartige
Kirchenbauprojekte verwirklichten.

Politische Folgen der Religionskämpfe

Die Religionskonflikte lösten also nicht nur Glaubensfragen aus, sondern waren eng verknüpft mit der Frage der politischen Loyalität. Wer protestantisch war und sich verfolgt fühlte, neigte dazu, die spanisch-habsburgische Herrschaft abzulehnen. Wer streng katholisch blieb, war eher bereit, die Autorität des Königs anzuerkennen – zumindest so lange er traditionelle Freiheiten respektierte.

Im 16. Jahrhundert kam es daher immer wieder zu diplomatischen Versuchen, einen Kompromiss zu finden. Beispielsweise schlossen Adlige und Städte Bündnisse, in denen sie Religionsfrieden forderten. Der König in Madrid hielt dagegen, man könne keine „Ketzerei" dulden.

Das Ergebnis war eine Spaltung. Der Norden (heute die Niederlande) ging weitgehend verloren, weil dort die Calvinisten die Oberhand gewannen und ihre eigene Republik errichteten. Der Süden (Teile des heutigen Belgiens) blieb unter spanischer Kontrolle, weil dort die Gegenreformation erfolgreich war und der König militärisch die Oberhand behalten konnte.

Für viele Menschen bedeutete diese Spaltung auch eine Veränderung ihrer Identität. Während man früher von den „Niederlanden" als Ganzes gesprochen hatte, sah man nun die Entstehung einer konfessionellen Grenze. Diese Grenze hatte auch wirtschaftliche und kulturelle Konsequenzen: Etliche Künstler und Kaufleute zogen vom Süden in den toleranteren Norden, was den Süden teilweise schwächte. Andererseits erlebten Städte wie Brüssel oder Antwerpen weiterhin einen Aufschwung, weil sie als katholische Metropolen galten.

Der Übergang ins 17. Jahrhundert

Gegen Ende des 16. Jahrhunderts stabilisierte sich die Lage in den südlichen Niederlanden (den Spanischen Niederlanden). Die habsburgische Administration setzte sich durch, und die meisten protestantischen Kerne waren zerschlagen oder abgewandert. Die katholische Kirche dominierte wieder das religiöse Leben.

Gleichzeitig spitzte sich die Lage im 17. Jahrhundert erneut zu, als der Achtzigjährige Krieg zwischen Spanien und den nördlichen Provinzen weiterging. Immer wieder gab es Grenzscharmützel, Belagerungen und Handelsblockaden. Die südlichen Provinzen gerieten teils in wirtschaftliche Schwierigkeiten, weil der Handel über die Schelde eingeschränkt wurde.

Trotzdem blieben die südlichen Niederlande ein Bestandteil der spanischen Monarchie – politisch, militärisch und konfessionell. Die Jesuiten und andere Ordensgemeinschaften sorgten für eine prägende katholische Tradition, die noch lange weiterwirkte.

So endete das 16. Jahrhundert in den heutigen belgischen Regionen mit einer katholischen Restauration und der Festigung der spanisch-habsburgischen Herrschaft. Dieser Zustand sollte bis ins 17. und 18. Jahrhundert andauern, bevor neue Mächte und Dynastien das Land abermals in ihre Hände nahmen.

Gesellschaftliche Veränderungen durch die Glaubenskämpfe

Durch die Auseinandersetzungen entstand eine veränderte soziale Struktur. Protestantische Familien, die nicht bereit waren zu konvertieren, verließen oft das Land. Dadurch verloren einige Städte wichtige Kaufleute und Handwerker, was wirtschaftliche Einbußen mit sich brachte.

Andererseits gewann der katholische Adel an Einfluss. Er erhielt vom König Ländereien und Ämter, übernahm statthalterische Posten oder kirchliche Würden. Das Feudalsystem blieb in den ländlichen Gebieten weiter bestehen, und die Bauern hatten wenig Chancen, sich davon zu lösen.

In der städtischen Bevölkerung entstand eine enge Bindung an Bruderschaften, Gilden und Zünfte, die sich nun betont katholisch gaben. Feste zu Ehren von Heiligen, Prozessionen und kirchliche Feiern waren ein Mittel, die Gemeinschaft zu stärken und die Erinnerung an die Bilderstürmer zu überwinden.

Auch die Bildungslandschaft veränderte sich. Die Universitäten standen unter kirchlicher Kontrolle, während protestantische Gelehrte abwanderten. So entstand ein konfessionelles Bildungsmonopol, das den Einfluss der Kirche auf die Gesellschaft weiter festigte.

Blick auf das dörfliche Leben

Auf dem Land war der religiöse Wandel weniger sichtbar als in den Städten. Die meisten Dorfkirchen blieben katholisch, die Pfarrer waren den Bischöfen unterstellt, und die Bauern folgten den alten Bräuchen. Wer protestantisch wurde, tat dies eher in städtischem Umfeld.

Zwar erreichten calvinistische Prediger hin und wieder auch ländliche Gebiete, doch ein breitflächiges Eindringen in die Dörfer blieb selten. Häufig kannten die Dorfbewohner nur den einen Pfarrer, den es gab, und vertrauten ihm. Dazu kamen kirchliche Feste, die in die landwirtschaftlichen Zyklen eingebettet waren (Erntefeste, Patronatsfeiern, Wallfahrten).

Größere Brüche entstanden dann, wenn Söldnerheere durchzogen und Plünderungen anrichteten. Das passierte vor allem in Grenzregionen oder während Feldzügen gegen Aufständische. So konnte ein Dorf über Nacht verwüstet werden, Kirchen wurden geplündert, Vieh gestohlen. Manchmal schoben sich protestantische und katholische Truppen gegenseitig die Schuld zu.

Dennoch war der Alltag auf dem Land in den südlichen Provinzen relativ stabil, sobald eine Armee weiterzog. Die Gegenreformation gewann die Herzen der ländlichen Bevölkerung mithilfe von Bildern, Prozessionen und Heiligenfesten, die das Dorfleben mit starken Gemeinschaftserlebnissen erfüllten.

Politische und religiöse Führungsschicht

Die habsburgische Regierung setzte auf Kooperation mit der Kirche. Bischöfe und Äbte hatten in vielen Provinzen politische Macht, sprachen Recht und besaßen Ländereien. Daneben gab es den weltlichen Adel, dessen Mitglieder oft selbst streng katholisch waren und aus Familien stammten, die eng mit Spanien verbunden waren.

Diese Führungsschicht war in der Lage, Protestbewegungen zu unterdrücken oder aus dem Land zu vertreiben. Sie kontrollierte die Gerichte, die Polizei und die Milizen. Gleichzeitig verbesserte sie die Infrastruktur, um Handel und Wirtschaft aufrechtzuerhalten.

Indes blieb ein Teil der städtischen Bürger wohlhabend und einflussreich, sofern er sich nicht mit Protestanten einließ. Wer bereit war, den katholischen Glauben öffentlich zu unterstützen, konnte sich auch politisch engagieren, etwa im Stadtrat. So entstand eine Art Kompromiss: Die Regierung stützte sich auf die lokalen Eliten, diese Eliten akzeptierten die spanische Krone und ihre katholische Politik.

Ein Rest von Unzufriedenen blieb, der sich nach Norden absetzte oder in den Untergrund ging. Das Land war dadurch zwar befriedet, aber nicht in einem modernen Sinn toleranter. Vielmehr herrschte eine strenge Einheitskultur, in der Abweichungen kaum geduldet wurden.

Kulturelle Entwicklung unter dem Einfluss der Gegenreformation

Trotz aller Konflikte war die Epoche nach dem Bildersturm und der Etablierung der Gegenreformation von einer kulturellen Blüte geprägt, die oft als Barockzeit bezeichnet wird. Kirchen, Klöster und Adelssitze wurden im pompösen Stil erneuert oder neu gebaut.

Maler wie Peter Paul Rubens oder Anthony van Dyck, die zwar erst am Ende des 16. und im 17. Jahrhundert ihre größten Werke schufen, wurden in diesem Milieu aktiv. Ihre Kunst spiegelte die triumphierende katholische Kirche wider: kräftige Farben, dynamische Kompositionen und religiöse Themen, die das Auge und die Seele rühren sollten.

In der Sakralmusik kamen Komponisten auf, die die prachtvolle Liturgie unterstützten. Währenddessen legte man in den Klöstern umfangreiche Bibliotheken an, in denen theologische Schriften, aber auch naturkundliche Werke gesammelt wurden. Das geistige Leben war damit keineswegs stillgelegt, sondern auf katholischer Seite sehr lebendig.

Für den normalen Bürger war von dieser Hochkultur vor allem das Sichtbare erfahrbar: prachtvolle Prozessionen, eindrucksvolle Altarbilder, klangvolle Kirchenmusik. Zugleich war jeder angehalten, Frömmigkeit und Sittsamkeit zu zeigen, um nicht den Verdacht der Ketzerei auf sich zu lenken.

KAPITEL 11: DIE SPANISCHEN NIEDERLANDE

Einleitung

Mit der strengen Durchsetzung der katholischen Herrschaft in den südlichen Niederlanden hatte das spanische Königshaus seine Macht gefestigt. Die Gegend, die ungefähr dem heutigen Belgien entsprach, blieb unter spanischer Kontrolle und wurde deshalb häufig „Spanische Niederlande" genannt. Das bedeutete aber nicht, dass es fortan keine Unruhen mehr gab.

In diesem Kapitel schauen wir uns an, wie Spanien seine Macht in den Provinzen ausübte, wie die Menschen darauf reagierten und welche Konflikte entstanden. Wir erleben, wie Adlige, Städte und andere Fürstenhäuser in das Geschehen eingriffen. Wir untersuchen zudem die Folgen des andauernden Krieges mit den nördlichen Provinzen, der später als Achtzigjähriger Krieg Berühmtheit erlangte.

Schließlich betrachten wir, wie sich Herrschaft und Gesellschaft entwickelten, als Spanien seine Vorrangstellung in Europa allmählich einbüßte. Denn im Laufe des 17. Jahrhunderts rückten neue Mächte in den Vordergrund, und die spanischen Niederlande gerieten immer stärker in das Visier anderer Staaten wie Frankreich oder des aufstrebenden Hollands.

Ein Land in spanischer Hand

Nachdem die nördlichen Provinzen der Niederlande im Laufe des 16. Jahrhunderts den Aufstand gegen Spanien erfolgreich betrieben und schließlich eine eigene Republik etabliert hatten, blieben die südlichen Teile unter spanischer Herrschaft. Die habsburgisch-spanischen Könige setzten Statthalter in Brüssel ein, die die Provinzen regierten.

Zu den Statthaltern gehörten zum Beispiel Erzherzog Albrecht von Österreich und Isabella Clara Eugenia, die Tochter des spanischen Königs Philipp II. Das Paar regierte ab 1598 als „Infantinnen und Infant" die südlichen Niederlande. Obwohl sie formell dem spanischen König unterstanden, genossen sie eine gewisse Autonomie in lokalen Angelegenheiten.

Die Statthalter pflegten einen repräsentativen Hof, förderten Kunst und Wissenschaft und kümmerten sich um das Funktionieren der Verwaltung. Gleichzeitig mussten sie regelmäßig Truppen bereitstellen, wenn Kriege ausbrachen. Denn die Südprovinzen lagen zwischen dem nördlichen Aufstandsgebiet und dem Königreich Frankreich, was das Land in viele Konflikte verwickelte.

Die Regierung in Madrid verlangte weiterhin Steuern, um ihre Kriege zu finanzieren. Das sorgte für Spannungen, da die Provinzen zwar überwiegend loyal waren, aber nicht unbegrenzt Geld aufbringen konnten. Die städtischen Stände beharrten auf ihren Rechten und wollten bei Steuerfragen mitbestimmen.

Der Achtzigjährige Krieg und seine Folgen

Der Konflikt zwischen den nördlichen Provinzen und Spanien war eigentlich schon 1568 ausgebrochen und wird in der Geschichte meist „Achtzigjähriger Krieg" genannt. In den südlichen Provinzen war man im 16. Jahrhundert zu großen Teilen katholisch geblieben, weshalb hier der spanischen Krone die Rückeroberung leichter fiel.

Dennoch wirkte sich der Krieg stark auf das Land aus. Die spanischen Truppen benötigten Versorgung, Quartiere und Nachschub. Immer wieder marschierten Soldaten durch die südlichen Provinzen, zogen Steuern ein und beschlagnahmten Güter. Das erschwerte den Handel und belastete die Bevölkerung.

Die nördliche Seite war ebenfalls aktiv. Besonders die Republik der Vereinigten Niederlande führte Raubzüge und Belagerungen durch, wenn sie glaubte, dadurch Spanien zu schwächen. Ganze Grenzregionen litten unter diesen Auseinandersetzungen. Dörfer wurden niedergebrannt,

Ernten vernichtet. Manche Städte wie Antwerpen erlebten wiederholte Belagerungen, was den Handel drückte und Einwohner zur Flucht trieb.

Der Krieg zog sich über Jahrzehnte hin, mit Phasen relativer Ruhe und Phasen heftiger Kämpfe. Ein Wendepunkt kam 1609, als ein 12-jähriger Waffenstillstand abgeschlossen wurde, der allerdings den Konflikt nicht endgültig löste. Ab 1621 ging es erneut weiter, bis man sich schließlich 1648 im Westfälischen Frieden auf eine Anerkennung der Unabhängigkeit der nördlichen Provinzen einigte.

Für die südlichen Niederlande bedeutete das, dass sie auch nach 1648 Teil der spanischen Monarchie blieben. Die Grenze zum jetzt endgültig unabhängigen Norden wurde zunehmend befestigt. Während sich die Republikaner im Norden als Seemacht und Handelsnation entfalteten, konzentrierten sich die südlichen Provinzen mehr auf das Binnenland und auf die Verbindung nach Frankreich und Deutschland.

Wirtschaft und Handel in den spanischen Niederlanden

Trotz der Kriege versuchten die Städte, ihren Handel aufrechtzuerhalten. Antwerpen hatte durch die Schließung der Schelde-Fahrt (abgeriegelt von den Holländern) stark gelitten und verlor seine Vorrangstellung im europäischen Handel. Kaufleute suchten deshalb nach Ausweichrouten.

Brüssel entwickelte sich zum politischen und kulturellen Zentrum, war jedoch keine ausgeprägte Handelsstadt. Gent, Brügge und andere flämische Orte konnten nicht mehr an ihre alten Glanzzeiten anknüpfen, weil der internationale Markt sich nach Amsterdam und Rotterdam im Norden verlagerte.

Die Textilproduktion blieb aber eine Haupteinnahmequelle. Auch die Fertigung von Spitzen, Tapisserien und Seidenwaren in flandrischen Städten war begehrt und fand Käufer in anderen Teilen Europas. Reiche Adlige und sogar Könige kauften flandrische Teppiche, weil sie für ihre hohe Qualität berühmt waren.

Die Landwirtschaft in den Südprovinzen wurde weiter modernisiert. Adlige Güter setzten zum Teil auf neue Methoden, um ihre Erträge zu erhöhen.

Das Problem blieb, dass Kriegswirren und Soldatendurchmärsche die Felder zerstören konnten. Dennoch blieb die Nahrungsmittelproduktion insgesamt stabil genug, um Hungerkatastrophen zu verhindern.

Der Handel mit spanischen Kolonialwaren war begrenzt, da Madrid ihn stark kontrollierte und bevorzugt über Spanien selbst abwickelte. Einige Antwerpener Kaufleute beteiligten sich am Import von Zucker und Gewürzen, doch der ganz große Gewinn wurde meist in den holländischen Häfen gemacht.

Die Rolle der Stände und der Stadträte

Die städtischen Eliten wollten weiterhin ihre Mitspracherechte bewahren. In den spanischen Niederlanden hatten viele Städte alte Privilegien, die aus burgundischer Zeit stammten. Die Statthalter mussten also Rücksicht nehmen, wenn sie neue Steuern forderten oder Truppen anwarben.

Das bedeutete, dass Verhandlungen zwischen dem Statthalter und den Ständen immer wieder stattfanden. Die Stände gaben Geld, verlangten aber im Gegenzug, dass bestimmte Freiheiten erhalten blieben. Solange die spanische Krone große Kriege finanzierte, war sie auf das Geld der Provinzen angewiesen.

Manchmal kam es zu Reibereien. Wenn ein spanischer Offizier in einer Stadt zu sehr durchgriff, konnten die Bürger protestieren oder sogar Aufstände anzetteln. Doch im Allgemeinen war der religiöse Konflikt weniger scharf als früher. Die meisten Städte hatten den protestantischen Teil ihrer Bevölkerung bereits verloren, sodass eine gemeinsame katholische Basis bestand.

Nach und nach entwickelte sich deshalb eine gewisse Loyalität der städtischen Führungsschichten gegenüber der spanischen Krone, solange sie ihre städtische Autonomie behalten durften. Diese „ruhige Koexistenz" sorgte für relative Stabilität – freilich auf Kosten derjenigen, die einer anderen Konfession anhingen.

Französische Bedrohung und weitere Kriege

Während Spanien in den Niederlanden kämpfte, erstarkte im Süden eine neue Großmacht: das Königreich Frankreich unter Kardinal Richelieu und später unter König Ludwig XIV. Sie sahen in den Spanischen Niederlanden eine Pufferzone, die man gut nutzen oder gar erobern könnte.

Im Laufe des 17. Jahrhunderts versuchte Frankreich mehrfach, Teile der spanischen Niederlande einzunehmen. Es kam zu Kriegen, in denen Städte wie Lille, Douai oder Tournai hart umkämpft waren. Immer wieder gingen Gebiete an Frankreich verloren oder wurden in Friedensverträgen wieder zurückgegeben.

Die Menschen im Grenzland litten besonders. Bauern mussten Abgaben an wechselnde Herren zahlen, je nachdem, wer gerade das Gebiet kontrollierte. Adel und Städte versuchten, ihre Besitzungen zu verteidigen, was mit immer neuen Festungsbauten einherging. Der berühmte Festungsbaumeister Vauban baute für Frankreich etliche Festungen. Spanien versuchte, seinerseits wichtige Grenzorte zu sichern.

Solange Spanien mächtig war, konnte es den Franzosen einigermaßen Widerstand leisten. Doch als das spanische Königshaus in finanzielle Schwierigkeiten geriet und die Habsburger sich auf mehrere Kriegsfronten verteilen mussten (etwa auch gegen die Türken in Mitteleuropa), wuchs der Druck auf die Spanischen Niederlande.

Nach mehreren verlustreichen Kriegen musste Spanien einige südliche Gebiete an Frankreich abtreten. So kam es, dass Teile Flanderns und Hennegaus auf französischem Boden landeten, während das Kerngebiet der späteren belgischen Region bei Spanien verblieb.

Gesellschaftlicher Alltag in den Spanischen Niederlanden

Trotz der Kriege gab es auch Zeiten des Friedens und des wirtschaftlichen Aufschwungs. Städte wie Antwerpen und Brüssel profitierten davon, dass spanische Statthalter ein reges Hofleben pflegten. Künstler, Bauleute und Handwerker fanden Beschäftigung.

Auf dem Land blieb das Leben meist schlicht. Die Bauern bewirtschafteten ihre Felder, hielten Vieh und verkauften ihre Produkte auf den Märkten in den Städten. Kirche und Adel gaben den Takt vor: Man feierte Kirchweih, Erntedank und Heiligenfeste.

Das Bildungswesen war weitgehend in kirchlicher Hand. Jesuiten-, Oratorianer- und andere Schulgemeinschaften unterrichteten die Jugend im katholischen Glauben. Klöster kümmerten sich um die Armenfürsorge, Waisen und Kranke.

Für die breite Bevölkerung war das Leben mühsam, aber stabil. Die religiöse Homogenität, die Spanien vor allem im 16. Jahrhundert durchgesetzt hatte, sorgte für weniger inneren Zündstoff. Wer noch protestantisch war, verbarg es meist oder zog in das tolerantere Norden.

An den Adelshöfen und in den großen Städten herrschte jedoch eine elegante Hofkultur. Feste, Bälle, Theater- und Musikveranstaltungen ließen den Glanz nicht verblassen. Reiche Kaufleute und Adlige gaben viel Geld für Gemälde, Statuen und andere Kunstwerke aus, um ihren Rang zu demonstrieren.

Kunst und Kultur in der Barockzeit

Das 17. Jahrhundert in den Südlichen Niederlanden war eine Hochphase der Barockkunst. Maler wie Peter Paul Rubens, Jacob Jordaens und Anthony van Dyck prägten die Epoche mit beeindruckenden Werken, in denen sie religiöse oder mythologische Szenen in leuchtenden Farben und dynamischen Kompositionen darstellten.

Rubens arbeitete in Antwerpen, das trotz der wirtschaftlichen Einbußen noch immer ein kulturelles Zentrum war. Er erhielt Aufträge vom spanischen Hof, von lokalen Adligen, von Kirchen und Klöstern. Seine Werkstatt beschäftigte zahlreiche Schüler, die durch seine Kunstschule geprägt wurden.

Die Architektur passte sich diesem barocken Stil an: Reiche Verzierungen, geschwungene Formen und eindrucksvolle Fassaden zierten Kirchen und Adelssitze. Der Gedanke war, dass die Pracht die Größe Gottes und die Macht des katholischen Glaubens widerspiegeln sollte – ganz im Sinne der Gegenreformation.

Auch die Musik entwickelte sich weiter. In Kirchen erklangen mehrstimmige Chöre, teils begleitet von Orgeln. Komponisten schrieben Messen und geistliche Konzerte, die in prächtigen Gottesdiensten aufgeführt wurden. Solche klangvollen Aufführungen sollten die Gläubigen tief berühren.

In Brüssel und anderen Städten gab es höfische Theateraufführungen, Ballett und Maskenspiele. Der Adel pflegte eine gesellige Festkultur, während das einfache Volk auf Märkten, in Schenken und bei religiösen Festen Vergnügungen suchte.

Ende der spanischen Vorherrschaft

Im 17. Jahrhundert wurde immer deutlicher, dass Spanien sein Tempo nicht halten konnte. Frankreich, England und die Niederlande (die nördlichen Provinzen) stiegen zu mächtigen Spielern in Europa auf, während Spanien in Schulden und Kriegen versank.

1700 starb der kinderlose spanische König Karl II. Der sogenannte Spanische Erbfolgekrieg brach aus, weil mehrere europäische Mächte Ansprüche auf die spanischen Gebiete erhoben. Frankreich und das habsburgische Österreich standen sich dabei besonders feindselig gegenüber.

Während dieses Krieges (1701–1714) war auch das Schicksal der Spanischen Niederlande umstritten. Frankreich versuchte erneut, die Region ganz oder teilweise zu übernehmen. Die Österreicher wiederum wollten sie in ihr eigenes habsburgisches Reich integrieren, um Frankreich nicht zu mächtig werden zu lassen.

Letztendlich setzte sich Österreichs Habsburger durch. Im Frieden von Utrecht (1713) wurden die Spanischen Niederlande zu den „Österreichischen Niederlanden". Damit endete die Phase der spanischen Herrschaft, die seit den Zeiten Philipps II. bestanden hatte.

Für die Bewohner war das ein weiterer dynastischer Wechsel. Sie hatten sich an den spanischen König gewöhnt, nun sollte wieder ein anderer Habsburger regieren, diesmal aus Wien. Die Frage, ob das eine Verbesserung bringen würde, blieb offen. Doch die Zeit der spanischen Vorherrschaft war vorbei.

Auswirkungen auf die südlichen Niederlande

Die spanische Epoche hinterließ tiefe Spuren in den heutigen belgischen Gebieten. Sie brachten eine strenge katholische Prägung hervor, eine ausgeprägte Barockkunst und eine engmaschige Kirchenorganisation. Städte wie Antwerpen, Brüssel und Gent hatten sich an eine Verwaltung gewöhnt, die von Statthaltern geleitet wurde.

Der Übergang zur österreichischen Linie des Hauses Habsburg sollte erneut Hoffnungen und Sorgen wecken. Vielleicht würde es unter den Österreichern weniger Druck und höhere Toleranz geben? Oder würden die Österreicher einfach die spanischen Methoden übernehmen?

Was man sagen kann: Die Zeit der „Spanischen Niederlande" war von ständigen Kriegen gegen Frankreich, gegen die nördliche Republik und von internen Konflikten geprägt. Die wirtschaftlichen Folgen waren gemischt: Während viele Städte ihren Glanz verloren, konnten einige Branchen wie die Tapisserien oder die Malerei aufblühen.

Die Einheit des katholischen Glaubens war in diesen Provinzen zum Selbstverständnis geworden. Das politische Leben verlief weitgehend unter der Regie von Adel und Kirche, während das Bürgertum sich mit Handel und Handwerk beschäftigte. Die Erinnerung an den Religionskrieg blieb allerdings als warnendes Beispiel für alle, die in irgendeiner Form eine Wiederbelebung des Protestantismus erwogen.

Zusammenfassung und Ausblick

Im 17. Jahrhundert hießen die heutigen belgischen Gebiete „Spanische Niederlande" – von außen betrachtet ein Teil des riesigen spanischen Königreiches, von innen her geprägt durch eine gewisse Selbstverwaltung in den Provinzen und Städten. Kriege gegen Frankreich und die Republik der Niederlande bestimmten die Außenpolitik.

Die wirtschaftliche Lage war zwiespältig. Das Goldene Zeitalter des internationalen Handels verlagerte sich zum nördlichen Holland, während der Süden sich auf Textil, Spitzen, Malerei und Hofkultur spezialisierte. Die Bauern lebten in einer hierarchischen Gesellschaft, in der Adelige und Klerus das Sagen hatten.

Mit dem Spanischen Erbfolgekrieg endete die Ära der spanischen Herrschaft. Die österreichischen Habsburger traten an ihre Stelle, was einen fließenden Übergang markierte. Die nächste Phase nennt man daher auch die „Österreichischen Niederlande". Wieder sollten Reformen, Widerstände und äußere Mächte die Geschichte beeinflussen.

Im folgenden Kapitel widmen wir uns der weiteren Entwicklung, als nach den spanischen nun die österreichischen Habsburger das Zepter übernahmen. Wir sehen, welche Reformen etwa Maria Theresia und Joseph II. einführten, wie die Stände darauf reagierten und welche neuen Ideen im Zeitalter der Aufklärung aufkamen. Die Zeit der absoluten Monarchie in den Niederlanden war noch längst nicht vorüber – doch die Saat für künftige Umbrüche war bereits in der Erde.

Damit endet unsere Reise durch die spanische Epoche, in der Glanz und Strenge zugleich herrschten, in der die Kunst den Glauben stützte und die Kriege das Land verzehrten. Wer genauer hinschaut, entdeckt eine Welt voller Widersprüche: große Armut und reiche Paläste, strenge Konfession und heimlichen Widerstand, gewaltige Festungsbauten und florierende Manufakturen. All das war Teil jener Zeit, in der die südlichen Niederlande „spanisch" waren.

KAPITEL 12: DER ACHTZIGJÄHRIGE KRIEG

Einleitung

Der Achtzigjährige Krieg, der von 1568 bis 1648 dauerte, hat die Geschichte der Niederlande und damit auch die Geschichte des heutigen Belgiens nachhaltig geprägt. In den ersten Kapiteln unseres Buches haben wir gesehen, wie die habsburgische Herrschaft unter Karl V. und Philipp II. für Spannungen sorgte. Wir haben bereits erfahren, wie die Reformation und Gegenreformation neue Konflikte auslösten. In diesem Kapitel gehen wir nun genauer auf den Achtzigjährigen Krieg selbst ein. Wir werden untersuchen, welche Ursachen er hatte, welche Etappen und Wendepunkte es gab und wie er letztlich die nördlichen und südlichen Niederlande dauerhaft trennte. Dabei werfen wir einen besonders genauen Blick auf die Folgen für die Gebiete, die wir heute als Belgien kennen.

Ursachen und Vorgeschichte

Um den Achtzigjährigen Krieg zu verstehen, müssen wir noch einmal kurz auf die Situation Mitte des 16. Jahrhunderts schauen. Die habsburgische

Monarchie herrschte über große Teile der Niederlande, also auch über das Gebiet des heutigen Belgien. Kaiser Karl V. hatte diese Ländereien geerbt, doch als er 1555 abdankte, ging die Herrschaft an seinen Sohn Philipp II. über. Philipp II. residierte allerdings überwiegend in Spanien und verfolgte einen strengen, katholisch geprägten Regierungskurs.

Zwei wesentliche Ursachen führten zum Bruch zwischen dem spanischen Königshaus und den nördlichen Niederlanden:

Religiöse Spannungen: Der Protestantismus, insbesondere der Calvinismus, fand unter Kaufleuten und Bürgern im Norden immer mehr Anhänger. Philipp II. hingegen sah sich als Verteidiger des Katholizismus und setzte die Inquisition ein, um Ketzer zu bestrafen.

Politische Autonomie: Viele Adlige und Städte im Norden wollten ihre althergebrachten Freiheiten und Rechte bewahren. Sie empfanden die spanische Zentralgewalt als bedrückend, weil Madrid hohe Steuern forderte und die Mitbestimmung der Stände beschränken wollte.

Im Süden (im ungefähren Gebiet des heutigen Belgiens) führte eine stärker verwurzelte katholische Tradition dazu, dass die spanische Herrschaft mehr Unterstützung fand, zumindest anfangs. Dennoch waren auch hier Widerstände spürbar, wenn Madrid zu große Steuerlasten auferlegte oder wenn spanische Beamte lokale Privilegien ignorierten.

Der Beginn des Aufstands

Die Jahre 1566 und 1567 brachten eine Eskalation: Adlige, die sogenannten „Geusen", forderten eine Lockerung der Repressionsgesetze. Gleichzeitig kam es zum Bildersturm in mehreren Städten Flanderns und Brabants. Protestantische Gruppen zerstörten Kirchenbilder und Heiligenstatuen. Für König Philipp II. war das ein Zeichen, dass er stärker durchgreifen musste. Er schickte den Herzog von Alba mit einem Heer in die Niederlande.

Der Herzog von Alba richtete in Brüssel den berüchtigten „Blutrat" ein, der zahlreiche Protestanten und sogar einige katholische Adlige wegen Hochverrats zum Tode verurteilte. Diese harte Linie erzürnte viele

Bewohner, auch solche, die gar nicht protestantisch waren. Vor allem im Norden, wo reformierte Ideen verbreitet waren, wuchs nun die Bereitschaft zum offenen Widerstand. 1568 gilt als das Jahr, in dem die Aufständischen um Wilhelm von Oranien mit ersten militärischen Aktionen begannen. Damit setzte man im Nachhinein den Startpunkt für den Achtzigjährigen Krieg.

Unterschiedliche Entwicklungen im Norden und Süden

Ein zentrales Thema während des Krieges ist die Trennung zwischen den nördlichen und südlichen Niederlanden. Der Norden (Holland, Zeeland, Utrecht, Gelderland und weitere Provinzen) schlug einen deutlich protestantischen Kurs ein. Dort etablierten Calvinisten in manchen Städten eigene Kirchenordnungen und riefen zur Befreiung von der spanischen Herrschaft auf.

Im Süden hingegen gab es zwar ebenfalls calvinistische Gruppen, doch insgesamt war das katholische Element stärker verwurzelt. Die großen Städte wie Brügge, Gent und Antwerpen hatten zwar Reformierte, aber die Mehrheit blieb dem alten Glauben verhaftet. Auch der Adel war vielfach katholisch gesinnt oder erhoffte sich von Spanien Schutz vor einer radikalen Veränderung.

Diese Spaltung führte dazu, dass die südlichen Provinzen erst später in den Krieg gezogen wurden. Sie versuchten, sich mit Kompromissen zufriedenzugeben, solange die spanische Krone ihre alten Rechte respektierte. Trotzdem gab es in Flandern und Brabant Aufstände, wenn spanische Gouverneure die Steuerlast zu sehr erhöhten oder wenn brutale Soldaten für Unmut sorgten.

Wilhelm von Oranien und die Anfänge des Widerstands

Wilhelm von Oranien, auch „Wilhelm der Schweiger" genannt, stammte ursprünglich aus einer adligen Familie, die in den südlichen Niederlanden Besitz hatte. Er war zeitweilig sogar ein enger Vertrauter Karls V. und wurde am kaiserlichen Hof erzogen. Doch als er sah, wie hart Philipp II. gegen Andersgläubige vorging, distanzierte er sich zunehmend vom spanischen König.

Wilhelm wurde zur treibenden Kraft des Aufstands im Norden. Er organisierte eine „Wassergeusen"-Flotte, die von der Nordsee aus kämpfte und spanische Handelsschiffe angriff. In den frühen Jahren des Krieges hatte der Aufstand eher den Charakter eines Guerillakampfes, bei dem befestigte Städte eingenommen oder wieder verloren wurden.

Für die Bewohner des Südens spielte Wilhelm von Oranien anfangs keine so große Rolle, da ihre Loyalitäten stärker bei Spanien oder zumindest bei den katholisch gesinnten Adligen lagen. Dennoch beobachteten sie gespannt, ob Wilhelm Erfolg haben würde. Einige protestantische Gruppen in Antwerpen, Gent oder Brüssel hofften insgeheim, dass seine Truppen vordringen könnten und so Freiräume für den reformierten Glauben entstünden.

Die Eskalation und der Einzug des Krieges in die Südprovinzen

Ein erstes sichtbares Anzeichen, wie sehr der Krieg auch den Süden erfassen könnte, war das Vorgehen der spanischen Truppen gegen aufständische Städte in Flandern und Brabant. Immer wieder kam es zu Strafexpeditionen, um vermeintliche Calvinisten und ihre Helfer zu bestrafen. Soldaten plünderten und richteten Verwüstungen an. Da die Finanzierung oft mangelhaft war, nahmen die Söldner, was sie konnten, aus den Vorräten der Bevölkerung.

Doch auch von der anderen Seite wurde Gewalt ausgeübt: Calvinistische Freischärler versuchten, Orte zu erobern und sie zu „befreien" – was in der Praxis aber oft zu einem Chaos führte, da eine Minderheit an Protestanten die Macht in einer mehrheitlich katholischen Stadt übernahm. Solche Städte konnten sich kaum lange halten, wenn die spanischen Truppen heranrückten.

Die Lage in Städten wie Gent und Antwerpen war besonders komplex. Gent galt immer schon als rebellisch. Tatsächlich ergriff dort eine radikale calvinistische Gruppe für einige Zeit die Macht und setzte eine strenge Kirchenordnung durch. In Antwerpen wiederum war der Handel sehr wichtig, und die Kaufleute fürchteten jede Unruhe, da sie Verluste für den Markt bedeutete.

Der Pacification von Gent und die Utrechter Union

In den Wirren des Krieges versuchten sowohl aufständische als auch loyale Provinzen, zu einer Einigung zu kommen. 1576 wurde die „Pacification von Gent" geschlossen. Darin vereinbarten die Provinzen der Niederlande – sowohl katholische als auch protestantische – einen Waffenstillstand untereinander, um die spanischen Truppen aus dem Land zu drängen. Man versprach sich gegenseitig religiöse Toleranz.

Zunächst sah es so aus, als könnten sich Nord und Süd zusammentun, um gemeinsam gegen die spanische Zentralgewalt vorzugehen. Doch die Pacification hielt nicht lange. Die Gräben zwischen den Konfessionen waren tief, und in manchen Provinzen fürchtete der katholische Adel einen radikalen Calvinismus. 1579 kam es dann zur Utrechter Union, in der sich die nördlichen, größtenteils protestantischen Provinzen zusammenschlossen. Im selben Jahr schlossen sich einige südliche Provinzen in der Union von Arras zusammen, um katholisch zu bleiben und sich mit Spanien zu versöhnen.

Das war die entscheidende Spaltung: Die Utrechter Union entwickelte sich später zur Republik der Sieben Vereinigten Niederlande (dem protestantischen Norden). Die Union von Arras hingegen band Flandern, Hennegau und Artois stärker an Spanien. Auch Brabant und andere Regionen schwankten, ehe sie schließlich weitgehend katholisch blieben und so bei Spanien.

Die Belagerung Antwerpens und weitere Schlüsselereignisse

Eines der dramatischsten Ereignisse des Krieges war die Belagerung und Einnahme Antwerpens durch spanische Truppen 1585. Antwerpen war eine reiche Handelsstadt, in der sowohl Katholiken als auch Protestanten lebten. Als die aufständischen Kräfte die Stadt nicht verteidigen konnten, rückte der spanische Statthalter Alessandro Farnese (Herzog von Parma) ein und zwang Antwerpen zur Kapitulation. Viele protestantische Kaufleute verließen daraufhin die Stadt, weil sie Repressalien fürchteten. Sie wanderten vor allem in den Norden ab, was den Aufstieg Amsterdams förderte.

Für Flandern und Brabant bedeutete die spanische Rückeroberung, dass der Calvinismus wieder unterdrückt wurde. Diejenigen, die nicht konvertieren wollten, mussten gehen oder sich verstecken. So verlor das südliche Gebiet zahlreiche Unternehmer, Handwerker und Intellektuelle. Gleichzeitig stabilisierte Spanien dadurch seine Macht im Süden.

Dadurch kam es zu einer relativen Ruhe in den südlichen Provinzen, während der Krieg sich stärker auf die Grenze zum Norden konzentrierte. Allerdings wurde diese Ruhe immer wieder durch Einfälle und Scharmützel gestört, bei denen sich spanische und niederländische Einheiten bekämpften.

Das Alltagsleben während des Achtzigjährigen Krieges

Für die einfache Bevölkerung, gerade in den südlichen Niederlanden, war der Krieg eine dauerhafte Belastung. Bauern mussten den Soldaten Getreide und Vieh liefern oder wurden gezwungen, Soldaten zu beherbergen. Handelswege waren oft unsicher, Wegelagerei und Kriegsüberfälle machten das Reisen gefährlich.

In den Städten war das Leben etwas stabiler, vor allem in Phasen, in denen die Stadtoberen sich mit dem spanischen Statthalter arrangiert hatten. Wer aber als protestantisch galt, war bedroht. Die Inquisition konnte Anklagen erheben, und die Betroffenen mussten fliehen oder mit einer Hinrichtung rechnen. Umgekehrt gab es in Zeiten calvinistischer Stadtherrschaft Repressionen gegen Katholiken.

Die Bevölkerung sehnte sich nach Frieden, doch das Ringen um Macht und Religion war zu tief verwurzelt. Kaufleute und Handwerker versuchten, den Krieg wirtschaftlich zu überleben. Einige profitierten von der Versorgung der spanischen Armee, andere gerieten in Armut. Auf dem Land grassierte oft die Angst vor Söldnerbanden, die plündernd umherzogen.

Habsburgische und spanische Innenpolitik

Neben den militärischen Aktionen gab es auch eine politische Strategie der spanischen Krone, die sich auf bestimmte Adlige im Süden stützte. Diese

Adligen erhielten Titel, Posten und Ländereien, wenn sie sich loyal zeigten. Auf diese Weise versuchte Madrid, den lokalen Widerstand zu binden.

Gleichzeitig wurden starke Festungen gebaut oder ausgebaut, um den nördlichen Truppen den Zugang zum Süden zu verwehren. Städte wie Brüssel oder Namur wurden befestigt. Der Herzog von Parma galt als einer der fähigsten Feldherren und Verwalter. Er konnte den Süden relativ erfolgreich verwalten, weil er diplomatisch mit dem Adel umging und auch die religiösen Empfindlichkeiten berücksichtigte.

Die Kirche spielte bei der Stabilisierung ebenfalls eine Rolle. Bischöfe, Jesuiten und andere Orden sorgten für eine intensive Seelsorge, gründeten Schulen und kümmerten sich um Arme und Kranke. So entstand im Süden eine katholische Gemeinschaft, die sich als Teil der spanischen Monarchie verstand. Dennoch blieb der Hunger nach lokalen Rechten bestehen, so wie es in Flandern oder Brabant lange Tradition hatte.

Die langen Verhandlungen und der Dreißigjährige Krieg

Während sich der Achtzigjährige Krieg in den Niederlanden hinzog, geriet Europa insgesamt in eine Epoche konfessioneller Auseinandersetzungen. Ab 1618 tobte in Mitteleuropa der Dreißigjährige Krieg, an dem das Haus Habsburg und zahlreiche Fürsten beteiligt waren. Zwar war das Hauptkampffeld vor allem das Gebiet des Heiligen Römischen Reiches (das heutige Deutschland), doch die Spannungen wirkten sich auch auf die Niederlande aus.

Spanien musste Ressourcen in Deutschland einsetzen, um die habsburgischen Brüder dort zu unterstützen. Dadurch fehlte Geld und Militär, um den Krieg im Norden energisch voranzutreiben. Auf der anderen Seite kämpften die aufständischen Niederländer mit Unterstützungen von Ländern wie England oder Frankreich, die ein Interesse daran hatten, Spanien zu schwächen.

In den südlichen Niederlanden bedeutete dies ein ständiges Lavieren: Mal war Spanien zahlungskräftig und schickte Truppen, mal zog es Truppen ab, weil sie anderswo benötigt wurden. Die Folge war, dass sich die Städte manchmal mehr selbst verwalten konnten. Man hatte quasi immer „zwei

Herren": den König in Madrid und die Notwendigkeit, mit lokalen Ständen zu kooperieren.

Der 12-jährige Waffenstillstand

Einen kurzen Hoffnungsschimmer brachte der 12-jährige Waffenstillstand, der von 1609 bis 1621 andauerte. Spanien und die aufständischen Provinzen im Norden schlossen eine Vereinbarung, die Kämpfe einzustellen und über einen dauerhaften Frieden zu verhandeln. In dieser Zeit konnten Handel und Wirtschaft etwas aufatmen.

Doch der Waffenstillstand war für beide Seiten eher ein taktisches Manöver, um Kräfte zu sammeln. Die religiösen und politischen Differenzen blieben bestehen. Als der Waffenstillstand 1621 endete, flammten die Feindseligkeiten wieder auf. Die südlichen Niederlande wurden erneut Schauplatz von Truppenbewegungen und kleineren Gefechten.

Für die Bevölkerung war das enttäuschend. Die meisten hatten gehofft, dass endlich ein wirklicher Friede eintritt. Viele Kaufleute hatten ihre Geschäfte ausgebaut, neue Handelsverträge geschlossen. Als dann wieder Spannungen begannen, brachen manche Geschäftsbeziehungen ab.

Wichtige Schlachten und Belagerungen

Während des Achtzigjährigen Krieges gab es diverse größere Schlachten und Belagerungen, die den Lauf der Geschichte prägten:

Belagerung von Ostende (1601–1604): Ostende lag an der Küste in Flandern und war ein strategischer Hafen. Spanische Truppen belagerten die von aufständischen Niederländern gehaltene Stadt fast drei Jahre lang. Am Ende fiel Ostende an Spanien, was den Südprovinzen relative Ruhe an der Küste bescherte. Allerdings war die Stadt nach der langen Belagerung weitgehend zerstört.

Schlachten im Grenzgebiet: Immer wieder kam es zu Kämpfen entlang der Schelde und Maas. Einige Festungen wechselten mehrfach den Besitzer.

Einnahme von Breda (1625): Die Stadt Breda im heutigen Nordbrabant wurde von spanischen Truppen erobert und war ein Schlag für die aufständischen Niederländer. Allerdings blieb das Kriegsglück wechselhaft.

Für die südlichen Provinzen bedeuteten diese militärischen Ereignisse einerseits, dass wichtige strategische Punkte gesichert wurden, andererseits, dass Handel und Bevölkerung stark litten.

Die Beteiligung anderer Mächte

Der Achtzigjährige Krieg war nicht nur eine Angelegenheit zwischen Spanien und den aufständischen Niederländern. Andere Mächte intervenierten, weil sie politische Vorteile suchten.

England: Unterstützte den Aufstand im Norden, weil es die spanische Seemacht schwächen wollte. Elisabeth I. sandte Militärberater und finanzielle Hilfen.

Frankreich: Hatte teils wechselnde Positionen, war aber vor allem darauf bedacht, Spanien zu schwächen und die eigene Grenze abzusichern.

Das Heilige Römische Reich: War geteilt, da viele deutsche Fürsten entweder katholisch oder protestantisch waren. Die kaiserlichen Habsburger hielten zu Spanien, protestantische Fürsten sympathisierten mit dem Norden.

Für die südlichen Niederlande brachte diese Einmischung keine wirkliche Entlastung. Sie blieben eine Pufferzone, in der internationale Rivalitäten ausgetragen wurden.

Die Rolle der Stadt Antwerpen

Antwerpen war ein Symbol für Reichtum und Handel im 16. Jahrhundert. Durch die Eroberung 1585 wurden jedoch viele protestantische Kaufleute vertrieben. Dennoch blieb die Stadt ein wichtiger Umschlagplatz. Spanische und katholische Händler versuchten, neue Handelswege zu etablieren, doch die Schelde-Mündung wurde von den Holländern blockiert.

Die einst große Blütezeit Antwerpens war vorerst vorbei, während im Norden Amsterdam aufstieg. Die Stadt Antwerpen blieb zwar ein Kunst- und Kulturzentrum (später vor allem dank Malern wie Rubens), aber als internationaler Hafen verlor sie an Bedeutung. Das zeigt, wie eng Wirtschaft und Krieg miteinander verwoben waren: Eine militärische Blockade konnte den gesamten Handelsfluss einer Stadt abwürgen.

Die Unterdrückung der Calvinisten im Süden

Da der Süden überwiegend katholisch bleiben sollte, ging man gegen Calvinisten hart vor. Wer Calvinist war und nicht ins Ausland flüchtete, musste entweder im Verborgenen leben oder konvertieren. Es gab auch Täufer und andere protestantische Richtungen, die in versteckten Hauskirchen Gottesdienst feierten.

Spanische Soldaten und die Inquisition überwachten dies. Besonders streng war die Zeit des Herzogs von Alba in den 1560er und 1570er Jahren. Später ließ die Verfolgung etwas nach, doch eine offene reformierte Kirche war im Süden nicht möglich.

Die Folge war, dass sich der Protestantismus stärker im Norden festigte, wo er zur Staatsreligion wurde. Der Süden hingegen wurde zum Bollwerk der Gegenreformation, was in den folgenden Jahrhunderten die kulturelle und religiöse Prägung der Region bestimmte.

Wilhelm von Oraniens Tod und Fortsetzung des Kampfes

Wilhelm von Oranien, die Symbolfigur des Widerstands, wurde 1584 von einem Attentäter ermordet. Sein Tod erschütterte die aufständischen Provinzen. Dennoch führten seine Söhne und Vertrauten den Krieg fort. In den folgenden Jahren entbrannte ein Ringen um Nachfolger und Führungsstrukturen.

Für die südlichen Niederlande änderte das nicht viel: Sie waren weitgehend in spanischer Hand, und es gab nur noch vereinzelt Versuche, sich dem Aufstand anzuschließen. Der Krieg konzentrierte sich nun stärker entlang der Grenze des heutigen Belgien und der Niederlande.

Der Westfälische Friede und seine Bedeutung

1648 endete der Achtzigjährige Krieg offiziell, als die Republik der Sieben Vereinigten Niederlande im Westfälischen Frieden international anerkannt wurde. Spanien akzeptierte die Unabhängigkeit des Nordens. Damit war die Trennung endgültig: Das Gebiet des heutigen Belgien blieb als Teil der südlichen Niederlande bei Spanien, der nördliche Teil bildete eine eigenständige Republik.

Der Westfälische Friede war ein Meilenstein, der nicht nur den Dreißigjährigen Krieg im Reich beendete, sondern auch die Nachkriegsordnung in Westeuropa regelte. Für die südlichen Provinzen änderte sich allerdings wenig an der spanischen Herrschaft. Sie blieben „Spanische Niederlande" und wurden weiter von Madrid aus regiert, wenngleich die lokalen Stände gewisse Rechte hatten.

Gleichzeitig blieb die Schelde-Mündung blockiert, sodass Antwerpen nicht zu alter Handelsmacht aufsteigen konnte. Der Norden profitierte von dieser Klausel, die seinen Seehandel förderte und den Süden schwächte.

Folgen für die Menschen im heutigen Belgien

Der Achtzigjährige Krieg hatte tiefe Wunden hinterlassen. Viele Städte waren beschädigt, die Bevölkerung war verunsichert. Das Land hatte an wirtschaftlicher Bedeutung verloren, weil ein Großteil des internationalen Handels nun über Amsterdam lief. Auch die Abwanderung reformierter Kaufleute und Gelehrter schwächte die Südprovinzen.

Gleichzeitig festigte sich die katholische Identität. Nach 1585 begann eine kulturelle Blütezeit im Barock: Maler, Bildhauer und Architekten schufen prachtvolle Werke, die den Katholizismus feiern sollten. Klöster und Bischöfe waren einflussreich, und die spanischen Statthalter förderten die Künste, um das Land an die Krone zu binden.

Die Menschen lebten in einer Welt, in der Krieg zur Normalität geworden war. Selbst nach dem Westfälischen Frieden gab es immer wieder Auseinandersetzungen mit Frankreich. Dennoch kehrte eine gewisse Stabilität ein, weil die inneren Religionskonflikte im Süden erstickt waren. Man akzeptierte die spanische Herrschaft, solange sie eine Grundordnung aufrechterhielt und die Steuern nicht zu hoch trieb.

Der Unabhängigkeitsgedanke und das Fehlen einer Einheit

Obwohl sich der Norden hatte lossagen können, regte sich im Süden kein umfassendes Unabhängigkeitsstreben. Ein Grund: Die städtische Elite wollte ihren Handel sichern und konnte mit Madrid Kompromisse finden. Der Adel im Süden war überwiegend katholisch und profitierte oft von spanischer Gunst.

Zudem war das Territorium kulturell vielfältig. Flandern, Hennegau, Brabant, Luxemburg und andere Regionen hatten je eigene Traditionen. Eine einheitliche „südliche" Identität entstand nur allmählich. Dass man nicht den Norden imitierte, lag auch an der Furcht vor calvinistischer Dominanz.

Doch die Saat einer eigenen Zukunft war dennoch gelegt. Immer wieder kritisierten die Stände, dass Madrid zu weit weg sei und zu wenig Rücksicht auf die lokalen Gegebenheiten nehme. Dieser Gedanke einer größeren Autonomie sollte später – unter den österreichischen Habsburgern und dann im 18. und 19. Jahrhundert – wieder auftauchen und schließlich in die belgische Unabhängigkeitsbewegung münden.

Das Ende des Krieges: Bilanz und Zusammenfassung

Wenn wir den Achtzigjährigen Krieg in Hinblick auf die Geschichte des heutigen Belgiens betrachten, so lassen sich folgende Kernpunkte zusammenfassen:

Der Krieg teilte die Niederlande dauerhaft in einen nördlichen, protestantischen Teil (die Republik) und einen südlichen, katholischen Teil (die späteren Spanischen Niederlande).

Die südlichen Provinzen blieben unter spanischer Herrschaft. Dort setzte sich eine starke Gegenreformation durch, die die konfessionelle Einheit sicherstellte.

Wirtschaftlich verlor der Süden an Bedeutung, da viele reformierte Kaufleute und Unternehmer in den Norden abwanderten und weil der Handel über die Schelde blockiert war. Dennoch blieb Flandern ein Zentrum der Textilproduktion und der Kunst.

Militärische Konflikte prägten den Alltag über Jahrzehnte: Söldnerheere, Belagerungen, Plünderungen und Truppendurchmärsche zerstörten Dörfer und Städte.

Die lokale Elite arrangierte sich mit Spanien, solange die Privilegien und Rechte der Städte einigermaßen respektiert wurden. Ein eigenes, geschlossenes Unabhängigkeitsstreben entwickelte sich im Süden zu dieser Zeit nicht.

Der Achtzigjährige Krieg war also nicht nur ein bloßer Religionskonflikt, sondern auch ein Kampf um politische Selbstbestimmung, um wirtschaftliche Interessen und um Machtansprüche. Er war überaus lang und kostspielig und veränderte die Landkarte Europas. Für das heutige Belgien bedeutet diese Phase, dass es kulturell und konfessionell anders geprägt blieb als der Norden. Dieser grundlegende Unterschied sollte sich noch in den kommenden Jahrhunderten auswirken.

Nachwirkungen auf Politik und Kultur

Nach dem Ende des Krieges 1648 setzten sich in den Südprovinzen tendenziell konservative Kräfte durch. Die spanischen Niederlande waren geprägt von einem tiefen Katholizismus und einer Vorherrschaft von Adel und Klerus. Die großen Städte durften sich selbst verwalten, solange sie die Oberhoheit des Königs anerkannten und Steuern zahlten.

In kultureller Hinsicht setzte sich der Barock mit all seiner Prachtentfaltung durch. Dieser Stil spiegelte das Selbstverständnis einer katholischen, monarchisch geprägten Gesellschaft wider. Kirchen wurden erweitert, Paläste im prächtigen Baustil errichtet. Maler wie Rubens trugen ihren Teil dazu bei, dass die Südprovinzen einen künstlerischen Glanz ausstrahlten.

Das kulturelle Leben hatte somit einen Kontrast: auf der einen Seite tiefe Frömmigkeit, auf der anderen eine gewisse Lebensfreude und Pracht. Die religiösen Konflikte im Innern waren weitgehend beigelegt, doch die Sorgen vor äußeren Feinden, vor allem Frankreich, blieben bestehen.

Vergleich mit anderen europäischen Konflikten

Der Achtzigjährige Krieg ähnelt in mancher Hinsicht dem Dreißigjährigen Krieg im Heiligen Römischen Reich. In beiden Fällen ging es um Religionsfragen und um die Stellung einzelner Fürsten gegenüber einer mächtigen Monarchie. In den Niederlanden spielte zusätzlich der Seehandel und der internationale Wettbewerb eine große Rolle.

Interessant ist, dass im Norden eine Republik entstand, die sich frühzeitig zu einer Handels- und Seemacht entwickelte und in der Calvinismus die vorherrschende Konfession wurde. Im Süden blieb es bei einer monarchisch geprägten Gesellschaft unter spanischer Autorität und später unter den österreichischen Habsburgern. Diese Divergenz zwischen Nord und Süd hat bis heute Spuren hinterlassen.

Geistige Strömungen: Humanismus, Frühaufklärung

Während der langen Kriegsjahre gab es auch Gelehrte, Dichter und Denker, die in den südlichen Niederlanden wirkten. Humanistische Ideen, die sich schon im 16. Jahrhundert verbreitet hatten, blieben präsent. Universitäten wie Löwen (Leuven) waren Zentren des Studiums, allerdings unter kirchlicher Aufsicht.

Die strenge Gegenreformation dämpfte reformatorische Gedanken, doch sie verhinderte nicht jeglichen intellektuellen Austausch. Einheimische Gelehrte korrespondierten mit anderen europäischen Geistern, solange ihre Schriften nicht eindeutig protestantisch waren. Es gab zwar Zensur, doch sie war nicht allumfassend.

Erste Vorläufer der Aufklärung keimten auf, etwa in Debatten über Naturkunde oder Rechtsphilosophie. Die großen Umwälzungen der europäischen Geistesgeschichte kamen aber erst im 18. Jahrhundert zum Tragen, als die österreichischen Habsburger Reformen einleiteten.

KAPITEL 13: BLÜTE DER KUNST

Einleitung

Während der späten Phase des Achtzigjährigen Krieges und danach, als die südlichen Niederlande unter spanischer Herrschaft standen, entwickelte sich in Flandern und Brabant eine künstlerische Blüte, die weit über die Landesgrenzen hinausstrahlte. In dieser Zeit wirkten große Maler wie Peter Paul Rubens und Anthony van Dyck, die den Ruf der flämischen Barockkunst prägten. Auch in der Architektur, im Kunsthandwerk und in der Musik setzte sich ein prächtiger Stil durch, der den katholischen Glauben und den Glanz der Spanischen Niederlande unterstrich.

In diesem Kapitel wollen wir uns genau mit dieser künstlerischen Hochphase beschäftigen. Wir betrachten Rubens' Leben und Werk, gehen aber auch auf andere Künstler und auf die kulturellen Rahmenbedingungen ein, die ein „goldenes Zeitalter" ermöglichten – zumindest für das gehobene Bürgertum und den Adel. Gleichzeitig dürfen wir nicht vergessen, dass weite Teile der Bevölkerung in Armut und Ungewissheit lebten. Doch gerade diese Spannungen trugen oft dazu bei, dass Kunstwerke einen besonderen Ausdruck erhielten.

Die Voraussetzungen für eine Blütezeit der Kunst

Obwohl die südlichen Niederlande kriegsgebeutelt waren, gab es einige Faktoren, die eine künstlerische Hochphase förderten:

Katholische Gegenreformation: Die Kirche wollte mit prachtvollen Altären, Gemälden und Skulpturen die Gläubigen ansprechen. Bischöfe, Klöster und Ordensgemeinschaften vergaben deshalb viele Aufträge an Künstler, um Kirchen und Kapellen zu schmücken.

Reiche Auftraggeber: In Städten wie Antwerpen oder Brüssel lebten wohlhabende Kaufleute und Adlige, die Kunstwerke in Auftrag gaben, um ihren Status zu zeigen. Die spanischen Statthalter, etwa Erzherzog Albrecht und Isabella, förderten bewusst die lokale Kunstszene, um den Süden zu stabilisieren und Glanz auszustrahlen.

Handwerkliche Tradition: Die südlichen Niederlande hatten schon vorher eine große Tradition in der Buchmalerei, in Tapisserien, in der Herstellung von Spitzen und Goldschmiedearbeiten. Diese vorhandene Kompetenz erleichterte es Künstlern, sich zu entfalten. Es gab Schulen, Werkstätten und professionelle Zünfte, die den Nachwuchs ausbildeten.

Kultureller Austausch: Trotz Kriegen blieb ein gewisser Austausch mit Italien, Spanien, Deutschland und Frankreich bestehen. Künstler reisten, lernten verschiedene Stile und brachten neue Ideen mit. So kam der Barockstil aus Italien nach Flandern, wo er sich eigenständig weiterentwickelte.

Peter Paul Rubens – Leben und Aufstieg

Peter Paul Rubens (1577–1640) gilt als der wichtigste flämische Barockmaler und Inbegriff jener Blütezeit. Geboren in Siegen (im heutigen Deutschland), wuchs er in Antwerpen auf und erhielt dort seine erste künstlerische Ausbildung. Sein Talent fiel rasch auf. Rubens reiste nach Italien, wo er antike Statuen studierte und von Meistern wie Caravaggio beeindruckt war. Diese Eindrücke prägten seinen Stil nachhaltig.

Nach seiner Rückkehr um 1608 wurde Rubens schnell zum gefragten Maler. Er erhielt Aufträge vom erzherzoglichen Hof in Brüssel, von Kirchen und Klöstern sowie von reichen Adeligen. In Antwerpen richtete er eine große Werkstatt ein, in der zahlreiche Schüler und Gehilfen arbeiteten. Rubens war nicht nur Maler, sondern auch Diplomat und Gelehrter. Er korrespondierte mit Geistesgrößen seiner Zeit und stand in Kontakt zu Hofkreisen in Spanien, Frankreich und England.

Seine Werke zeichnen sich durch kräftige Farben, dynamische Kompositionen und einen üppigen, sinnlichen Stil aus. Er malte riesige Altarbilder, mythologische Szenen und Porträts von Adligen und Geistlichen. Sein Einfluss war so groß, dass man ganze Generationen von Nachfolgern als „Rubens-Schüler" bezeichnete.

Der Barockstil und seine Merkmale

Der Barockstil entwickelte sich in Italien im späten 16. Jahrhundert und fand dann rasch Verbreitung in anderen katholisch geprägten Ländern. In den südlichen Niederlanden verband sich der Barock mit lokalen Traditionen der Malerei, die man schon von den „Flämischen Primitiven" kannte. Doch während die früheren Meister wie Jan van Eyck eher feine, detailreiche Tafelbilder schufen, setzte der Barock auf Dynamik und Gefühl.

Typisch für den barocken Stil sind:

Bewegung und Dramatik: Die Figuren sind oft in heftiger Aktion dargestellt, der Bildaufbau ist schwungvoll.

Lichteffekte: Starke Hell-Dunkel-Kontraste und gezielte Beleuchtung, um eine fast theatralische Wirkung zu erzielen.

Intensive Farbigkeit: Kräftige, oft warme Farben, die Leidenschaft und Größe ausdrücken.

Prachtentfaltung: Vor allem in religiösen Szenen und repräsentativen Gemälden sollte der Betrachter von der Schönheit und Erhabenheit überwältigt werden.

Die katholische Kirche nutzte diese Wirkung bewusst, um die Gläubigen emotional anzusprechen und ihnen die Mystik des Glaubens nahezubringen. Rubens und seine Werkstatt produzierten viele Auftragswerke für Kirchen, in denen Heilige, Märtyrer oder die Jungfrau Maria in leidenschaftlicher Bildsprache erschienen.

Rubens als Diplomat und Hofmaler

Rubens war nicht nur ein großartiger Künstler, sondern auch ein geschickter Diplomat. Die spanische Regentin Isabella und ihr Ehemann Erzherzog Albrecht setzten ihn für heikle diplomatische Missionen ein. Etwa reiste Rubens nach England und Frankreich, um geheime Verhandlungen zu führen oder Kunstwerke als Geschenk zu überbringen.

Dieser diplomatische Status ermöglichte Rubens Zugang zu europäischen Fürstenhöfen. Er erhielt Aufträge von Königen und Fürsten, so etwa vom englischen König Karl I., für den er großformatige Deckenbilder im Banqueting House in Whitehall schuf. Auch der französische Hof war an seiner Kunst interessiert.

In seinen Werken verband Rubens höfische Pracht mit allegorischen Darstellungen von Macht und Tugend. Zum Beispiel malte er Zyklen, die das Leben einer Königin in mythische Bilder fassten. So entstand ein enges Zusammenspiel zwischen politischer Repräsentation und Kunst. Die Betrachter sollten erkennen, dass die Herrscher von göttlichem Glanz umgeben waren und hohe Tugenden verkörperten.

Anthony van Dyck und andere Maler

Neben Rubens gab es weitere bedeutende Maler im damaligen Flandern. Anthony van Dyck (1599–1641) war einer von Rubens' talentiertesten Schülern und später ein eigenständiger Meister. Van Dyck spezialisierte sich auf Porträts, die den Adel und die reiche Bürgerschaft zeigten. Er schuf eine eigene, elegante Bildsprache, bei der seine Modelle in geschmeidigen Posen und mit feinen Stoffen dargestellt wurden.

Van Dyck wurde zum Hofmaler des englischen Königs Karl I. Seine Porträts des Königs und seiner Familie prägten das Bild der damaligen Aristokratie.

Auch in den südlichen Niederlanden war er gefragt, doch sein früher Tod beendete eine vielversprechende Karriere.

Daneben wirkten Künstler wie Jacob Jordaens, Jan Brueghel der Ältere (Sohn des berühmten Pieter Bruegel des Älteren) und viele mehr. Sie alle trugen zur kulturellen Blüte bei. Diese Zeit wird oft als „flämisches goldenes Zeitalter" der Malerei bezeichnet, wenngleich man beachten muss, dass wirtschaftlich längst nicht alles golden war.

Das Kunstzentrum Antwerpen

Auch wenn Antwerpen nach 1585 an Bedeutung im internationalen Handel verlor, blieb es ein Zentrum für Kunst und Kultur. Im 17. Jahrhundert lebten dort zahlreiche Maler, Bildhauer, Drucker und Kunsthändler. Die Stadt war voller Werkstätten, in denen religiöse Bilder, Porträts, Stillleben und Genrebilder entstanden.

Die Gilden und Zünfte achteten auf hohe handwerkliche Qualität. Maler lernten in einer Meisterwerkstatt, wo sie das Zeichnen, Mischen von Farben und Aufbauen von Kompositionen übten. Danach konnten sie sich als Meister niederlassen und selbst Lehrlinge ausbilden. Rubens' Werkstatt war dabei die berühmteste; sie zog Schüler aus dem gesamten katholischen Europa an.

Zudem gab es in Antwerpen einen florierenden Handel mit Kupferstichen und Drucken. Künstler wie Lucas Vorsterman oder Paulus Pontius fertigten Stiche nach Gemälden von Rubens und verkauften diese Reproduktionen in vielen Ländern. So wurden die Werke der flämischen Malerei weit verbreitet.

Barocke Kirchen und Architektur

Nicht nur die Malerei, sondern auch die Architektur profitierte vom barocken Geist. Unter dem Einfluss der Gegenreformation wurden in Brüssel, Antwerpen, Gent und anderen Städten neue Kirchen gebaut oder bestehende erweitert. Ein Kennzeichen barocker Sakralarchitektur sind prachtvolle Fassaden mit üppigem Skulpturenschmuck, geschwungene Giebel und reich verzierte Altarräume im Inneren.

Die Jesuitenkirche in Antwerpen, später als Carolus Borromeuskerk bekannt, gilt als Beispiel für dieses barocke Bauen. Rubens war an der Dekoration beteiligt, indem er Entwürfe für Altäre und Deckenbilder beisteuerte. Leider zerstörte ein Feuer viele seiner Arbeiten dort, doch die Kirche zeigt immer noch Spuren dieser einstigen Herrlichkeit.

Auch adlige Residenzen und Stadthäuser bekamen barocke Fassaden und Innenausstattungen. Möbel, Wandteppiche und Goldschmiedearbeiten passten zum aufwendigen Stil. Die Herrscher und der Adel wollten damit ihren Einfluss und Reichtum demonstrieren.

Musik und Theater

Das goldene Zeitalter beschränkte sich nicht auf die Bildende Kunst. In den südlichen Niederlanden gab es auch ein reges Musikleben. Kirchenchöre sangen polyphone Messen, Komponisten schrieben Werke für Orgel oder für mehrstimmigen Gesang. Während das Zentrum der franko-flämischen Schule im 15. und 16. Jahrhundert gelegen hatte, blieb diese Tradition weiter lebendig. Zwar verlagerte sich ein Teil der Musikwelt in andere Regionen, doch die Grundlinie blieb: kunstvolle Mehrstimmigkeit und enge Verbindung mit der Liturgie.

Theaterstücke und höfische Feste waren ebenfalls beliebt. Zwar gab es keine so große Theatertradition wie etwa in Spanien oder England, doch bei adligen Festen wurden Maskenspiele, Ballette und kurze Dramen aufgeführt. Diese Veranstaltungen verbanden Musik, Tanz und prächtige Kostüme.

In den Städten gab es weiterhin „Rederijkerskamers" (Kammern der Rhetorik), in denen Bürger literarische und theatralische Wettbewerbe veranstalteten. Die meisten Texte waren religiös geprägt oder verherrlichten die Stadt und ihren Schutzheiligen.

Förderung der Kunst durch den Adel

Die spanischen Statthalter in Brüssel waren wichtige Mäzene der Kunst. Erzherzog Albrecht und seine Gemahlin Isabella sorgten dafür, dass kirchliche und höfische Aufträge vergeben wurden. Sie luden Künstler an ihren Hof ein, kauften Gemälde, Tapisserien und Schmuck. Dadurch entstanden wirtschaftliche Kreisläufe, bei denen Werkstätten und Zulieferer profitierten.

Auch der hohe Adel und das reiche Bürgertum in Antwerpen, Gent oder Mechelen investierten in Kunst. Fürstbischöfe im Maasgebiet (etwa in Lüttich) engagierten Maler und Baumeister, um Kathedralen auszuschmücken. Die Rivalität zwischen den Städten spielte eine Rolle: Jede wollte die prächtigste Kirche oder das schönste Rathaus haben. Solche Projekte brachten den Handwerkern Arbeit und förderten die Spezialisierung.

Allerdings war dieser Kunstmarkt mit den ständigen Kriegen und Steuerbelastungen verknüpft. Ging es der Region schlecht, flossen weniger Gelder in die Kunst. Ging es ihr besser, boomte der künstlerische Sektor. Während des Waffenstillstands (1609–1621) erlebte man beispielsweise einen gewissen Aufschwung, der sich auch in steigenden Auftragzahlen bemerkbar machte.

Alltag der Menschen hinter dem Glanz

Obwohl wir von einem „goldenen Zeitalter" der Kunst sprechen, war das Alltagsleben für viele Menschen keineswegs golden. Die Kriege und politischen Unsicherheiten belasteten Bauern und Handwerker. Viele konnten sich gerade so ernähren und hatten keine Möglichkeit, an prunkvollen Festen teilzunehmen oder teure Gemälde zu erwerben.

Gleichzeitig bewirkte die Prachtliebe der Oberschicht eine gewisse Distanz zur breiten Bevölkerung. Während Adlige und reiche Kaufleute aufwändige Porträts malen ließen, lebten Tagelöhner oder Kleinbauern oft in Armut. Die Kirche sorgte zwar für Mildtätigkeit, doch das reichte selten aus, um soziale Ungleichheit zu mildern.

Nichtsdestotrotz wirkte die barocke Kunst auch auf einfache Leute. Kirchen mit großartigen Altären und Orgelmusik gaben ihnen ein Gefühl von Erhabenheit und Zusammenhalt. Religiöse Feste brachten Freude und Identifikation in den Alltag. Das ästhetische Erlebnis war somit nicht nur den Reichen vorbehalten, wenn auch in unterschiedlicher Intensität.

Rubens' Einfluss auf die europäische Kunst

Rubens war einer der ersten Künstler, die bereits zu Lebzeiten europaweit berühmt waren. Seinen Ruhm verdankte er unter anderem den Kupferstich-Reproduktionen, die sein Werk verbreiteten. Auch seine diplomatischen Reisen trugen dazu bei, dass er an vielen Fürstenhöfen bekannt war und Aufträge erhielt.

Viele Maler aus Frankreich, England, den deutschen Gebieten oder Italien wurden von Rubens inspiriert. Seine Fähigkeit, monumentale Historienbilder, religiöse Altarbilder und zugleich sinnliche Porträts zu malen, machte ihn zu einem universal einsetzbaren Künstler. Das barocke Pathos, das wir heute mit Rubens verbinden, wurde so zum europäischen Phänomen.

Nach Rubens' Tod im Jahr 1640 übernahm sein Werkstatt-Netzwerk einige Aufträge, doch niemand konnte sein Genie ersetzen. Gleichwohl traten Schüler wie Jacob Jordaens stärker hervor. Ein anderer bedeutender Künstler, der zwar nicht direkt von Rubens abhing, aber zur selben Zeit wirkte, war Frans Snyders, berühmt für seine Tierstillleben und Jagdszenen.

Einfluss der Gegenreformation auf die Themenwahl

Da der Süden katholisch war und die Kirche viel Geld in Kunst investierte, waren religiöse Darstellungen allgegenwärtig. Szenen aus der Bibel, das Leben der Heiligen, die Passion Christi oder die Marienverehrung dominierten die Gemälde. In den Kirchen hingen großformatige Werke, die den Betrachter in das Leiden und die Herrlichkeit Christi förmlich hineinziehen sollten.

Die Künstler nutzten dramatische Gesten, leidenschaftliche Gesichtsausdrücke und üppige Körperlichkeit, um den Gläubigen die Menschlichkeit und gleichzeitig die göttliche Dimension der Heiligen nahezubringen. Dabei vermischten sich italienische Einflüsse (Caravaggio, Raffael) mit dem Realismus der flämischen Schule.

Im Bereich der Bildhauerei entstanden prachtvolle Hochaltäre mit marmornen Skulpturen und goldenen Verzierungen. Oft wurde Holz kunstvoll geschnitzt und vergoldet. Ziel war, die Kirche als Ort der feierlichen Begegnung mit dem Göttlichen zu inszenieren.

Genreszenen, Stillleben und das Alltagsbild

Obwohl religiöse Themen an erster Stelle standen, entwickelten sich auch andere Bildgattungen. Stillleben gewannen an Bedeutung, besonders das „Prunkstillleben" mit üppigen Darstellungen von Früchten, Tieren, Geschirr und Kostbarkeiten. Diese Gemälde schmückten Speisesäle und adelige Salons und demonstrierten den Reichtum des Besitzers.

Genreszenen, also Darstellungen aus dem Alltagsleben, waren etwas seltener als im protestantischen Norden. Dennoch malten einige Künstler fröhliche Dorffeste, Bauernhochzeiten oder Marktszenen. Diese Bilder hatten meist einen moralischen Unterton: Sie warnten vor der Sünde der Völlerei oder lobten den Fleiß und die Frömmigkeit der Landbevölkerung.

Porträts blieben ein wichtiger Geschäftsbereich. Adlige Familien wünschten sich individuelle Gemälde, auf denen sie in kostbaren Gewändern und mit bestimmten Attributen (z. B. Hunden, Falken, Büchern) dargestellt wurden.

Diese Porträts dienten zur Selbstdarstellung der Dynastien. Auch wohlhabende Bürger ließen sich malen, allerdings in bescheidenerer Form.

Künstlerisches Handwerk: Tapisserien und Spitzen

Die südlichen Niederlande waren ebenfalls berühmt für ihre Wandteppiche, die sogenannten Tapisserien. Zentren wie Brüssel und Oudenaarde hatten lange Tradition in dieser Kunst. Adlige und Kirchen gaben monumentale Wandbehänge in Auftrag, die biblische oder mythologische Geschichten in leuchtenden Farben erzählten. Rubens und andere Maler lieferten oft die Entwürfe, die dann in den Tapisserie-Werkstätten mühevoll in Wolle, Seide und manchmal Gold- oder Silberfäden umgesetzt wurden.

Spitzenherstellung war ein weiteres Glanzstück. Besonders die Stadt Brügge genoss einen Ruf für feine Spitzenarbeiten, die in Klöstern und Privathaushalten hergestellt wurden. Diese Spitzen zierten Kleider, Altartücher und Festgewänder. Sie waren sehr aufwendig und teuer, galten also als Luxusartikel für den europäischen Adel.

Beide Kunstformen brachten den südlichen Niederlanden ein beträchtliches Einkommen, denn der Export in andere Länder war lukrativ. Königshäuser und reiche Bürger wollten diese edlen Erzeugnisse haben, um ihren Wohlstand zu zeigen.

Die Musik des Barocks in den südlichen Niederlanden

Obwohl das Zentrum der franko-flämischen Vokalpolyphonie im 16. Jahrhundert nach Italien und anderswo abgewandert war, gab es im 17. Jahrhundert noch namhafte Komponisten in den südlichen Niederlanden. Die meisten arbeiteten für Kirchenkapellen oder Hofensembles.

Die Musik war oft lateinisch-liturgisch geprägt, aber es gab auch volkstümlichere Formen. Man sang Marienlieder, Psalmen und Motetten in mehrstimmigen Sätzen. Die Orgelmusik entwickelte sich dank neuer Instrumente weiter. Zahlreiche Kirchen ließen sich barocke Orgeln bauen, um klangvolle Gottesdienste zu feiern.

Profane Musik kam vor allem an Höfen und bei Adelsfesten zur Geltung. Dort spielte man Tanzmusik, Lautenlieder oder instrumentale Suiten. Besonders die höfischen Bälle waren Anlässe, bei denen man die neuesten Modetänze aus Frankreich oder Spanien probierte.

Soziale Stellung der Künstler

Die Maler waren in Zünften organisiert und galten als Handwerker mit künstlerischem Talent. Nur wenige stiegen in den Adelsrang auf oder erhielten besondere Privilegien, so wie es bei Rubens teilweise der Fall war. Die meisten Maler lebten davon, dass sie Auftragswerke produzierten. Dabei konnte es durchaus ein gutes Auskommen geben, wenn man erfolgreich war. Scheiterte man jedoch, war die Existenz gefährdet.

Zahlreiche Künstler arbeiteten in Werkstätten großer Meister. Einige blieben dort jahrelang als Gehilfen, andere gründeten später ihre eigenen Ateliers. Der Wettbewerb untereinander war hart, vor allem wenn Wirtschaftskrisen oder Kriege die Nachfrage dämpften. Um sich abzuheben, spezialisierten sich manche auf Porträts, andere auf Landschaften, wieder andere auf Tierdarstellungen oder Stillleben.

Die Bildhauer hatten es oft etwas schwerer, weil ihre Materialien teurer waren (Marmor, Stein, Holz) und größere Werkstätten nötig waren. Kirchliche Aufträge boten ihnen dennoch lohnende Möglichkeiten, vor allem wenn ein neuer Altarbereich ausgestattet werden sollte.

Die Bedeutung Antwerpens als Kunstmarkt

Antwerpen war im 17. Jahrhundert nicht mehr die weltgrößte Handelsstadt, doch als Kunstmarkt blieb sie erstaunlich lebendig. Dort gab es Kunstläden, Messen und Auktionen, bei denen Gemälde, Drucke und Zeichnungen gehandelt wurden. Besucher aus Frankreich, England oder dem Reich kamen, um Kunst zu kaufen.

Zudem befand sich in Antwerpen eine Reihe von Verlagen, die Kupferstiche und Bücher druckten. Der Export dieser Druckwerke trug dazu bei, dass auch mittelständische Kunden sich Kunst in Form von Stichen leisten konnten. So kamen Abbildungen berühmter Werke von Rubens oder van

Dyck in bürgerliche Wohnstuben – natürlich nicht als Originalgemälde, sondern als gestochenes Abbild.

Dieses blühende Kunstleben gab vielen Talenten eine Chance, entdeckt zu werden. Selbst wenn die politische Großwetterlage schwierig war, blieb Antwerpen ein Ort, an dem Künstler ihre Arbeiten verkaufen und bekannt werden konnten.

Fürstenhöfe als Auftraggeber

Abgesehen von dem erzherzoglichen Hof in Brüssel gab es im Umland noch andere Adelszentren, zum Beispiel in Tournai, Namur, Lüttich oder Mons, wo Bischöfe oder Herzöge Hof hielten. Auch sie bestellten Gemälde, Statuen und prachtvolle Möbel. Die Rivalität zwischen diesen Höfen förderte die Kunstproduktion. Jeder wollte ein repräsentatives Ambiente haben, das Besucher und Rivalen beeindruckte.

Die Verwandtschaft mit dem spanischen Königshaus spielte ebenfalls eine Rolle. Wenn ein König von Spanien oder ein Prinz durch die Niederlande reiste, konnte es passieren, dass er sich spontan ein Gemälde zeigen ließ und es kaufte. Künstler wie Rubens genossen es, direkt mit dem König oder dessen Vertrauten zu verkehren, denn das versprach Prestige und hohe Honorare.

Religiöse Bruderschaften und Prozessionen

Die blühende Barockkultur zeigte sich nicht nur in Kirchenbauten und Gemälden, sondern auch in aufwendigen Prozessionen. Religiöse Bruderschaften, die etwa der Jungfrau Maria oder einem Schutzheiligen gewidmet waren, organisierten feierliche Umzüge durch die Stadt. Dabei wurden kostbare Statuen getragen, in Gold und Brokat gehüllt, begleitet von Gesang, Musik und Weihrauch.

Solche Prozessionen waren ein Ereignis, an dem sich alle Schichten beteiligten. Reiche Bürger stifteten prunkvolle Baldachine, Handwerkszünfte trugen Kerzen und Fahnen, Adlige ritten in festlichen Kleidern. Diese religiösen Feste waren nicht nur Ausdruck des Glaubens, sondern auch Bühne für Selbstdarstellung und Gemeinschaftsgefühl.

Für Künstler ergaben sich Chancen, Prozessionswagen zu gestalten oder Andachtsbilder und Banner anzufertigen. Die Auftraggeber waren oft Bruderschaften, die über großzügige Spenden ihrer Mitglieder verfügten.

Politische Hintergründe

Diese Blütezeit der Kunst fiel mit einer Phase relativer Stabilität in den südlichen Niederlanden zusammen. Zwar dauerte der Achtzigjährige Krieg bis 1648 an, doch nach der Eroberung von Antwerpen 1585 war der Süden weitgehend in spanischer Hand. Das bedeutete, dass sich hierzulande nicht mehr so viele Kampfhandlungen abspielten.

Da der spanische Hof in Madrid mit zahlreichen Kriegen beschäftigt war, ließen die Statthalter den Provinzen eine gewisse Ruhe, solange sie Steuern zahlten und Loyalität zeigten. Diese Ruhe, gepaart mit dem religiösen Eifer der Gegenreformation, förderte die künstlerische Produktion. Es gab weniger revolutionäre Ideen im Süden als im Norden; die katholische Identität hatte sich gefestigt, was wiederum die Nachfrage nach sakraler Kunst verstärkte.

Dennoch waren die Südprovinzen noch immer Teil einer größeren politischen Konstellation. Eine eigenständige Entwicklung im Sinne eines autonomen Staatswesens stand nicht zur Debatte. Erst als Spanien im späten 17. Jahrhundert an Macht verlor und andere Mächte Interesse an den Niederlanden zeigten, sollten wieder politische Umbrüche folgen.

Das Ende von Rubens und die Fortdauer des Barocks

Peter Paul Rubens starb 1640 in Antwerpen. Er hinterließ ein gewaltiges künstlerisches Erbe: hunderte Gemälde, Zeichnungen und Entwürfe. Seine Schüler und Mitarbeiter führten manche seiner Projekte zu Ende und prägten noch Jahrzehnte den flämischen Barock.

Auch nach 1640 entwickelte sich der Barockstil weiter. Jacob Jordaens schuf farbenfrohe Bilder mit volkstümlichen Szenen, oft geprägt von Mythologie und biblischen Motiven. Van Dyck war bereits 1641 verstorben, dennoch blieb sein Porträtstil ein Vorbild für viele Maler in ganz Europa.

Bis ins späte 17. Jahrhundert hinein war das barocke Schaffen in Flandern ungebrochen. Erst als Frankreich verstärkt in die südlichen Niederlande vordrang, störten neue Kriege die Kulturszene. Auch der Geschmack änderte sich allmählich, denn mit dem Aufkommen des französischen Klassizismus orientierten sich manche Adlige an Versailles und dem Stil Ludwigs XIV.

Der Einfluss auf spätere Generationen

Die Werke von Rubens und seinen Zeitgenossen hinterließen in Flandern eine reiche Erbschaft. Kirchen und Museen bewahren bis heute zahlreiche Gemälde, Skulpturen und Tapisserien aus jener Epoche. Im 18. und 19. Jahrhundert blickte man auf den flämischen Barock oft voller Stolz zurück, als Symbol einer blühenden nationalen Identität, obwohl damals ja noch keine eigenständige belgische Nation existierte.

Im Ausland galt die flämische Barockmalerei als Inbegriff von Farbe, Dynamik und Lebensfreude. Sammler und Kunstkenner schätzten besonders die religiösen und mythologischen Gemälde. Im 19. Jahrhundert sorgten Ausstellungen dafür, dass Rubens wiederentdeckt und als einer der größten Maler aller Zeiten gefeiert wurde.

Heutzutage ist der Kunsttourismus in Belgien stark auf diese Epoche ausgerichtet. Städte wie Antwerpen, Brüssel, Gent oder Brügge ziehen Besucher an, die auf den Spuren Rubens', Van Dycks und Jordaens' wandeln wollen. Die Touren zu barocken Kirchen und Rubens-Häusern erinnern an jene glanzvolle Zeit.

Die Schattenseiten: Armut und Unterdrückung

Bei aller kunsthistorischen Euphorie darf man nicht vergessen, dass die Epoche des Barocks in Flandern und Brabant zugleich von sozialer Ungleichheit geprägt war. Nur ein kleiner Teil der Bevölkerung konnte sich Gemälde oder Luxus leisten. Die meisten Bewohner lebten als Bauern, Mägde, Handwerker oder einfache Angestellte. Krieg, Seuchen und Missernten blieben eine reale Bedrohung.

Zudem war der Übertritt zum Protestantismus im Süden kaum möglich, da die spanische Obrigkeit und die Kirche hart gegen Abweichler vorgingen. Religionsfreiheit existierte nicht, und das dämpfte jede intellektuelle Vielfalt, die dem Barockkünstlerischen Schaffen vielleicht noch andere Impulse gegeben hätte.

Die barocke Kunst, so prachtvoll sie war, entstand also in einem politisch-gesellschaftlichen Spannungsfeld, das von der spanischen Vorherrschaft, dem hohen Einfluss des Klerus und von einer oft ausgebeuteten Landbevölkerung geprägt war.

KAPITEL 14: DIE ÖSTERREICHISCHEN NIEDERLANDE

Einleitung

Mit dem Ende der spanischen Herrschaft in den südlichen Niederlanden begann ein neues Kapitel für das Gebiet, das heute zu Belgien gehört. Im Spanischen Erbfolgekrieg (1701–1714) wetteiferten mehrere Mächte um das Erbe der spanischen Habsburger. Am Ende fiel ein Großteil der „Spanischen Niederlande" an die österreichische Linie des Hauses Habsburg.

Diese Periode dauerte von 1713/14 (Frieden von Utrecht und Rastatt) bis zum Ende des 18. Jahrhunderts, als neue politische Erschütterungen folgten. Man nennt diese Zeit „Österreichische Niederlande", weil nun Kaiser Karl VI. und später Maria Theresia und Joseph II. dort herrschten.

In diesem Kapitel schauen wir uns an, wie sich Verwaltung, Gesellschaft und Wirtschaft unter den österreichischen Habsburgern entwickelten. Wir beobachten, welche Reformen Maria Theresia und ihr Sohn Joseph II. ins Land brachten und warum es dagegen Widerstand gab. Damit nähern wir uns der spannenden Zeit kurz vor der Französischen Revolution, in der alte Strukturen heftig ins Wanken gerieten.

Übergang von Spanien zu Österreich

Beim Spanischen Erbfolgekrieg ging es darum, wer die Gebiete des verstorbenen spanischen Königs Karl II. erben sollte. Frankreich und Österreich stritten sich als wichtigste Konkurrenten. Auch England, die Niederlande (Republik im Norden) und andere Mächte mischten mit.

Nach langen Kämpfen regelte der **Frieden von Utrecht** (1713) die Zukunft der südlichen Niederlande: Sie fielen an das Haus Habsburg-Österreich, das so verhindern wollte, dass Frankreich ganz an die Grenze des Heiligen Römischen Reiches vorstoßen konnte. Ein weiteres Abkommen, der **Frieden von Rastatt** (1714), bestätigte diese Regelungen.

Die Menschen in den südlichen Niederlanden – also in Flandern, Brabant, Hennegau, Namur, Luxemburg und anderen Provinzen – bekamen damit neue Herrscher. Statt des spanischen Königs regierte nun der österreichische Kaiser, der zu jener Zeit auch oftmals den Titel Kaiser des Heiligen Römischen Reiches hatte. Diese habsburgischen Fürsten saßen in Wien und schickten Statthalter, um das Land im fernen Westen zu regieren.

Kaiser Karl VI. und die Pragmatica Sanctio

Zuerst fiel die Aufgabe, die österreichischen Niederlande zu verwalten, an Kaiser **Karl VI.** (regierte 1711–1740). Er war der jüngere Sohn Kaiser Leopolds I. und Bruder von Joseph I., starb jedoch ohne männlichen Erben. Um seinen Nachlass zu sichern, verkündete er die **Pragmatica Sanctio** (Pragmatische Sanktion), die bestimmte, dass seine Tochter Maria Theresia sämtliche habsburgische Länder erben durfte.

Karl VI. und seine Beamten in Brüssel versuchten, sich mit den Ständen der Provinzen gut zu stellen. Denn die Menschen waren gewohnt, lokale Rechte und Freiheiten zu verteidigen. Dennoch trafen sie immer wieder auf Misstrauen. Viele Bürger und Adlige fürchteten, das ferne Wien könne ihre Privilegien untergraben.

Finanziell standen die österreichischen Niederlande nicht blendend da, weil die lange Kriegszeit die Wirtschaft geschwächt hatte. Der Handel mit Übersee war durch holländische und britische Konkurrenz erschwert. Vor allem Antwerpen litt immer noch darunter, dass die Schelde-Mündung blockiert blieb.

Verwaltung und Statthalter

Wie schon unter den Spaniern entsandte nun auch Wien Statthalter in die südlichen Niederlande. Diese residierten meist in Brüssel und sollten die kaiserlichen Interessen vertreten. Berühmte Statthalter waren beispielsweise **Prinz Eugen von Savoyen** (formal 1716–1724) – obwohl er nicht permanent vor Ort war – und später **Herzogin Maria Elisabeth von Österreich** (eine Tochter Leopolds I.).

Die Statthalter arbeiteten mit einem Verwaltungsapparat zusammen, der stark an die burgundische und spanische Epoche erinnerte: Räte und Kammern in Brüssel regelten Finanzen, Justiz und Militär. Die Provinzen behielten ihre eigenen Ständeversammlungen, die mitreden durften, wenn es um Steuern und Gesetze ging.

Dieses System schuf einen Spagat: Einerseits gab es eine kaiserliche Zentralverwaltung, andererseits existierten lokale Traditionen und Privilegien. Die Stände verteidigten eifersüchtig ihre alten Rechte. Oft mussten die Statthalter verhandeln, um höhere Steuern durchzubringen.

Wirtschaftliche Lage und Versuche der Förderung

Die neue Regierung in Wien wusste, dass die südlichen Niederlande wirtschaftlich geschwächt waren. Sie versuchte, mittels **Merkantilpolitik** und Sonderprivilegien die Wirtschaft anzukurbeln. Etwa wollte man neue Handelsgesellschaften gründen, die mit Übersee Handel trieben.

Allerdings mussten sich diese Pläne mit dem Widerstand Englands und der Republik der Vereinigten Niederlande messen: Beide Mächte fürchteten, dass Antwerpen wieder zu einer großen Konkurrenz werden könnte. Deshalb wurde in den Friedensverträgen der Handel auf der Schelde weiter eingeschränkt, um den Amsterdamer Hafen zu schützen.

Trotzdem blühte manches Gewerbe auf, zum Beispiel die **Textilherstellung**, Spitzenklöppelei, Tapisserien oder Metallverarbeitung. Brüssel und Gent entwickelten sich zu Zentren für **Textilfabriken**, während in Lüttich die Metall- und Waffenproduktion wichtig war. Der Getreidehandel blieb schwierig, da holländische Händler oft das Monopol besaßen.

Maria Theresia: Reformen und Herrscherstil

Als Karl VI. 1740 ohne männlichen Erben starb, erbte seine Tochter **Maria Theresia** die Habsburgischen Länder, inklusive der österreichischen Niederlande. Gleich nach ihrer Thronbesteigung begann der **Österreichische Erbfolgekrieg** (1740–1748), weil einige europäische Mächte ihre Erbansprüche bestritten.

In den südlichen Niederlanden kam es deshalb erneut zu Einfällen fremder Truppen, darunter Frankreich. Weite Gebiete litten unter Besatzung oder Plünderungen. 1748 endete der Krieg mit dem **Frieden von Aachen**. Maria Theresia behielt die österreichischen Niederlande, musste aber auch Zugeständnisse an Frankreich und andere Mächte machen.

Danach begann sie, ihr Reich zu modernisieren. Maria Theresia war eine tatkräftige Herrscherin, die einen aufgeklärten Absolutismus verfolgte. Sie wollte Verwaltung, Justiz, Steuersystem und Militär effektiver machen, ohne aber ihre Grundsätze als katholische Landesmutter aufzugeben. Auch für die südlichen Niederlande ließ sie Reformen planen, doch diese stießen manchmal auf Widerstand, weil das Land lokal verwaltet werden wollte.

Aufgeklärter Absolutismus und Kirchenpolitik

Die Epoche der Aufklärung brachte neue Ideen von Vernunft, Bildung und Toleranz mit. Maria Theresia und ihr späterer Mit- bzw. Nachherrscher

Joseph II. galten als Vertreter eines **aufgeklärten Absolutismus**. Das bedeutete: Sie wollten moderne Reformen, ohne die Grundfesten der Monarchie zu gefährden.

Gleichzeitig war Maria Theresia sehr katholisch geprägt und misstraute dem allzu liberalen Gedankengut. In den südlichen Niederlanden blieb die katholische Kirche mächtig. Klöster, Bistümer und Bruderschaften übten großen Einfluss aus. Zwar unterwarf die Kaiserin das Kirchenwesen in anderen Teilen ihres Reiches stärker der Staatskontrolle, doch im traditionell frommen Flandern oder Brabant waren die Menschen stolz auf ihre religiösen Bräuche.

Maria Theresia wollte trotzdem gewisse **Kirchenreformen** durchführen: Sie duldete nicht alle Ordensgemeinschaften gleichermaßen und ließ Klöster schließen, die sie für unproduktiv hielt. Teilweise setzte sie den Bischöfen Grenzen, indem sie bei kirchlichen Ernennungen mitreden wollte. Dies alles lief aber relativ vorsichtig ab, damit sie keinen großen Aufruhr auslöste.

Verwaltung unter Maria Theresia

Auch in den österreichischen Niederlanden verfolgte Maria Theresia das Ziel, die Verwaltung zu zentralisieren. Sie wollte eine stärkere Einheit der Provinzen erreichen, effizientere Gerichte und ein besseres Steuersystem. In Brüssel residierte meist ein Statthalter oder eine Statthalterin, der die kaiserlichen Anweisungen umsetzen sollte.

Karl von Lothringen, ein Schwager Maria Theresias, war einer dieser Statthalter (1744–1780). Er bemühte sich, Reformen auf den Weg zu bringen und zugleich die lokalen Interessen zu achten. So ließ er etwa Straßen und Kanäle ausbauen, um den Handel zu verbessern.

Dennoch stießen Reformen an Grenzen: Die Provinzen hatten ihre alten Rechte und Freiheiten, die sie nicht einfach aufgeben wollten. Die städtischen Räte und Landstände konnten jede Neuerung blockieren, wenn sie fanden, dass sie ihre Privilegien oder Steuern betreffen würde. Maria Theresia versuchte daher, Kompromisse zu finden, statt radikal vorzugehen.

Wirtschaftliche Impulse im 18. Jahrhundert

Im Zuge des **aufgeklärten Absolutismus** wurde die Infrastruktur verbessert. Man baute bessere Landstraßen, Kanäle und Flussläufe aus, damit Waren schneller transportiert werden konnten. Einige Industrien, besonders die Tuchherstellung, wuchsen. Auch kleine Manufakturen für Porzellan, Seidenstoffe oder Eisenwaren entstanden.

Die österreichischen Niederlande profitierten davon, dass Maria Theresia den Handel mit dem Kaiserreich und anderen habsburgischen Gebieten erleichterte. Zwar konnten sie nicht einfach mit überseeischen Kolonien konkurrieren, doch innerhalb Europas lief ein beachtlicher Warenstrom.

Trotzdem gab es eine ungerechte Verteilung des Wohlstands: Die Städte, besonders Brüssel, Gent und Antwerpen, entwickelten sich positiv, während viele ländliche Gebiete arm blieben. Die feudalen Strukturen mit grundherrschaftlicher Abhängigkeit waren noch stark. Bauern und Landarbeiter hatten wenig Chancen, ihren Status zu verbessern, es sei denn, sie gingen in Städte oder emigrierten.

Das Ende der Regierungszeit Maria Theresias

Maria Theresia starb 1780. Unter ihrer Regentschaft hatten die österreichischen Niederlande weitgehend Ruhe von großen Kriegen, abgesehen von frühen Einfällen während des Österreichischen Erbfolgekriegs. Die Kaiserin war bei vielen Einwohnern respektiert, weil sie als treu katholisch galt und das Land nicht zu radikal umgestaltete.

Mit ihrem Tod übernahm ihr Sohn **Joseph II.** die volle Macht. Er war bereits seit einigen Jahren Mitregent, doch nun konnte er seine eigenen Ideen stärker durchsetzen. Joseph II. war viel radikaler aufgeklärt als seine Mutter. Er strebte nach einheitlichen, modernen Gesetzen, wollte die Kirche stärker unter die Kontrolle des Staates bringen und die Verwaltung harmonisieren.

Diese Aussichten weckten bei Reformfreunden Hoffnung, lösten aber in den konservativen Kreisen, gerade in den religiös geprägten Provinzen,

Ängste aus. So begann eine neue Phase, in der die Reformen Josephs II. teils zu großen Umbrüchen führten.

Joseph II. und sein Reformprogramm

Joseph II. (regierte 1780–1790) war ein überzeugter Vertreter des aufgeklärten Absolutismus. Er wollte in allen habsburgischen Ländern mehr Gleichheit vor dem Gesetz, mehr Effizienz in der Verwaltung und eine Einschränkung der kirchlichen Macht. In den österreichischen Niederlanden traf das auf Widerstand, weil viele Bürger und Adlige ihre alten Freiheiten verteidigen wollten und die Kirche stark war.

Joseph II. führte unter anderem folgende Reformen ein:

Kirchenreform: Aufhebung oder Zusammenlegung zahlreicher Klöster und religiöser Gemeinschaften, die er als unnütz ansah.

Justiz- und Verwaltungsreform: Einführung eines einheitlichen Gesetzbuchs, Abbau lokaler Gerichte zugunsten zentraler Strukturen.

Toleranzedikt: Joseph II. gewährte in anderen Teilen seines Reiches (z. B. Böhmen, Österreich) eingeschränkte Religionsfreiheit für Protestanten. Im katholischen Süden war das zwar kein Großthema, dennoch beunruhigte die Aussicht, dass Andersgläubige Rechte bekommen könnten.

Viele dieser Reformen fühlten sich für die Bevölkerung wie eine Entwurzelung an. Insbesondere der radikale Eingriff in kirchliche Angelegenheiten löste Protest aus. Dabei war Joseph II. kein Feind des Katholizismus, er wollte ihn nur staatlich steuern und entmachten. Für die tiefgläubigen Bewohner Flanderns oder Brabants wirkte das wie eine Bedrohung ihres Seelenlebens.

Widerstand und Empörung

Einige der einschneidendsten Reformen Josephs II. kamen 1787/88 in Gang. Er wollte die alten **Joyous Entry** (Joyeuse Entrée) und ähnliche Rechtsurkunden aufheben oder ändern. Diese Dokumente sicherten den Provinzen Flandern und Brabant ihre historischen Freiheiten. Josephs

Absicht war, alle Provinzen administrativ zu vereinen, damit er einfacher regieren konnte.

In Brabant kam es 1789 zum Aufstand, oft **Brabanter Revolution** genannt. Konservative Kreise formierten sich zu einer Milizbewegung. Auch Kleriker und Adlige schlossen sich an, weil sie ihre alten Privilegien verletzt sahen. Die Aufständischen nannten sich zum Teil „**Statisten**", da sie für die alten „Staaten" (Stände) und die konfessionelle Ordnung eintraten, während liberalere Gruppen (die „Vonckisten") für etwas mildere Reformen offen waren.

Die Situation eskalierte: In Brüssel und anderen Orten kam es zu Unruhen. Josephs Beamte wurden bedrängt oder vertrieben. Man proklamierte kurzzeitig die **Vereinigten Belgischen Staaten** (1789–1790), eine Konföderation, die sich von Wien lossagte. Dieser kleine „Staat" währte allerdings nicht lange.

Das Ende der Herrschaft Josephs II. in den Niederlanden

Joseph II. war von den Revolten überrascht. Er hatte gedacht, seine Reformen würden Fortschritt bringen. Nun sah er, dass die belgische Bevölkerung, vor allem der Klerus und der alte Adel, sich massiv wehrte.

Bereits 1790 war Josephs Gesundheit angeschlagen. Er sah sich gezwungen, manche Reformen zurückzunehmen, um die Lage zu beruhigen. Doch das Vertrauen war zerstört. Die österreichischen Truppen kamen zum Einsatz, um die Aufstände niederzuwerfen.

Kurz vor seinem Tod 1790 war Joseph II. ein enttäuschter Herrscher. Er hatte in Böhmen, Ungarn und eben auch in den Niederlanden überall auf Widerstand gestoßen. Nach seinem Tod übernahm sein Bruder **Leopold II.** (regierte 1790–1792), der versuchte, die Lage zu entspannen. In den Niederlanden wurden viele Reformen Josephs II. aufgehoben, um die Provinzen wieder zu befrieden.

Die Rückkehr zum Alten?

Mit Leopold II. und später **Franz II.** (regierte ab 1792) kam zwar nominell eine Rückkehr zu den alten Zuständen, doch die Welt hatte sich bereits verändert. Die Ideen der Aufklärung waren nicht verschwunden. In Teilen der gebildeten Bürger- und Adelschicht gab es weiterhin Wünsche nach Reformen.

Gleichzeitig blieb das konservative Lager stark. Es wollte die hergebrachten Privilegien der Stände und die Macht der Kirche verteidigen. Als Leopold II. starb und Franz II. an die Macht kam, schlug schon ein neues Unwetter auf Europa ein: die Französische Revolution (ab 1789) drohte, die gesamte Ordnung umzustürzen.

Die belgischen Provinzen standen somit vor einer unsicheren Zukunft. Sie hatten gerade erst eine kleine Revolution gegen Josephs II. erlebt und einige Monate Unabhängigkeit in Form der „Vereinigten Belgischen Staaten" probiert. Nun rückten französische Truppen in Reichweite, und niemand wusste, ob die österreichische Herrschaft Bestand haben würde.

Kirchliche Zustände und die Maßnahmen Josephs II

Wer die Brabanter Revolution verstehen will, muss auch Josephs II. tiefe Eingriffe in die Kirche betrachten. Er reduzierte die Zahl der Feiertage, wollte Gottesdienste kürzer und geordneter gestalten und schloss diverse Klöster, die er als unnütze Bettelorden ansah.

Die Bevölkerung im Süden war aber sehr an alten Prozessionen, Bruderschaften und Marienfesten gehangen. Solche Frömmigkeitsformen galten Joseph II. als „überflüssige Volksfrömmigkeit". Er wollte ein rational geordnetes Kirchenwesen, das dem Staat diente. Doch die Menschen sahen darin einen Angriff auf ihre Traditionen und Heiligenverehrungen.

So schaukelte sich die Unzufriedenheit hoch. Weltliche und kirchliche Fragen vermischten sich. Die Brabanter Revolutionäre warben mit dem Slogan, sie verteidigten „Religion und Freiheit" gegen einen aufgeklärten Monarchen, der beides gefährde. Gerade Priester und Mönche riefen offen zum Widerstand auf.

Die „Vereinigten Belgischen Staaten"

1789, während Joseph II. mit Schwierigkeiten in anderen Teilen seines Reiches beschäftigt war, brach in Brabant der Aufstand offen aus. Auch in Flandern, Hennegau und anderen Provinzen regte sich Widerstand.

Am **11. Januar 1790** kam es zu einer Art Unabhängigkeitserklärung: Mehrere Provinzen schlossen sich zu den **„Vereinigten Belgischen Staaten"** zusammen. Diese Konföderation orientierte sich an alten feudalen Rechteordnungen und rief eine Art Verteidigungsbündnis aus. Man wollte sich gegenseitig schützen gegen die kaiserlichen Truppen.

Allerdings zerfiel diese Revolutionsbewegung schnell in zwei Hauptlager:

Statisten: Ein konservativer Flügel, der streng katholisch war und an den vor-josephinischen Zustand anknüpfen wollte.

Vonckisten: Ein liberalerer Flügel, der durchaus Reformideen befürwortete, allerdings unter einer gewissen Trennung von Kirche und Staat.

Die Uneinigkeit zwischen Statisten und Vonckisten schwächte die Bewegung. Zudem war ihre militärische Basis gering. Als dann die habsburgischen Truppen nach einigen Monaten wieder eingriffen, brach die neue Konföderation in sich zusammen.

Das Ende der Revolution und die Wiederherstellung

Noch im gleichen Jahr 1790 schlug Josephs Regierung zurück. Schnell wurden die Anführer der Aufständischen gefangen genommen oder zur

Flucht gezwungen. Mit Gewalt und diplomatischen Zugeständnissen stellten die Habsburger die Ordnung wieder her.

Allerdings starb Joseph II. Anfang 1790; sein Bruder Leopold II. war moderater. Er verzichtete auf einige der besonders harten Reformen. Die Stände waren damit halbwegs beruhigt. Die **Wiederherstellung** der kaiserlichen Herrschaft war also keine einfache Rückkehr zu den Verhältnissen vor Joseph II., sondern ein erneuter Kompromiss.

Die meisten Menschen wollten einfach Stabilität. Wirtschaftlich war die Lage angespannt, und die Gerüchte von der Französischen Revolution machten die Oberschicht nervös. Denn in Frankreich hatte das Volk den König entmachtet. Würde das in den südlichen Niederlanden auch passieren?

Der Schatten der Französischen Revolution

Die Ereignisse in Frankreich ab 1789 versetzten Europa in Schrecken. Ein Königtum, das Jahrhunderte bestanden hatte, stürzte. Neue Ideale wie Menschenrechte und Bürgerfreiheit tauchten auf. Adlige flohen aus Frankreich, Klöster wurden aufgelöst.

In den österreichischen Niederlanden fragte man sich, ob die revolutionären Armeen eines Tages über die Grenze kommen würden. Tatsächlich sahen einige Liberale die Französische Revolution als Vorbild, andere fürchteten sie. Der Klerus war entsetzt über die Religionspolitik der Franzosen, die die Kirche enteigneten und Priester verfolgten.

Die habsburgische Regierung in Wien beobachtete das Geschehen ebenfalls besorgt. Kaiser Leopold II. starb 1792, sein Nachfolger **Franz II.** sah sich schnell in einen Krieg mit dem revolutionären Frankreich verwickelt. Das hatte unmittelbare Folgen für die südlichen Niederlande, deren Verteidigung veraltet war.

Kriegswirren und der Einmarsch französischer Truppen

1792 begann der **Erste Koalitionskrieg** zwischen revolutionärem Frankreich und verschiedenen europäischen Monarchien. Anfangs schlugen die österreichischen Armeen sich nicht schlecht, aber dann gerieten sie in Bedrängnis.

Bereits 1792/93 drangen französische Truppen in die österreichischen Niederlande ein. Manche Gebiete kamen kurzfristig unter französische Kontrolle. Die lokalen Behörden mussten sich anpassen oder fliehen. Zunächst gelang es den Habsburgern, einige Verluste rückgängig zu machen, doch langfristig war die französische Armee stärker.

1794 fiel erneut eine große Streitmacht ins Land. Nach der **Schlacht bei Fleurus (26. Juni 1794)** kollabierte der Widerstand der kaiserlichen Truppen. Die französischen Revolutionstruppen eroberten fast das gesamte Gebiet. Im folgenden Jahr (1795) wurde es in die Französische Republik eingegliedert. Damit endete die Epoche der österreichischen Niederlande.

Bilanz der österreichischen Epoche

Die Zeit der österreichischen Niederlande (1713/14–1794/95) dauerte also rund 80 Jahre. Sie begann mit Karl VI. und endete in den Wirren der Französischen Revolution. Rückblickend sind folgende Punkte wichtig:

Relativ friedliche Phasen: Im Vergleich zu den vorangegangenen Jahrhunderten erlebte das Land längere Zeiträume ohne große Kriege, was für Handel und Bevölkerung eine gewisse Erholung brachte.

Aufgeklärter Absolutismus: Maria Theresia und Joseph II. brachten Reformen in Verwaltung, Justiz und Kirche. Manche verbesserten die Organisation und Bildung, andere stießen auf erbitterten Widerstand.

Lokale Freiheiten und Privilegien: Die Provinzen hielten an ihren alten Rechten fest. Jeder Versuch, zentral zu vereinheitlichen, wurde misstrauisch beäugt.

Kirche und Tradition: Die Bevölkerung blieb tief katholisch. Als Joseph II. radikale Einschnitte machte, kam es zur Brabanter Revolution.

Wirtschaft: Es gab Fortschritte beim Ausbau von Straßen und Manufakturen, doch die Schelde-Mündung blieb blockiert, was Antwerpen benachteiligte. Andere Regionen wie Gent oder Lüttich profitierten zeitweise von gewerblichem Aufschwung.

Ende durch Frankreich: Die Französische Revolution fegte die habsburgische Herrschaft in wenigen Jahren weg.

So haben die Reformen der Kaiser zwar Spuren hinterlassen, doch sie führten letztlich nicht zu einem stabilen, modernen Staatswesen. Vielmehr zeigte sich, wie stark die traditionellen Kräfte waren, und wie verwundbar die österreichische Oberherrschaft gegenüber äußeren Mächten blieb.

Gesellschaftliche Entwicklungen im 18. Jahrhundert

Trotz aller politischen Turbulenzen gab es im 18. Jahrhundert wichtige Veränderungen in Kultur und Gesellschaft:

Bildung: Pfarreien und Ordensschulen unterrichteten Kinder. Es entstanden erste Ansätze eines staatlich geregelten Schulwesens, besonders unter Joseph II.

Landwirtschaft: Manche Grundherren probierten neue Anbaumethoden. Fruchtwechsel und der Einsatz besserer Werkzeuge steigerten die Erträge, doch viele Bauern blieben in Abhängigkeit.

Städtische Kultur: In Brüssel, Gent, Antwerpen und anderen Städten florierte das bürgerliche Leben mit Theater, literarischen Zirkeln und Kaffeehäusern. Freimaurerlogen wurden gegründet, in denen sich aufklärerische Ideen verbreiteten – obwohl die Kirche das kritisch sah.

Kunst und Baukunst: Das Barock floss in den Rokoko-Stil über, man schmückte Kirchen und Adelspaläste mit verspielten Formen. Auch bürgerliche Häuser zeigten reiche Fassaden, wenn es das Einkommen zuließ.

Insgesamt blieb die Gesellschaft ständisch geordnet: Klerus, Adel und Bürger hatten unterschiedliche Rechte. Auf dem Land lebte man in einer streng hierarchischen Welt, die sich erst im 19. Jahrhundert grundlegend wandeln sollte.

Zensur und Aufklärungsliteratur

Obwohl Maria Theresia und Joseph II. aufklärerische Ideen begrüßten, waren sie vorsichtig mit Schriften, die zu viel Freiheit versprachen. Die Zensur war weiterhin aktiv, besonders wenn es um radikale Lehren wie die Schriften französischer Philosophen (Voltaire, Rousseau) ging.

In den südlichen Niederlanden schmuggelte man jedoch viele Bücher und Flugschriften aus den nördlichen Provinzen oder aus Frankreich. Vor allem in Städten, wo es Buchhändler und gebildete Bürger gab, fanden diese Werke interessierte Leser. Das führte zu einer heimlichen Verbreitung von Ideen über Volkssouveränität, Toleranz und Menschenrechte.

Während der Brabanter Revolution griffen manche Aufständische auf solche Ideen zurück, andere blieben streng konservativ. Die Spannungen zwischen konservativen und liberalen Ansichten prägten also schon das späte 18. Jahrhundert.

Die Bedeutung der belgischen Aufklärung

Man spricht nicht so oft von einer „belgischen Aufklärung", weil das Land damals noch keinen eigenen Nationalstaat hatte. Doch in den Städten der österreichischen Niederlande gab es durchaus lokale Aufklärer, Juristen, Mediziner und Naturforscher, die auf Vernunft setzten.

Diese Leute engagierten sich in wissenschaftlichen Gesellschaften, gründeten Zeitungen oder schrieben Traktate über Recht und Wirtschaft. Sie wollten, dass das Land moderner wird, dass Aberglauben und Feudalstrukturen überwunden werden. Aber sie kämpften auch gegen eine zu starke Zentralisierung durch Wien.

Einige dieser Aufklärer hofften, Joseph II. sei ihr Verbündeter. Als sie sahen, wie er mit harter Hand durchgriff und die Provinzen nicht recht beteiligte, wurden sie enttäuscht. Das erklärt, warum sogar manche Liberalen bei der Brabanter Revolution gegen Josephs Regiment protestierten. Sie fanden, er handle diktatorisch und verletze lokale Rechte.

Leopold II. und Franz II.: Ein kurzes Intermezzo

Leopold II. (regierte 1790–1792) versuchte, die Wogen zu glätten. Er war ein pragmatischer Herrscher und zog viele radikale Reformen Josephs II. zurück. Auch mit den Ständen in Brüssel fand er Übereinkünfte. Doch er starb schon 1792 und hinterließ den Thron an Franz II.

Die Lage war brenzlig, denn die Französische Revolution hatte sich radikalisiert. Frankreich erklärte dem Kaiser den Krieg, um die Monarchien zu schlagen, die die Revolution bedrohten. Franz II. konnte die österreichischen Niederlande kaum verteidigen, da Frankreichs Revolutionstruppen gut organisiert und motiviert waren. So wurde das Schicksal der Region rasch besiegelt.

Mit dem **Vordringen der Franzosen 1794** endete die österreichische Epoche. Wien musste hinnehmen, dass die südlichen Niederlande ab 1795 unter französische Verwaltung fielen. Erst viele Jahre später, nach den Napoleonischen Kriegen, sollte ein neues Kapitel aufgeschlagen werden: Dann formierte sich das Königreich der Vereinigten Niederlande und schließlich die belgische Unabhängigkeitsbewegung. Doch das liegt jenseits unserer aktuellen Darstellung.

KAPITEL 15: AUFKLÄRUNG UND NEUE IDEEN

Einleitung

Während der Epoche der österreichischen Niederlande und auch schon zuvor, in den letzten Jahrzehnten der spanischen Herrschaft, entwickelte sich in Europa eine neue geistige Strömung: die Aufklärung. Dabei rückten Vernunft, Toleranz und das selbstständige Denken in den Vordergrund. Obwohl in den südlichen Niederlanden – dem Gebiet des heutigen Belgiens – die katholische Kirche sehr mächtig war, fanden auch hier die Gedanken der Aufklärung allmählich Anhänger.

In diesem Kapitel schauen wir, was die Aufklärung für die Menschen bedeutete, welche Gelehrten und Philosophen hier wirkten und wie sie trotz Zensur und Argwohn ihre Ideen verbreiteten. Wir lernen Universitäten, Akademien und Freimaurerlogen kennen, die ein neues Denken förderten. Wir sehen aber auch, warum viele Leute skeptisch blieben und wie die Politik der Zeit, insbesondere unter Maria Theresia und Joseph II., die Aufklärung unterstützte oder beschränkte.

Die Wurzeln der Aufklärung

Die Aufklärung wird oft mit Denkern wie Voltaire, Montesquieu oder Rousseau in Frankreich und mit John Locke in England verbunden. Ihre Ideen gelangten über Bücher, Briefe und Reisende auch in die südlichen Niederlande. Schon im 17. Jahrhundert gab es Vorläufer, beispielsweise einige Gelehrte, die sich mit Mathematik, Astronomie oder Naturphilosophie beschäftigten. Sie lasen Schriften von Galileo Galilei, René Descartes oder Isaac Newton.

All diese Vorläufer trugen dazu bei, dass man mehr auf menschliche Vernunft, Experimente und Beobachtungen setzte, statt alles nur durch die

Autorität der Kirche oder alter Autoritäten zu erklären. Für den streng katholischen Süden war dies ein Spannungsfeld: Einerseits mochten viele Gebildete neue Erkenntnisse begrüßen, andererseits mussten sie aufpassen, nicht als ketzerisch zu gelten.

Universitäten und höhere Bildung

Im Gebiet der südlichen Niederlande gab es einige bedeutende Bildungszentren. Die bekannteste war die **Universität Löwen (Leuven)**, die auf eine lange Tradition zurückblickte. Ursprünglich war sie sehr kirchlich geprägt und orientierte sich an der Scholastik, also an dem alten System, in dem Glaube und Philosophie eng verwoben waren. Doch im 18. Jahrhundert spürte man auch hier den Einfluss der Aufklärung.

Manche Professoren wagten es, moderne Naturwissenschaften zu unterrichten, anatomische Studien zu fördern und sich für Logik oder Rechtsphilosophie auf Grundlage neuer Bücher zu interessieren. Allerdings herrschten weiterhin kirchliche Kontrolle und Zensur. Wer zu weit ging, riskierte Ärger mit der universitären Obrigkeit oder gar mit der Inquisition. Trotzdem fand ein schrittweiser Wandel statt.

Auch in anderen Städten gab es akademische Einrichtungen, zum Beispiel in Douai oder in Luxemburg (teils nur als kleine Hochschulen oder Gymnasien), aber Löwen blieb das größte Zentrum. Universitätsabgänger fanden häufig Tätigkeiten als Verwaltungsbeamte, Anwälte, Priester oder Lehrer. So wirkten sie als Multiplikatoren der neuen Gedanken.

Die Rolle der Zensur

Kirche und Staat hatten ein gemeinsames Interesse, nur solche Schriften im Land zu erlauben, die ihre Autorität nicht untergruben. Daher gab es seit langem eine **Index-Liste** verbotener Bücher. Besonders misstrauisch war man gegen reformatorische und „ketzerische" Schriften, aber im Zeitalter der Aufklärung kamen weitere hinzu, zum Beispiel Werke, die die absolute Monarchie in Frage stellten oder gegen den Papst wetterten.

Die Zensur wurde auf unterschiedlichen Wegen durchgesetzt. Manche Verlage und Buchhändler brauchten eine Genehmigung, um ein Buch drucken oder importieren zu dürfen. Grenzbeamte sollten die Einfuhr verbotener Werke verhindern. Wer dennoch solche Bücher besaß, riskierte Beschlagnahmung und Strafen.

Allerdings war die Grenze zu den nördlichen Niederlanden nicht komplett geschlossen. Von dort aus schmuggelte man Druckerzeugnisse ins Land. Auch reiche Bürger oder Adlige bestellten heimlich Werke aus Paris oder Amsterdam. So kursierten doch die Schriften von Voltaire, Rousseau, Diderot oder Encyclopédie-Autoren unter Gebildeten, selbst wenn sie offiziell verboten waren.

Freimaurerlogen und Geheimbünde

Ein wichtiger Träger aufklärerischer Ideen waren die **Freimaurerlogen**. Diese Logen trafen sich im Verborgenen und hatten eigene Rituale. Sie vertraten Grundsätze wie Brüderlichkeit, Toleranz und Vernunft. Die katholische Kirche sah sie skeptisch, weil sie befürchtete, die Freimaurer könnten die Religion unterminieren und eine Art Geheimbund bilden.

Nicht alle Freimaurer waren radikale Aufklärer; viele bewahrten ihre religiöse Frömmigkeit. Doch in ihren Treffen wurden Diskussionen über Staat, Gesellschaft und Philosophie geführt. Man las fremde Texte und tauschte Gedanken über Gerechtigkeit und Fortschritt aus. Einige Adlige und wohlhabende Bürger traten den Logen bei, um einander zu unterstützen und gemeinsam modernere Lebensansichten zu pflegen.

Unter Maria Theresia wurden die Logen streng überwacht, doch einige existierten weiterhin. Joseph II. war etwas toleranter gegenüber Freimaurern, solange sie nicht politisch gefährlich wurden. So konnten sich durch diese Vereinigungen Ideen der Aufklärung verbreiten, ohne gleich staatliche Repression zu fürchten.

Wissenschaftliche Gesellschaften und Akademien

Neben den Freimaurerlogen gründeten sich im 18. Jahrhundert wissenschaftliche Gesellschaften, die sich der Naturforschung, Medizin,

Astronomie oder Mathematik widmeten. In Brüssel, Antwerpen und anderen Städten trafen sich Gelehrte in lockeren Zirkeln oder in formellen Akademien, um Ergebnisse zu diskutieren und Vorträge zu halten.

Diese Gruppierungen nahmen Anregungen aus dem Ausland auf. Viele schrieben sich gegenseitig Briefe in Latein oder Französisch, um Sprachbarrieren zu überwinden. Sie setzten sich mit Erkenntnissen über Elektrizität, Anatomie oder Pflanzenkunde auseinander. Das war eine Art „Republik der Gelehrten", die sich nicht strikt an Landesgrenzen hielt.

Für den einfachen Bürger blieben solche Gesellschaften eher unsichtbar, aber ein wachsendes Bildungsbürgertum interessierte sich dafür. Der aufklärerische Geist, natürliche Phänomene zu erklären, anstatt sie nur als göttliches Mysterium hinzunehmen, stieß bei manchen Geistlichen weiterhin auf Abwehr, doch es gab auch fortschrittliche Priester, die sich der Naturforschung öffneten.

Aufklärerische Geistliche und gemäßigte Katholiken

Da die südlichen Niederlande katholisch geprägt waren, hätte die Aufklärung hier nur schwer Fuß fassen können, wenn sich nicht auch einige Kleriker offen gezeigt hätten. Tatsächlich gab es **aufklärerische Geistliche**, die versuchten, Glaube und Vernunft zu vereinbaren. Sie wollten eine Kirche, die für Bildung und Humanität eintritt, statt an alten Dogmen zu kleben.

Solche Priester oder Ordensleute setzten sich zum Beispiel für Armenschulen, Krankenhäuser oder Waisenhäuser ein, die nach rationalen Methoden organisiert waren. Sie hielten Predigten, die Tugenden wie Fleiß, Aufrichtigkeit und menschliche Nächstenliebe betonten. In Klöstern wurde manchmal landwirtschaftliches oder naturkundliches Wissen weitergegeben.

Man sprach gelegentlich von **„Josephinismus"** im kirchlichen Bereich, in Anlehnung an Joseph II., der die Kirche zum Staatsinstrument umformen wollte. Manche Geistliche fanden daran Gefallen, weil sie hofften, so verkrustete Strukturen zu brechen. Doch die Mehrheit blieb skeptisch, weil man befürchtete, die Aufklärung könnte die Autorität des Papstes schmälern.

Diskussionen über Toleranz und Glaubensfreiheit

Ein zentrales Thema der Aufklärung war die Frage nach **Religionsfreiheit**. In den südlichen Niederlanden gab es jedoch nur den katholischen Glauben als offiziell zugelassen. Protestanten oder Juden mussten sich verstecken oder wegziehen. Trotzdem tauchten Werke auf, die Toleranz forderten – etwa der französische Philosoph Voltaire schrieb gegen Fanatismus, oder Lessing aus dem deutschen Raum plädierte für religiöse Duldung.

Etliche lokale Intellektuelle stimmten dem gedanklich zu, aber es war schwierig, das offen zu vertreten. Wer zu laut nach Toleranz rief, konnte schnell Ärger mit den kirchlichen Stellen bekommen. Joseph II. gewährte in anderen Landesteilen seiner Monarchie gewisse Toleranzedikte für Protestanten und Juden, im Süden waren diese Ideen kaum populär, da der Katholizismus tief verwurzelt blieb.

Dennoch gab es leise Stimmen, die meinten, ein wenig mehr Freiheit für Andersgläubige könnte wirtschaftlich vorteilhaft sein – man dachte zum Beispiel an fähige protestantische Handwerker oder Kaufleute, die sich gern niederlassen würden. Die meisten Ständevertreter blockierten aber solche Pläne.

Philosophen im Südteil der Niederlande

Manchmal hört man, dass in den südlichen Niederlanden keine großen Philosophen hervorgetreten wären, doch das stimmt so nicht ganz. Zwar fehlte eine berühmte Gestalt wie Rousseau, aber es gab eine Reihe einheimischer Gelehrter, die Abhandlungen über Moral, Naturrecht oder Staatslehre verfassten. Leider sind viele dieser Werke heute wenig bekannt, weil sie nur im regionalen Kontext erschienen oder zensiert wurden.

Beispielsweise gab es **Jean-Noël Paquot (1722–1803)**, einen Gelehrten in Lüttich, der sich mit Literaturgeschichte und Bibliografien befasste und europäische Verbindungen pflegte. Auch **Joseph-Jean de Smet** in Brüssel, ein Anwalt und Aufklärer, schrieb über Rechtsreformen. Solche Personen brachten frische Impulse, blieben aber vorsichtig, um nicht die Obrigkeit zu reizen.

In den kirchlichen Schulen und Universitäten gab es Professoren, die von Christian Wolff oder Leibniz gelesen hatten und sanfte Reformen befürworteten, ohne die Dogmen infrage zu stellen. Man kann also sagen, der Süden war nicht ohne intellektuelles Leben, aber vieles blieb im Verborgenen oder wirkte nur auf kleine Kreise.

Bedeutung der französischen Sprache

Ein Großteil der aufklärerischen Schriften lag in Französisch vor. In den südlichen Niederlanden sprach man jedoch unterschiedliche Dialekte und Sprachen: In Flandern niederländische Dialekte, in Wallonien romanische. Dazu kam das Deutsche in Luxemburg oder in den östlichen Gebieten.

Die Oberschicht, vor allem der Adel und das reiche Bürgertum, sprach aber oft Französisch als Bildungssprache. Viele amtliche Dokumente wurden auch in Latein verfasst. Diese Zweisprachigkeit oder Mehrsprachigkeit förderte zwar internationale Verbindungen, konnte aber auch die Aufklärung begrenzen, weil nur ein kleiner Teil der Bevölkerung fließend Französisch las. Für die breite Masse waren die neuen Gedanken zu abstrakt und fremd.

Manche aufklärerische Werke wurden ins Niederländische oder ins Deutsche übertragen, doch der Verbreitungskreis blieb gering. Das heißt, die intellektuelle Elite konnte das gedankliche Europa kennenlernen, während das einfache Volk meist beim überlieferten Glauben und Brauchtum blieb.

Das höfische Leben in Brüssel

Während der österreichischen Zeit war Brüssel die Hauptstadt. Hier residierten Statthalter und hoher Adel. Das Leben am Hof war geprägt von Festen, Empfängen und Kulturevents. Allerdings konnte Brüssel nicht mit den großen Höfen Europas wie Versailles oder Wien konkurrieren. Es war kleiner und hatte weniger Mittel.

Trotzdem hielt sich ein gewisser Glanz. Man pflegte höfische Tänze, Musik und Theater. Gäste aus dem Ausland brachten Neuigkeiten mit, so kamen die Ideen der Aufklärung auch in die Salons der Aristokratie. Adlige Damen konnten literarische Zirkel veranstalten, in denen man Gedichte las und Gespräche über Politik und Philosophie führte, sofern es nicht allzu kritisch war.

Dabei spielten die Frauen eine gewisse Rolle als Vermittlerinnen: Sie luden Gelehrte und Beamte ein, sorgten für anregende Diskussionen. In mancher Hinsicht ähnelte das dem Pariser Salonleben, wenngleich in kleinerem Maßstab. Die Kirche blickte mit Argwohn auf solche Begegnungen, vor allem wenn man dabei zu freimütig über Glauben oder Sitte sprach.

Naturwissenschaften und Medizin

Die Aufklärung förderte auch das Interesse an Naturwissenschaften und Medizin. In Löwen und anderen Städten entstanden anatomische Theater, in denen man menschliche Körper sezierte, um ihre Funktionsweise zu verstehen. Das war nicht unumstritten, da Kirche und Volk Leichenöffnungen oft als pietätlos empfanden.

Trotzdem machte man Fortschritte in Chirurgie und Medizin. Impfungen gegen Pocken kamen auf, zunächst unter Skepsis. Eine neue Generation von Ärzten und Apothekern arbeitete mit experimentellen Methoden. Sie beobachteten Krankheitsverläufe genauer und sammelten statistische Daten.

Astronomie und Physik hatten zwar keinen so hohen Stellenwert wie in manchen protestantischen Ländern, doch es gab Gelehrte, die Teleskope bauten oder mit elektrischen Entladungen experimentierten. Sie verfassten Berichte, die meist in Latein oder Französisch kursierten.

Aufklärerische Pädagogik

Ein Hauptanliegen der Aufklärung war die Verbesserung der Erziehung. Der Philosoph Jean-Jacques Rousseau hatte in seinem Werk „Émile" (1762) geschrieben, Kinder sollten natürlich aufwachsen und Freude am Lernen haben, statt nur starren Unterricht zu erdulden.

In den südlichen Niederlanden setzten einige Lehrer solche Ideen um, zum Beispiel in privaten Schulen oder in Ansätzen in Pfarrschulen. Es gab Versuche, Schulbücher verständlicher zu gestalten, auf Schläge zu verzichten und Kinder zu eigenem Denken zu ermutigen.

Die breite Masse konnte jedoch nur einfache Grundkenntnisse erwarten. Lesen, Schreiben und Religion standen im Vordergrund. In den ländlichen Regionen blieb der Unterricht in kleinen, meist kirchlich geführten Schulen. Wer tiefergehende Bildung wollte, musste auf ein Gymnasium in der Stadt oder in ein Ordenskolleg gehen. Dort lehrten zwar einige fortschrittliche Lehrer, aber das System war weit entfernt von einer allgemeinen Schulpflicht oder einem staatlichen Bildungskonzept.

Widersprüche zwischen Aufklärung und Feudalismus

Die Aufklärung forderte nicht nur mehr Wissen, sondern stellte auch soziale Fragen: Ist es gerecht, dass Adlige und Klerus so viele Privilegien haben? Warum sind Bauern und Bürger in Abhängigkeit? Diese Fragen konnten zu Konflikten führen.

Im südlichen Niederlanden war die **feudale Grundherrschaft** noch lebendig. Viele Bauern mussten Abgaben zahlen und Frondienste leisten. Auch die Kirche besaß große Ländereien. Wer hier aufklärerische Ideen eines John Locke oder Montesquieu las, konnte auf den Gedanken kommen, dass Rechte und Pflichten fairer verteilt werden sollten.

Doch die Stände, also die vertretenen Schichten (Klerus, Adel, reiche Bürger), verteidigten ihre Vorrechte. Eine wirkliche „Revolution von unten" war bis auf die kurzen Ereignisse der Brabanter Revolution nicht sichtbar. Der Großteil der ländlichen Bevölkerung kannte die hochgeistigen Debatten gar nicht.

Akademische Druckereien und Buchhandel

Brüssel, Antwerpen und Löwen entwickelten einige wichtige Druckereien, die Texte der Aufklärung produzieren konnten, aber meist hielten sie sich an Vorgaben der Zensur. Manche Drucker wichen nach Amsterdam oder in die nördlichen Niederlande aus, wenn sie kritische Werke fertigen wollten.

In Antwerpen gab es eine lange Tradition des Buch- und Kupferstichhandels. Hier reichten die Wurzeln bis ins 16. Jahrhundert zurück. Nun versuchte man, auch aufklärerische Werke in ansprechenden Ausgaben zu drucken. Typografisch war dies eine Blütezeit, es entstanden schöne Schriften, verbesserte Drucktechniken und kunstvolle Buchumschläge.

Der Buchhandel blieb jedoch elitär. Wenige Menschen konnten sich teure Bücher leisten. Leihbibliotheken waren eine seltene Erscheinung. Manchmal gründeten bürgerliche Lesegesellschaften, wo man sich Bücher teilte. Das war wichtig für den Austausch der Ideen. So war es möglich, dass die Gedankenwelt der Aufklärung allmählich auch in Mittelschichten vordrang.

Kultureller Aufschwung in Musik und Theater

Neben den naturwissenschaftlichen und philosophischen Themen gab es auch eine kulturelle Aufhellung: In Brüssel entstanden Theater, in denen

Stücke in französischer Sprache aufgeführt wurden, gelegentlich auch in lokalen Dialekten. Die Oper fand Anhänger in Adelskreisen. Manche Komponisten, beeinflusst von italienischer und deutscher Musik, schrieben leichte, eingängige Werke für die Hofgesellschaft.

Zur gleichen Zeit lebten in den Städten bürgerliche Musikliebhaber, die sich in Hauskonzerten trafen und Musik im kleineren Rahmen spielten. Das Cembalo oder Klavier wurde Mode. Hier zeigte sich eine aufklärerische Tendenz: Musik galt als Kulturgut, das Freude bereiten und den Verstand anregen konnte, ohne an die Kirche gebunden zu sein.

Allerdings war das Repertoire oft unpolitisch. Man wollte niemanden reizen. Opern und Singspiele erzählten Liebes- oder Heldengeschichten, Märchenstoffe oder antike Mythen, statt Missstände anzuprangern. Erst in den Revolutionswirren kamen vereinzelt Lieder und Theaterstücke mit kritischen Inhalten auf.

Einfluss der ausländischen Denker

Viele Adlige und höhere Beamte reisten durch Europa oder hatten Kontakte in Paris, London oder Berlin. Dort lernten sie berühmte Aufklärer kennen oder lasen deren Werke. So kamen Ideen wie Gewaltenteilung (Montesquieu), Religionskritik (Voltaire) oder Gesellschaftsvertrag (Rousseau) in gehobene Salons.

Einige junge Adlige versuchten, diese Ideen zuhause zu diskutieren, stießen aber auf den Widerstand der Kirche oder konservativer Familienmitglieder. Manche freuten sich über Josephs Reformen und meinten, sie gingen nicht weit genug, andere sahen darin eine Zerstörung der alten Ordnung. So spaltete die Aufklärung die Oberschicht in Befürworter eines vorsichtigen Fortschritts und in Verteidiger der Tradition.

Maria Theresia und Joseph II. als Förderer der Bildung

Maria Theresia versuchte, Schulen zu verbessern und die Lehrerbildung zu heben. Zwar blieb in den südlichen Niederlanden vieles bei alten Methoden, doch Ansätze einer **Schulreform** blieben nicht aus. Joseph II. ging noch weiter, forderte Prüfungen für Lehrer und wollte einheitliche Lehrpläne.

Die Widerstände kamen aus zwei Richtungen:

Kirchlich-konservative Kreise, die fürchteten, staatliche Schulen könnten die Seelen der Kinder gefährden.

Städtische Stände, die ihre eigenen lokalen Schultraditionen bewahren wollten.

So war der Effekt der Reformen moderat. Ein vollumfängliches öffentliches Schulwesen entstand nicht, doch es gab mehr Druckerschriften mit Anleitungen für „moderne" Pädagogik. Auch das Volk merkte, dass die Obrigkeit die Bedeutung von Wissen anerkannte.

Erste Hinweise auf eine nationale Identität?

Während der Aufklärung entwickelten sich in manchen Ländern erste nationale Gefühle. In den südlichen Niederlanden blieb das kompliziert. Man war politisch Teil der habsburgischen Monarchie, sprach verschiedene Sprachen und war konfessionell einheitlich katholisch.

Dennoch gab es allmählich ein Bewusstsein, dass man als „Belgier" oder „Flamen" beziehungsweise „Wallonen" eine eigene Kultur habe. Gelehrte fingen an, sich für die Geschichte der Region zu interessieren, erforschten alte Chroniken und bauten Sammlungen einheimischer Literatur auf.

Solche Ansätze förderten später – im 19. Jahrhundert – eine belgische Nationalbewegung. Damals, im 18. Jahrhundert, war das aber nur ein leises Klingen: Man betonte, man sei kein Spanier und kein Österreicher, man habe seine eigenen Freiheiten und Traditionen. Dies zeigte sich bei der Brabanter Revolution. Doch eine umfassende Nationalidentität gab es noch nicht.

Liberale und konservative Aufklärer

Man sollte nicht glauben, dass alle Aufklärer radikal liberal waren. Viele waren „aufgeklärte Konservative", also Menschen, die Sitte und Religion beibehalten wollten, aber Bildung, Wirtschaft und Verwaltungsabläufe verbessern. Sie hofften, dass ein starker Monarch den Klerus und Adel reformieren, aber nicht abschaffen würde.

Der Riss ging durch die Gesellschaft: *Liberale* Aufklärer, oft jüngere Adlige oder städtische Juristen, schauten nach Paris oder Genf und wünschten sich mehr Bürgerrechte. *Konservative* Aufklärer wollten die Stellung der Kirche sichern und die Machtstruktur erhalten, allerdings modernisiert.

Für das einfache Volk war das verwirrend. Viele verstanden die Debatten nicht und sahen nur, dass mancher Pfarrer von staatlicher Seite eingeschüchtert wurde. Als Joseph II. die Kirche beschneiden wollte, stellte sich die Landbevölkerung eher auf die Seite der Priester. So konnte es passieren, dass in einer Revolution (wie 1789) Teile der Bürger elite für Reformen kämpften, während das Volk lieber alte Bräuche verteidigte.

Wege in die Zukunft

Am Ende des 18. Jahrhunderts stand die Gesellschaft in den südlichen Niederlanden also an einem Scheideweg. Die Aufklärung hatte die Denkmuster verändert. Einige forderten: „Man muss Vorurteile, Aberglauben und Willkürherrschaft abschaffen." Andere hielten dagegen: „Unsere alte Tradition ist wertvoll, wir wollen keine französischen Experimente."

Die Politik Josephs II. zeigte, dass radikale Reformen von oben schnell scheitern, wenn das Volk nicht mitgenommen wird oder wenn konservative Kräfte zu stark sind. Insofern kann man im Rückblick sagen, die Aufklärung in dieser Region verlief teils versteckt und unsystematisch. Sie bereitete aber den Boden für spätere Entwicklungen, etwa das Aufkommen liberaler Strömungen im 19. Jahrhundert.

Stellung der Frau in der aufklärerischen Debatte

In vielen Ländern Europas begann die Aufklärung, auch die Rolle der Frau zu reflektieren. Philosophinnen wie Olympe de Gouges oder Mary Wollstonecraft (im Ausland) forderten mehr Rechte. In den südlichen Niederlanden blieb das Thema relativ klein. Frauen hatten meist keine politische Stimme.

Dennoch beteiligten sich einige gebildete Frauen an literarischen Zirkeln oder Salons, meist aus Adelsfamilien. Sie lasen philosophische Werke, korrespondierten mit Gelehrten. Einen offenen Kampf um Frauenrechte gab es nicht. Das blieb im 18. Jahrhundert noch ungewohnt.

Die Rolle der Frau verbesserte sich geringfügig in der Bildung, wenn sie aus reichem Hause kam. Ordensschwestern setzten sich für Mädchenschulen ein, sodass zumindest im städtischen Bereich mehr Mädchen Lesen und Schreiben lernten. Eine bürgerliche Frau konnte sich dadurch manchmal an geistigen Diskussionen beteiligen.

Wachsende Kritik an Missständen

Mit der Zeit richtete die Aufklärung die Aufmerksamkeit auf soziale Missstände. Manche Gelehrte oder Priester merkten an, dass es ungerecht sei, wenn Leibeigene hart schuften und hohe Abgaben zahlen, während der Adel im Überfluss lebt. Auch die Machtausübung der Kirche wurde punktuell hinterfragt: Müssten Klöster so viel Land besitzen und Reichtümer horten?

Diese Kritik blieb meist moderat. Doch ein Kern von Intellektuellen wünschte sich Reformen, etwa eine gerechtere Steuer. Als Joseph II. versuchte, Steuern gleichmäßiger zu verteilen und bestimmte Privilegien des Klerus zu beschneiden, entstand zunächst Zustimmung unter den liberalen Bürgern. Doch als Joseph andererseits in die kirchlichen Bräuche eingriff, wandte sich das Volk dagegen.

So blieb die Kritik an den Missständen unvollständig. Man klagte zwar über Ungleichheit, wollte aber die Grundsäulen (Monarchie, Kirche, Stände) nicht vollständig sprengen. Erst die Französische Revolution rückte dann die radikale Frage nach Menschenrechten ins Zentrum.

Ausblick auf die französische Besatzung

Am Ende der österreichischen Epoche standen die südlichen Niederlande inmitten einer aufgewühlten Welt. Die Ideen der Aufklärung hatten einige Köpfe verändert, doch es fehlte eine breite Umsetzung. Die meisten Bewohner blieben in Traditionen verhaftet.

Gleichzeitig näherte sich die Französische Revolution mit Riesenschritten. Bald würde sie die Region erfassen und umkrempeln: Neue Verfassungsvorstellungen, das Ende der Feudalordnung, eine streng antiklerikale Politik und der Anschluss an Frankreich standen bevor. Das bedeutete ein viel tieferer Einschnitt, als Joseph II. es sich jemals getraut hätte.

Im nächsten Kapitel („Die französische Besatzung: Umbruch und Veränderungen") werden wir sehen, wie die französischen Revolutionstruppen das Land besetzten, was das für Kirche und Adel bedeutete und wie die Bevölkerung auf die Abschaffung alter Strukturen reagierte. Damit treten wir in eine Epoche ein, in der das Zeitalter der Aufklärung in die Praxis umgesetzt wurde – oft mit Gewalt und radikalen Maßnahmen.

Zusammenfassung

Das 18. Jahrhundert in den südlichen Niederlanden war eine Zeit, in der Aufklärungsideen in kleinen Kreisen Einzug hielten. Universitäten, wissenschaftliche Gesellschaften und Freimaurerlogen diskutierten neue Erkenntnisse und philosophische Entwürfe. Die Kirche und der Adel blieben jedoch mächtig. Genauso sorgten Zensur und politische Kontrolle dafür, dass radikale Veränderungen ausblieben.

Maria Theresia und Joseph II. unterstützten manche aufklärerische Reformen, doch als Joseph versuchte, die Gesellschaft tiefgehend umzustrukturieren, wehrte sich ein Großteil der Bevölkerung (Brabanter Revolution). Dennoch hatte die Aufklärung bereits wichtige Denkanstöße geliefert, die bald durch die Französische Revolution weitergetragen wurden. Insofern war dieses Jahrhundert eine Übergangsphase: das alte katholische, feudale System bekam Risse, neue Ideale von Vernunft und Gerechtigkeit keimten auf, ohne sich schon vollständig durchzusetzen.

KAPITEL 16: DIE FRANZÖSISCHE BESATZUNG

Einleitung

Die Französische Revolution wirkte sich nicht nur auf Frankreich selbst aus, sondern erschütterte ganz Europa. Für die südlichen Niederlande, die kurz zuvor noch unter österreichischer Herrschaft standen, begann eine Epoche tiefgreifender Veränderungen. Schon in den 1790er Jahren marschierten französische Truppen ins Land ein und gliederten die Region schließlich in die Französische Republik ein.

In diesem Kapitel beschreiben wir, wie es zu dieser Besatzung kam, wie die französische Verwaltung eingeführt wurde und welche Folgen das für Adel, Klerus und Bevölkerung hatte. Wir betrachten, wie radikale Reformen alte Strukturen zerstörten: Die Kirche verlor ihre Macht, Feudalrechte wurden abgeschafft, neue Gesetze und Verfassungen hielten Einzug. Das brachte einerseits Fortschritt und Freiheiten, andererseits gab es auch viel Widerstand und Leid. Wir erleben also, wie das Ende des 18. Jahrhunderts ein großer Wendepunkt für das heutige Belgien wurde.

Hintergrund: Frankreich im Umbruch

Nach dem Ausbruch der Französischen Revolution 1789 änderte sich in Paris das Machtgefüge schnell. Die Nationalversammlung schaffte Privilegien des Adels und des Klerus ab, führte die „Erklärung der Menschen- und Bürgerrechte" ein und entmachtete den König. 1792 wurde Frankreich zur Republik.

Die Nachbarländer, darunter Österreich, Preußen und andere Monarchien, sahen diese Entwicklung als Bedrohung. Sie fürchteten, die Revolution könnte auf ihr Gebiet überschwappen. Deshalb schlossen sie Bündnisse, um Frankreich zu schwächen. Daraus entstand der **Erste Koalitionskrieg**.

Frankreich war aber keineswegs schwach. Rasch formte es eine Volksarmee, die mit revolutionärem Eifer kämpfte. Die französischen Generäle griffen offensiv an, um die Revolution zu verteidigen und zu exportieren. Und so kam es, dass sich die südlichen Niederlande bald auf dem Kriegsschauplatz wiederfanden, da sie zu Österreich gehörten und nahe der französischen Grenze lagen.

Erste französische Einfälle

Bereits 1792 überschritten französische Truppen die Grenze. Zunächst war ihr Erfolg wechselhaft, doch sie gewannen an Kraft. Im November 1792 zog General Dumouriez mit seiner Armee nach Mons und Brüssel. Viele Einwohner waren überrascht, teils waren sie anfangs sogar froh, weil sie Hoffnung auf Befreiung von österreichischer Herrschaft hatten.

Die Franzosen verkündeten, sie brächten „Freiheit und Brüderlichkeit". Sie versprachen, alte Feudalrechte abzuschaffen und dem Volk Mitbestimmung zu geben. Einige Liberale und ehemalige Aufständische der Brabanter Revolution empfingen sie freundlich. Andere, besonders Adlige und Kleriker, waren alarmiert, weil sie die radikale Kirche- und Adelsfeindlichkeit der Franzosen kannten.

Noch 1792 mussten sich die Franzosen jedoch zeitweilig zurückziehen, als österreichische Truppen Gegenangriffe starteten. Die Lage blieb ungewiss, bis 1794 die entscheidenden Kämpfe stattfanden, die das Schicksal der Region besiegelten.

Schlacht bei Fleurus und die endgültige Eroberung

Die **Schlacht bei Fleurus** am 26. Juni 1794 markiert den Wendepunkt: Die französische Revolutionsarmee besiegte die Koalitionstruppen. Danach geriet das gesamte Gebiet der österreichischen Niederlande unter französische Kontrolle. Die kaiserlichen Verbände zogen sich zurück, und die habsburgische Verwaltung kollabierte.

Innerhalb weniger Wochen marschierte Frankreich überall ein. Städte wie Brüssel, Gent, Antwerpen, Lüttich und Namur wurden von französischen Kommissaren übernommen. Adel und kirchliche Würdenträger flüchteten zum Teil oder versuchten, sich mit dem neuen Regime zu arrangieren.

1795 annektierte die Französische Republik offiziell das Gebiet und gliederte es in ihre neu geschaffenen Départements ein. Die Epoche der österreichischen Niederlande war beendet. Fortan regierte Paris, und man setzte die revolutionären Gesetze durch.

Abschaffung der Feudalrechte

Eines der ersten Ziele der französischen Revolutionäre war, die feudale Ordnung zu beenden. Das bedeutete:

Leibeigenschaft und Frondienste wurden aufgehoben.

Grundherrliche Abgaben, die bisher an Adel oder Klerus gingen, galten als ungültig.

Die alten Gerichtsbarkeiten der Herrenhöfe wurden aufgelöst, stattdessen sollten staatliche Gerichte eingerichtet werden.

Das klang für viele Bauern zunächst positiv, da sie plötzlich von jahrhundertealten Pflichten befreit wurden. Doch in der Praxis gab es oft Durcheinander, weil man nicht wusste, welche Verträge noch galten. Einige Grundherren verweigerten die Umsetzung, oder Dorfbewohner wurden unsicher, wohin sie nun Abgaben zahlen sollten.

Für den Adel bedeutete das einen schweren Schlag. Ihre bisherigen Einkünfte und Privilegien brachen weg. Manche Adlige flohen, andere warteten ab, ob die Franzosen vielleicht doch eine Gegenrevolution erleben würden.

Säkularisierung und Verfolgung der Kirche

Die französische Republik war stark antikirchlich eingestellt. Sie sah in der katholischen Kirche einen Stützpfeiler der alten Ordnung. So wurde in den annektierten Gebieten ebenfalls eine **Säkularisierung** betrieben:

Kirchengüter wurden beschlagnahmt und zum Teil versteigert.

Klöster und Ordenshäuser schloss man oder löste sie auf.

Bischöfe sollten dem französischen Staat einen Eid schwören, viele weigerten sich.

Besonders hart war das für die Bevölkerung, die sehr fromm war. Viele Gläubige litten darunter, dass ihre Pfarrer bedrängt oder verhaftet wurden. Sonntagsgottesdienste konnten gestört oder verboten werden, und man versuchte, die „revolutionären Feiertage" statt der kirchlichen Feste durchzusetzen.

Manche Priester praktizierten ihren Dienst im Geheimen (sogenannte **Untergrundkirche**). Das schürte eine tiefe Abneigung bei Teilen des Volkes gegen die französische Fremdherrschaft. Trotzdem gab es auch Bürger, die die Entmachtung des Klerus begrüßten, weil sie sich von alten Bindungen befreiten.

Neue Verwaltung: Départements und Gemeinderäte

Die Franzosen organisierten das Land nach ihrem System. Sie teilten es in **Départements** auf, benannt nach Flüssen oder geografischen Merkmalen. So entstanden z. B. das Département de la Dyle (rund um Brüssel) oder das Département de l'Escaut (um Gent). Jedes Département erhielt einen Präfekten, der Paris unterstand.

Auf Gemeindeebene richtete man **Gemeinderäte** (municipalités) ein, die aus gewählten Männern bestanden. Wahlberechtigt waren aber nur Bürger mit einem gewissen Steueraufkommen (Zensuswahlrecht). Das Volk hatte also keinen allgemeinen Zugang zur Demokratie. Dennoch war es ein Bruch mit dem alten System, wo städtische Magistrate oft vom Adel oder Klerus dominiert wurden.

Auch die Gerichtsbarkeit wurde reformiert: Einheitliche französische Gerichtsverfahren lösten die vielen regionalen Rechtsordnungen ab. Das „Code civil" (Napoleonisches Gesetzbuch, später eingeführt) sollte gleiches Recht für alle bringen – zumindest in der Theorie. Anfänglich war es erst das revolutionäre Gesetzeswerk, noch vor dem Code civil, aber die Richtung war klar: Einheitliche Gesetze anstelle der alten provinziellen Vielfalt.

Steuern und Wirtschaft

Die Franzosen brauchten Geld, um ihre Armeen zu finanzieren. Sie führten eine straffe Steuerpolitik ein: Direktsteuern, indirekte Abgaben (z. B. auf Salz oder Getränke) und requirierte Güter. Viele Bürger spürten diese Last deutlich. Wer sich nicht anpassen wollte, riskierte harte Strafen.

Man versuchte auch, Handel und Gewerbe zu stimulieren, indem die Feudalbarrieren wegfielen. Bauern konnten ihr Land freier nutzen. Manche Betriebe profitierten davon, dass sie nun Handel mit ganz Frankreich treiben konnten. Andere litten unter den Wirren der Kriegszeiten und der unsicheren Grenzverhältnisse.

Antwerpen gewann eine gewisse Perspektive, weil man hoffte, die Franzosen würden die Schelde öffnen und Amsterdam schwächen. Tatsächlich lockerte die Republik die Blockade der Schelde, was dem Hafen etwas Aufschwung verschaffte. Das aber reichte nicht, um rasch an alte Größen anzuknüpfen, zumal der Krieg weiter wütete und England als Seeherrscher die Meere kontrollierte.

Wehrpflicht und Rekrutierungen

Eines der umstrittensten Themen war die **allgemeine Wehrpflicht**, die im revolutionären Frankreich eingeführt wurde. Junge Männer sollten ins Militär eintreten, um die Republik zu verteidigen und ihre Ideen zu verbreiten. In den besetzten Gebieten galt diese Pflicht nun ebenfalls.

Das löste erhebliche Unzufriedenheit aus. Viele Familien wollten ihre Söhne nicht in einen ausländischen Krieg schicken. In ländlichen Gebieten kam es zu Protesten und bisweilen zu Aufständen, wenn französische Beamte versuchten, junge Männer einzuziehen. Dieser Konflikt verschärfte sich in den folgenden Jahren, als Napoleon später noch mehr Truppen benötigte.

Die Wehrpflicht war jedoch ein wichtiger Baustein der französischen Militärmacht. Die Republik war dadurch in der Lage, große Armeen aufzustellen. Für die Bevölkerung des heutigen Belgien bedeutete das ständige Furcht vor Einberufung und dem Verlust der Arbeitskraft auf den Höfen.

Ideologische Propaganda der Franzosen

Die französischen Behörden versuchten, ihre revolutionären Werte – Freiheit, Gleichheit, Brüderlichkeit – zu verbreiten. Sie organisierten Feste, bei denen man die Errungenschaften der Revolution feierte. Bäume der Freiheit wurden gepflanzt, Revolutionslieder gesungen.

Allerdings war das Interesse bei der Bevölkerung oft gering. Man verstand die revolutionären Phrasen nicht oder lehnte sie ab, weil sie mit Vertreibung von Priestern und hohen Steuern verknüpft waren. Nur ein kleiner Kreis liberaler Bürger in den Städten sympathisierte ehrlich mit der französischen Republik.

Die Franzosen gründeten Zeitungen, die die neue Ordnung lobten und die alte Monarchie verspotteten. Doch da das Land mehrheitlich katholisch und konservativ war, blieb die Akzeptanz gering. Viele Menschen sahen die Franzosen eher als Besatzer denn als Befreier.

Kirchlicher Widerstand und Glaubenspraxis

Die radikale Politik gegen den Klerus führte zu einem ausgeprägten **kirchlichen Widerstand**. Zahlreiche Priester gingen in den Untergrund und hielten heimlich Messen ab. Gläubige halfen, Nonnen und Mönche zu verstecken, oder bewahrten heilige Gegenstände auf, die sonst konfisziert worden wären.

Man sprach von „Verfolgung der Kirche". Manche Gläubige empfanden diese Zeit als Glaubensprüfung. Ein Teil der Priester, die einen Eid auf die Republik leisteten (Konstitutionelle Priester), galten bei den Gläubigen oft als Verräter. Es kam zu Spaltungen in den Gemeinden.

Gleichzeitig entstanden Legenden von Priester-Märtyrern, die im Gefängnis starben. Die Bevölkerung kam mit dem radikalen Säkularismus schwer zurecht. Zumal die Franzosen teils Versuche starteten, einen „Kult der Vernunft" oder einen „Kult des höchsten Wesens" einzuführen. Für die Menschen im heutigen Belgien, die stark an katholische Riten hingen, war das unverständlich oder sogar empörend.

Spaltung in der Gesellschaft

Mit der französischen Besatzung verstärkte sich eine Spaltung in der Gesellschaft:

Eine Minderheit: liberale Bürger, Intellektuelle, Kaufleute, die die Abschaffung feudaler Strukturen und eine gewisse Toleranz begrüßten. Sie sahen in den Franzosen Modernisierer, auch wenn sie die radikale Kirchefeindlichkeit bedauerten.

Die Mehrheit: ländliche Bevölkerung, konservative Adlige, Klerus, die sich über die hohen Steuern, Einberufungen und die Säkularisierung ärgerten. Sie empfanden die Franzosen als Unterdrücker.

Das konnte in manchen Regionen zu Aufständen führen, wenn zum Beispiel Dorfbewohner sich gegen die Truppen wehrten. Die Franzosen schlugen solche Revolten jedoch konsequent nieder. So hielt die Fremdherrschaft sich durch militärische Präsenz und eine straffe Verwaltung.

Erste Reformen in Recht und Verwaltung

Trotz Widerstands führte die französische Regierung wichtige Reformen ein:

Einheitliches Recht: Zunächst galten revolutionäre Gesetze aus Paris. Später kam das **Code civil** (ab 1804; in den 1790er Jahren gab es Vorstufen dazu). Damit fielen alte Rechtsgepflogenheiten weg. Jeder freie Mann war vor dem Gesetz gleich – zumindest auf dem Papier.

Abschaffung der Zunftprivilegien: Handwerk und Gewerbe wurden liberalisiert. Man durfte eine Werkstatt eröffnen, ohne einer Zunft anzugehören. Das stieß bei manchen Handwerkern auf Ablehnung, weil sie den Schutz der Zunft verloren.

Maße und Gewichte: Die Republik führte das metrische System ein, also Meter und Kilogramm. Bisherige lokale Maßsysteme verschwanden, was für den Handel langfristig Vorteile brachte, aber zunächst Verwirrung stiftete.

All diese Veränderungen dienten dem Ideal einer rationalen, zentralistischen Ordnung. In der Praxis gab es Übergangsprobleme, doch auf lange Sicht hatte das große Auswirkungen: Auch nach dem Ende der französischen Zeit blieben viele Neuerungen bestehen, etwa das metrische System oder die liberalisierte Gewerbeordnung.

Kultur und Sprache unter französischer Herrschaft

Die offizielle Sprache der Verwaltung war nun **Französisch**. Das bedeutete, dass Beamte, die bisher Latein oder Niederländisch nutzten, sich anpassen mussten. Für die wallonisch geprägten Regionen war das kein großes Problem, da sie ohnehin romanische Dialekte sprachen. In Flandern hingegen empfand man den Zwang, Behördendokumente auf Französisch abzufassen, als Entfremdung.

Kulturell versuchte Paris, den revolutionären Geist zu verbreiten. Man gründete Zeitungen in französischer Sprache, eröffnete „Zentral"schulen nach neuem Lehrplan, die einen patriotisch-republikanischen Unterricht vermitteln sollten. Gleichzeitig wurden Theater gefördert, die Stücke zur Ehre der Revolution aufführten.

Für bürgerliche Intellektuelle, die eh Französisch beherrschten, war das teils attraktiv. Doch das ländliche Volk blieb skeptisch. Viele gingen kaum in solche Schulen oder Theater. Zudem war das Misstrauen gegen „die Fremden" groß.

Wirtschaftsreformen und Handel

Die Franzosen wollten die Region wirtschaftlich ins republikanische Frankreich integrieren. Zollschranken wurden abgebaut, so konnten die Händler freier im größeren Markt handeln. Manche Städte profitierten davon, weil sie nun ihre Produkte in ganz Frankreich verkaufen konnten.

Allerdings befand sich Frankreich ständig im Kriegszustand, was Handelswege unsicher machte. Großbritannien blockierte die Häfen, sodass der Seehandel erschwert war. Die Schmuggeltätigkeit wuchs an der Nordsee und über die Landesgrenzen, teils in Zusammenarbeit mit holländischen Kaufleuten.

Insgesamt war die Wirtschaftslage instabil. Zwar brachte die Französische Republik neue Impulse, etwa durch das Ende der feudalen Abgaben, aber die Kriegskosten und die Einberufungen drückten das Land. Wer in Rüstungsbetrieben arbeitete, konnte davon profitieren, während weite Teile der Landwirtschaft unter konfiszierten Vorräten litten.

Widerstände und Bauernaufstände

In ländlichen Gebieten Flanderns und in den Ardennen kam es zu **Bauernaufständen**, die mal größer, mal kleiner waren. Die Hauptgründe waren:

- Erzwungene Einberufungen in die französische Armee.

- Schließung von Kirchen und Bedrängung von Priestern.

- Beschlagnahme von Ernte und Vieh zur Versorgung der Truppen.

Solche Revolten endeten meist gewaltsam. Französische Soldaten rückten an, um die Dörfer zu befrieden. Die Aufständischen hatten kaum organisierte Strukturen, höchstens informelle Banden. Sie verloren schnell gegen das disziplinierte Militär.

Einige Rebellen zogen sich in Wälder oder Moore zurück und überfielen Nachschubwege der Franzosen. Das galt als Räuberei. Eine einheitliche Gegenbewegung, die mit dem Ziel einer neuen Unabhängigkeit auftrat, gab es nicht. Zu zersplittert waren die Gruppen, und viele Städte arrangierten sich lieber mit der Besatzungsmacht.

Die Lage des Adels

Den **Adligen** ging es schlecht in der französischen Zeit. Da die Feudalrechte aufgehoben waren, verloren sie ihre Einkünfte. Wer offen royalistisch war, also den König oder die Habsburger unterstützen wollte, riskierte Verhaftung oder Enteignung.

Manche Adlige gingen ins Exil, nach Wien oder in andere Länder, und warteten, ob die Franzosen irgendwann vertrieben würden. Andere blieben, um ihren Grundbesitz zu retten, und passten sich an. Sie versuchten, die Gunst der neuen Machthaber zu gewinnen, zahlten Steuern und gaben sich republikanisch, zumindest nach außen.

Für diejenigen, die flohen, brach oft eine Welt zusammen. Schlösser wurden von den Franzosen beschlagnahmt und als „Nationalgut" verkauft. Häufig erwarben reiche Bürger günstige Immobilien, die einst Adelsfamilien gehörten.

Aufhebung der Klöster und Enteignung

Die Franzosen verkauften nicht nur Adelssitze, sondern auch viele **Klostergebäude und Ländereien**. Als Kircheneigentum wurden diese als Teil der Säkularisierung eingezogen. Manche Klöster blieben bestehen, wenn sie soziale Aufgaben erfüllten, aber die meisten Orden wurden schlicht abgeschafft. Mönche und Nonnen mussten ausziehen, wenn sie nicht dem Staatseid folgten.

Dies hatte immense kulturelle Folgen. Klöster waren bis dahin wichtige Orte der Bildung, Kunst und Buchsammlung. Jetzt gingen viele Bibliotheken verloren oder wurden verscherbelt. Kirchliche Kunstwerke landeten auf Auktionen. Das dämpfte das kulturelle Leben, obwohl einzelne Bürger manches Kunstgut retteten.

Gleichzeitig kamen die Klosterländereien oft in die Hände bürgerlicher Käufer, was eine Umverteilung des Eigentums bewirkte. Manche Bauern pachteten oder kauften Ackerflächen, auf denen sie vorher nur Frondienste leisteten. So veränderte sich die Agrarstruktur.

Sprachen- und Alltagspolitik

Die Franzosen führten im öffentlichen Leben fast überall Französisch ein. Behörden und Gerichte arbeiteten in der Sprache der Republik. Wer nur Flämisch oder Wallonisch sprach, war auf Dolmetscher angewiesen. Für die flämischen Landbewohner war das besonders schwierig. So entstand eine Barriere zwischen Amt und Volk.

Auch die **revolutionären Kalenderreformen** wurden eingeführt: Der neue Republikanische Kalender mit Monaten wie Brumaire oder Germinal galt offiziell. Man wollte christliche Bezüge wie die Wochentagsheiligen abschaffen. Für die Bevölkerung war das verwirrend; viele hielten sich weiterhin an den gewohnten Kirchenkalender. Die Franzosen versuchten, die alten Feste zu verbieten, was oft ignoriert wurde.

Gleichzeitig veränderte sich die Mode. Französische Republikaner trugen andere Kleider, als man in den höfischen Kreisen gewohnt war. Auch im städtischen Bürgertum gab es Anhänger der „Sansculottes"-Bekleidung, die Symbolpolitik betreiben wollten. Doch die meisten hielten lieber an ihrer lokalen Tracht fest.

Soziale Folgen: Neue Eliten, Verarmung anderer

Durch die Aneignung kirchlicher und adeliger Güter bildete sich eine **neue bürgerliche Elite**, die Grundstücke, Häuser oder Betriebe günstig erwerben konnte. Kaufleute oder Unternehmer nutzten die Gelegenheit, um zu expandieren. Manche wurden reicher als zuvor.

Auf der anderen Seite verarmte ein Teil der alten Elite (Adel und Klerus) oder musste sich zurückziehen. Die Landbevölkerung litt unter Kriegslasten und Requirierungen. Handwerker beklagten den Wegfall alter Schutzsysteme, während sie gleichzeitig neue Chancen hatten, sich frei zu entfalten.

Insgesamt entstand ein Umbruch in der Gesellschaftsstruktur. Nicht mehr Adelsrang entschied über den Status, sondern Geld und die Beziehung zum Besatzungsregime. Manch einer machte Karriere in der französischen Verwaltung, was zuvor unmöglich gewesen wäre.

Widersprüche im Umgang mit revolutionärer Freiheit

Interessant ist, dass die revolutionäre französische Regierung von „Freiheit, Gleichheit, Brüderlichkeit" sprach, aber gleichzeitig als Besatzungsmacht agierte. Für die Bewohner der südlichen Niederlande gab es mehr Pflichten (Wehrdienst, Steuern) als echte Mitsprache. Zwar existierte formal die Möglichkeit, Vertreter zu wählen, aber die meisten Bürger konnten wegen des Zensuswahlrechts nicht teilnehmen.

Dennoch blieb ein Teil der städtischen Bourgeoisie pro-französisch, weil man hoffte, die Modernisierung setze sich durch. Man genoss, dass Feudalrechte und Zunftzwänge fielen. Bauern in entlegenen Dörfern hingegen hassten die Franzosen, weil sie den Priester fortjagten und ihre Söhne einzogen.

So blieben Widersprüche bestehen. Die französischen Ideale klangen edel, wurden aber von vielen als aufgesetzte Propaganda empfunden. Und während die Provinzen nun formal zu Frankreich gehörten, war der Friede keineswegs da: Der Krieg gegen England und die anderen Koalitionsmächte hielt an.

Erste Ansätze eines Zentralstaates

Trotz aller Kritik war die französische Administration ein Vorläufer der modernen Zentralverwaltung. Man kann argumentieren, dass erst in dieser Zeit der Grundstein gelegt wurde für ein einheitliches staatliches Handeln, unabhängig von feudalen Herrschaften. Die Idee, dass jeder Bürger nach denselben Gesetzen leben sollte, war für das Volk neu.

Die Départements und Kommunalverwaltungen blieben in mancher Form sogar nach dem Abzug der Franzosen bestehen – zumindest das Konzept einer Kommunalverwaltung. Auch die Gerichtsstruktur mit einheitlichem Recht sollte später Vorbild für spätere belgische Institutionen sein.

Somit schufen die Franzosen Grundlagen, auf denen nach 1815 (Wiener Kongress) und vor allem nach 1830 (belgische Unabhängigkeit) aufgebaut wurde. Ironischerweise trugen sie so, obwohl Besatzer, zur staatlichen Einheit bei, die eine Vorstufe zur belgischen Nation darstellte.

Die Rolle Napoleons

1799 ergriff General Napoleon Bonaparte in Frankreich die Macht und beendete die radikale Phase der Revolution. Er erklärte sich 1804 zum Kaiser. Die südlichen Niederlande blieben Teil seines Kaiserreichs. Napoleon vollendete die Integration: Er führte das **Napoleonische Gesetzbuch (Code civil)** ein, verlangte weiterhin Soldaten für seine Kriege und nutzte das Land als wirtschaftliche Ressource.

Das 18. Jahrhundert endete also mit der Erkenntnis, dass der revolutionäre Elan einer neuen Diktatur gewichen war. Napoleon regierte autoritär, auch wenn er modernisierende Elemente beibehielt. Die Region, die wir heute Belgien nennen, war so eng an Frankreich gebunden wie nie zuvor, bis Napoleons Fall 1814/15 alles erneut umwarf.

Insofern war die eigentliche „französische Besatzung" am Ende des 18. Jahrhunderts eine Vorstufe zur napoleonischen Zeit, die wir in einer späteren Episode behandeln könnten. Für unsere Darstellung bis zum ausgehenden 18. Jahrhundert reicht es zu sagen, dass die Veränderungen massiv waren und das Land in ein neues Zeitalter führten.

Fazit: Tiefer Umbruch und gemischte Bilanz

Die französische Besatzung (ab 1794) brachte den südlichen Niederlanden:

Das Ende der österreichischen Zeit und aller feudal-klerikalen Strukturen.

Einführung von **einheitlicher Verwaltung** (Départements), Aufhebung der Stände und alten Provinzialrechte.

Säkularisierung und harte Repression gegen die Kirche, was das religiöse Empfinden verletzte.

Neue bürgerliche Freiheiten im Wirtschaftsleben, aber gleichzeitig hohe Steuern, Wehrpflicht und Zwang.

Zunächst sahen manche Liberalen darin einen Fortschritt, andere empfanden die Besatzer als brutale Unterdrücker. Die Realität lag wohl dazwischen: Einerseits bewirkte die Revolution echte Reformen (Abschaffung des Feudalwesens, einheitliche Gesetze), andererseits litt die Bevölkerung unter Krieg, Zwangsabgaben und staatlicher Gängelung.

So endete das 18. Jahrhundert in den südlichen Niederlanden nicht in ruhiger Harmonie, sondern in einer Zeit tiefster Umwälzungen. Kirche, Adel und alte Ständeordnung gingen zu Ende; eine neue, zentrale Staatsgewalt übernahm, gesteuert aus Paris. Diese Entwicklung sollte im 19. Jahrhundert weitreichende Folgen haben, denn nach Napoleons Sturz reifte allmählich die Idee eines belgischen Staates, der sich schließlich 1830 eigenständig formierte.

KAPITEL 17: ENDE DES ANCIEN RÉGIME

Einleitung

In den vorherigen Kapiteln haben wir den langen Weg Belgiens durch verschiedene Epochen betrachtet: von den Anfängen in Stein- und Bronzezeit, über Kelten und Römer, das Mittelalter mit Franken und Merowingern, das karolingische Reich und die Zeit burgundischer, habsburgischer und spanischer Herrschaft. Schließlich kamen wir zu den „österreichischen Niederlanden", gefolgt von der französischen Besetzung, die das Land um 1794/95 komplett veränderte.

Im vorliegenden Kapitel gehen wir nun auf das **Ende des Ancien Régime** ein – also das Ende der alten Ordnung, in der Adel, Kirche und ständische Strukturen den Takt angaben. Wir wollen uns anschauen, wie sich die Gesellschaft vor und während der französischen Herrschaft allmählich veränderte und was die Menschen erwartete, als sich um die Jahrhundertwende (um 1800) ein völlig neues Zeitalter ankündigte. Zwar endet unser Buch an dieser Schwelle zur Neuzeit, aber gerade in diesem letzten Kapitel wird erkennbar, wie viele Entwicklungen schon auf das spätere, moderne Belgien vorausweisen.

Was ist das Ancien Régime?

Der Begriff „**Ancien Régime**" stammt ursprünglich aus Frankreich, wo er die Zeit vor der Französischen Revolution (1789) meint, als Königtum, Adel und Klerus die politische und soziale Ordnung bestimmten. Doch man verwendet ihn heute auch für vergleichbare Strukturen in anderen Ländern: Feudalherrschaft, ständische Privilegien, Macht des Adels und der Kirche, kaum Einfluss der breiten Bevölkerung.

In den südlichen Niederlanden hatte dieses Ancien Régime seine eigene Prägung: Seit dem Mittelalter gab es mächtige Städte, starke geistliche

Einrichtungen und eine Adelsschicht, die Ländereien besaß und Abgaben einnahm. Jede Provinz hatte Ständeversammlungen, die Rechte verteidigten. Unter den Spaniern und Österreichern blieb vieles davon erhalten. Sogar der Versuch Josephs II., einige ständische Strukturen zu reformieren, scheiterte an der Brabanter Revolution.

So herrschte bis kurz vor 1800 ein recht **konservatives** und **katholisch** geprägtes System, das zwar mal spanisch, mal österreichisch regiert wurde, im Kern aber ständisch-feudal und kirchlich war. Erst die **Französische Revolution** und ihre Truppen durchbrachen diese Ordnung.

Gesellschaftsbild im späten 18. Jahrhundert

Im späten 18. Jahrhundert war die Gesellschaft in den südlichen Niederlanden noch stark gegliedert. Ganz oben standen:

Adel: Er besaß Ländereien, Schlösser und Rechte an Frondiensten. In den Provinzen gab es viele Adelsfamilien, die teils mit ausländischen Dynastien verwandt waren.

Klerus: Bischöfe, Äbte und andere Würdenträger übten Macht aus. Sie waren Grundherren, erhielten Zehnt und hatten eigene Gerichte. Klöster organisierten Schulen und Armenfürsorge.

Reichere Bürger: Kaufleute, Notare, Ärzte, Handwerkermeister. In den Städten bildeten sie eine städtische Oberschicht, oft im Stadtrat oder als Zunftmeister.

Darunter kam die breite Masse:

Kleinbürger, Gesellen, Tagelöhner in den Städten.

Bauern und Landarbeiter auf dem Land, oft pachtend oder in Abhängigkeit zu Grundherren.

Durch dieses Gefüge zog sich ein Netz aus wechselseitigen Pflichten und Abgaben: Bauern mussten dem Grundherren Arbeit oder Teile der Ernte abtreten, städtische Zünfte regelten das Handwerk. Feudalordnungen bestimmten, wer wo jagen durfte, wer Gerichte hielt, wer Zölle kassierte. Die Kirche spielte eine entscheidende Rolle im Alltagsleben, feierte Feste, führte Sakramente durch und formte die Moralvorstellungen.

Auflösungserscheinungen

Obwohl das Ancien Régime noch stark war, gab es **Auflösungserscheinungen**. Die Aufklärung hinterfragte althergebrachte Autoritäten. Erst langsam, aber doch merkbar, drangen neue Ideen über Staat, Gesellschaft und Recht in die höheren Bildungsschichten. Auch die wachsende Ungleichheit – reiche Kleriker und Adlige versus arme Bauern – wurde diskutiert.

Außerdem hatten die langen Kriege (Spanischer Erbfolgekrieg, Österreichischer Erbfolgekrieg, Siebenjähriger Krieg und andere) die Finanzen belastet. Ständige Steuererhöhungen stießen auf Unmut. Das Feudalsystem erwies sich als wenig flexibel, wenn man eine wirtschaftliche Modernisierung wünschte. Handels- und Gewerbefreiheit wurden blockiert durch Zunftzwänge und ständische Privilegien.

Joseph II. hatte versucht, manchen Missstand zu beheben, doch er agierte von oben herab. Das endete mit der Brabanter Revolution. Nachdem diese gescheitert war, verschlechterte sich das Vertrauen in den Habsburgerhof endgültig. Dann kamen die **Franzosen** und brachen das System gewaltsam auf.

Die Rolle des Klerus im alten System

Die Kirche war im Ancien Régime weit mehr als nur Religionsvermittlerin. Sie besaß große Ländereien und erhielt Zehntabgaben. Klöster waren wirtschaftliche Akteure, besaßen Brauereien, Mühlen, Schmieden. Viele Menschen arbeiteten auf klösterlichen Höfen. Auch Krankenhäuser, Schulen und Armenhäuser lagen oft in kirchlicher Hand.

Der hohe Klerus – Bischöfe, Äbte – lebte teils in großem Wohlstand und mischte in der Politik mit, etwa in den Ständeversammlungen. Viele Klöster pflegten eine reiche Liturgie und Kunst, zeigten barocke Pracht. Auch einfache Priester hatten in den Dörfern großen Einfluss: Sie waren oft die gebildetsten Personen vor Ort, konnten die Menschen moralisch und sozial lenken.

Für die Gläubigen war das normal. Man war tief verwurzelt in Prozessionen, Wallfahrten und Heiligenverehrung. Das Ancien Régime stützte sich auf diesen Glauben. Wer ihn infrage stellte, galt als Ketzer. Erst die Aufklärung brachte mehr kritische Blicke. Dennoch hatte sich bis ins späte 18. Jahrhundert kein großer Bruch vollzogen – das tat erst die Französische Besatzung, als sie kirchliche Privilegien und klösterlichen Besitz aufhob.

Alltagsleben und Brauchtum

Der Alltag im Ancien Régime war geprägt von **katholischen Feiertagen**, die das Jahr strukturierten: Ostern, Fronleichnam, Heiligenfesttage, Erntedank usw. Musik, Tanz und Umzüge waren Teil der kirchlichen Feste. Jede Gemeinde hatte Patronatsfeiern, in denen Heilige besonders verehrt wurden.

Auch das **Zunftleben** in den Städten war bunt. Handwerker zelebrierten Schutzpatrone, schlossen sich in Bruderschaften zusammen, veranstalteten Feste mit Umzügen und Kostümen. Selbst Politsitzungen in den städtischen Räten hatten oft einen zeremoniellen Charakter.

Auf dem Land lebte man in Dorfgemeinschaften, oft auf dem Grund eines Adligen oder Klosters. Bauern bewirtschafteten kleine Parzellen, hielten Vieh. Hungersnöte waren selten, aber Missernten konnten die Armen hart treffen. Hygiene und medizinische Versorgung waren mangelhaft. Die durchschnittliche Lebenserwartung lag deutlich niedriger als heute.

Kleiner Handel, Märkte und Messen gaben dem Dorf etwas überregionales Flair. Durchreisende Händler brachten Neuigkeiten, doch die meiste Kommunikation blieb lokal. Schulen gab es, aber nur sporadisch, häufig unter kirchlicher Leitung. Das Lesenlernen war nicht selbstverständlich, erst recht nicht für Mädchen.

Politische Macht im späten Ancien Régime

Politisch sah es so aus: An der Spitze stand der jeweilige Landesherr – zunächst der spanische König, später der österreichische Kaiser –, der über Statthalter in Brüssel regierte. Jeder Statthalter brauchte jedoch die Zustimmung der Provinzialstände, wenn neue Steuern erhoben werden sollten.

Die Stände setzten sich zusammen aus:

- **Vertretern des Hochadels** (und/oder Rittern)

- **Vertretern des Klerus** (Bischöfe, Äbte)

- **Vertretern der reichen Städte**

Die meisten ländlichen Gebiete hatten kaum Mitspracherechte. Nur manche Regionen mit starker städtischer Tradition (Flandern, Brabant) konnten eine gewissen Autonomie wahren. Die örtlichen Stadträte und Magistrate wiederum waren von einflussreichen Familien besetzt, häufig Adlige oder reiche Kaufleute.

So funktionierte ein Geflecht aus Feudalverhältnissen und ständischer Macht. Neue Gesetze mussten oft mühsam ausgehandelt werden. Die Gerichte arbeiteten nach altem Recht, in dem der soziale Status (Stand) stark zählte: Ein Adliger genoss andere Prozeduren als ein Bauer.

Joseph II. und die letzte Reformanstrengung

Wie wir ausführlich in vorherigen Kapiteln sahen, versuchte Joseph II., das Ancien Régime zu reformieren – Verwaltung, Klerus, ständische Rechte sollten modernisiert werden. Er stieß auf erbitterten Widerstand, besonders in Brabant. Die **Brabanter Revolution** (1789) zeigte, dass viele Ständevertreter und Bürger das alte System lieber verteidigten, als sich von Wien Vorschriften machen zu lassen.

Damit war bewiesen, dass von oben verordnete Reformen in einer stark traditionsbewussten und katholischen Gesellschaft nicht einfach umzusetzen waren. Joseph II. rückte von einigen Plänen zurück. Das System des Ancien Régime blieb also bestehen – jedoch stark erschüttert. Bald darauf, unter dem Druck der Französischen Revolution, zerfiel es endgültig.

Erste Begeisterung für die Französische Revolution

Zu Beginn der Französischen Revolution (1789) gab es in den südlichen Niederlanden vereinzelte Kreise, die die Ereignisse in Paris begeistert verfolgten. Liberale Bürger in Brüssel oder Antwerpen sahen dort eine Chance, „Freiheit" und „Gleichheit" zu verwirklichen. Sie hofften, dass die französische Bewegung die Habsburger oder andere Monarchien stürzen und ein Zeitalter des Konstitutionalismus einläuten könnte.

Von 1789 bis 1792 war die Lage unklar. Die „Vereinigten Belgischen Staaten" (1789–1790) versuchten kurz, eine ähnliche Struktur einzuführen, scheiterten aber an internen Konflikten zwischen Konservativen und Liberalen. Als die Franzosen dann 1792/93 zuerst einmarschierten und wieder vertrieben wurden, pendelte die Meinung. Manche fanden gut, was da kam, andere fürchteten eine radikale Entmachtung der Kirche.

Der Zusammenbruch 1794/95

Schließlich kam 1794 die Niederlage bei Fleurus, und die südlichen Niederlande fielen an Frankreich. Damit war das **Ancien Régime** offiziell am Ende. Ein Jahrzehnt später existierten keine feudalen Rechte mehr, kein Ständesystem, kein starker Klerus, kein Adel mit garantierten Privilegien. Alles wurde im Namen der Revolution und später unter Napoleon neu geregelt.

Dieses Ende war dramatisch: Jahrhundertealte Institutionen verschwanden in Monaten. Schlösser, Klöster, Gerichte – viele hatten in der bisherigen Form keine Zukunft. Doch das Volk hatte gemischte Gefühle. Ein Teil verlor bisherige Sicherheiten, andere freuten sich über Freiheitsrechte, die im Code civil stehen sollten.

Übergang: Vom Ancien Régime zur Moderne?

Obwohl die Franzosen herrschten, bedeutet das nicht, dass sofort eine „Moderne" im heutigen Sinne Einzug hielt. Es gab weiter Krieg und Repression. Die Abschaffung feudaler Lasten machte manche frei, aber neue Zwänge wie Wehrpflicht und hohe Steuern kamen hinzu.

Dennoch kann man von einem **Übergang** sprechen: Die alte ständische Welt zerbrach, die Kirche verlor ihre dominierende Position, und das „Staatsbürgertum" samt zentralen Verwaltungsstrukturen entstand. Insofern waren die Jahre zwischen 1794 und 1800 eine Scharnierzeit zwischen dem **Ancien Régime** und einer neuen, moderneren Gesellschaftsordnung, die sich erst im 19. Jahrhundert stabilisierte.

Veränderungen in der Moral- und Rechtsauffassung

Mit dem Zusammenbruch des Ancien Régime wandelte sich auch das Rechts- und Moralverständnis. Das früher übliche Prinzip, dass Adel und Klerus über dem gemeinen Volk stünden, war offiziell abgeschafft. „Gleichheit vor dem Gesetz" wurde ein Grundsatz, auch wenn die Realität noch weit davon entfernt war.

Ehe- und Familienrecht änderten sich, als die kirchliche Zuständigkeit zurücktrat und der Staat übernehmen wollte. Scheidungen wurden in der revolutionären Phase möglich, wenn auch nicht allzu verbreitet. Das Eigentumsrecht bekam neue Ausgestaltungen, vor allem durch die Säkularisierung kirchlichen Besitzes.

Bei moralischen Fragen – etwa sexueller Freizügigkeit, Alkohol und Glücksspiel – war das neue Regime teilweise liberaler, teils auch stark kontrollierend. Man wollte Volksfeste und Kirchweihbräuche ersetzen durch revolutionäre Feiertage. Das stieß bei der Bevölkerung auf Unwillen: Religiöse und traditionelle Feiern waren ihnen lieber als die „Fete de la Raison" (Fest der Vernunft).

Wie das Volk darauf reagierte

Eine Mehrheit war wohl unsicher oder feindselig. Das Volk hatte kein Mitspracherecht, außer bei Wahlen mit hohem Zensus. Die Requirierungen, Steuerdruck und Kirchenschließungen sorgten für Protest. Man vermisste die gewohnten Abläufe des Ancien Régime, die zwar auch belastet waren, aber eben vertraut.

Dennoch erkannte eine Minderheit die Vorteile der neuen Ordnung. Man sah z. B. positive Aspekte in der Gewerbefreiheit. Auch der Wegfall von Feudallasten erleichterte manchen Bauern das Wirtschaften. In Städten wie Brüssel und Gent fand sich eine bürgerliche Schicht, die mit dem revolutionären Staat kooperierte. Sie übernahm Beamtenstellen, profitierte von Klosterauflösungen und sah sich als modern.

Einige Historiker sprechen von einer tiefen Kluft zwischen Stadt und Land: Die Stadtbürger waren eher offen für Reformen, während das ländliche Milieu am Alten hing, insbesondere an der Kirche. Das mag vereinfacht sein, aber es zeigt die Spannungen, in denen sich das Land bewegte.

Was blieb vom Ancien Régime?

Trotz des großen Bruches lebten manche Traditionen weiter: Viele Menschen hielten ihre heimlichen Gottesdienste, beteten zu ihren Heiligen und gingen heimlich auf Pilgerfahrten. Adel und Klerus fanden Wege, sich an die neuen Verhältnisse anzupassen oder sie im Untergrund zu bekämpfen.

In der Landwirtschaft arbeitete man weiter mit alten Methoden. Bauern ordneten sich zwar nicht mehr offiziell dem Grundherren unter, blieben aber oft wirtschaftlich abhängig oder verschuldet. Manche Feudalwege oder -grenzen wurden erst nach und nach aufgelöst, da das Amt Zeit brauchte, um alles zu vermessen und neue Eigentumsverhältnisse zu dokumentieren.

Das bürgerliche Element hingegen wuchs. Man darf nicht vergessen, dass das 18. Jahrhundert eine langsame Bildung eines **Bildungsbürgertums** sah: Kaufleute, Anwälte, Beamte, die jetzt ihre Position stärkten. Insofern brach nicht alles Alte ab, aber die entscheidenden Pfeiler (Stände, klösterliche Großmacht, Adelsgerichte) waren zertrümmert.

Wie sich die Zeitenwende ankündigte

Bereits bevor die Französische Revolution begann, hatten viele Zeichen auf eine kommende Zeitenwende hingedeutet: Die Brabanter Revolution, Josephs gescheiterte Reformen, das Wanken des Feudalsystems. Nun, nach 1794, war klar, dass eine Epoche endgültig endete.

Die „Neuzeit", auf die wir hinweisen, war geprägt von nationalstaatlichen Ideen, einer stärkeren Rolle bürgerlicher Werte und einer Trennung von Kirche und Staat. All das kündigte sich in den südlichen Niederlanden an. Auch wenn bis 1800 vieles noch ungeklärt war, spürten die Menschen, dass das Alte nicht zurückkehren würde. Die geistige Welt der Aufklärung, auch wenn sie nicht vollständig verstanden wurde, hatte ihre Spuren hinterlassen.

Und so war das **Ende des Ancien Régime** kein leises Verschwinden, sondern ein gewaltsamer Zusammenbruch durch Krieg und Revolution. Zwischen 1795 und 1800 wandelte sich die Gesellschaft grundlegend – und in mancher Hinsicht unvollständig. Ein Teil der Bevölkerung litt, andere sahen darin eine Chance.

Ein Blick auf den Adel nach 1795

Der Adel, einst Eckpfeiler des Ancien Régime, verlor durch die Französische Besatzung große Teile seines Vermögens. Viele Familien zogen nach Wien oder in andere Teile Europas. Diejenigen, die blieben, sahen sich gezwungen, auf ihre Titel und Privilegien im öffentlichen Recht zu verzichten. Unter Napoleon erhielten einige Adlige wieder Gnaden, aber das war kein Feudalrang mehr, eher ein kaiserlicher Gnadentitel.

Erst im 19. Jahrhundert, unter neuen politischen Konstellationen, sollte der Adel sich teils erholen. Doch seine Feudalherrschaft war unwiderruflich gebrochen. Aus einer herrschenden Klasse wurde eine gehobene Gesellschaftsschicht mit historischen Namen, aber ohne Grundrechte gegenüber den Bauern.

Das Schicksal der Ständeversammlungen

Die alten Provinzialstände, welche in Flandern, Brabant, Hennegau usw. existierten, hörten in der französischen Zeit auf zu funktionieren. Mit dem Dekret von 1795 wurden sie abgeschafft, da Paris eine zentralistische Ordnung anstrebte. Aus den Provinzen wurden Départements.

Damit war die Ständegesellschaft formell erledigt. Klerus und Adel hatten keine rechtlich abgesicherte Mitsprachestellung mehr. Die Städte hatten nicht länger ihre Privilegien als Zunftzentren, sondern wurden kommunale Einheiten unter französischer Verwaltung. Damit verschwand ein strukturelles Kernstück des Ancien Régime, das lange die politische Architektur bestimmt hatte.

Die Kirche und die Gläubigen: „Glauben ohne Macht"?

Auch wenn die Kirche ihre Macht verlor, hielten viele Leute am katholischen Glauben fest. Das religiöse Leben wich in den Untergrund, die Sakramente wurden heimlich gespendet. Frankreich versuchte, Ersatzkulte zu etablieren, was wenig Erfolg hatte. Die meisten Bewohner fühlten sich nach wie vor als Katholiken, auch wenn ihre Priester nun keine öffentlichen Prozessionen mehr abhalten konnten.

Man kann sagen: Die Kirche lebte **in den Herzen** weiter, obwohl sie offiziell entmachtet war. Nach 1800, besonders unter dem Konkordat Napoleons (1801), entspannte sich die Lage wieder etwas. Dann durfte die Kirche in begrenzter Form wieder wirken, doch ihre feudale Rolle war hinfällig. Der **Klerus** wurde zu einer vom Staat kontrollierten Gruppe, die nur seelsorgliche Aufgaben hatte.

Kulturelle Neuerungen

Trotz der Konflikte brachten die Franzosen ein paar kulturelle Neuerungen. Sie richteten zum Beispiel Museen in Beschlagnahmten Kloster- oder Adelspalästen ein, um Kunst zu sammeln und auszustellen. Auch Akademien für Kunst oder Wissenschaft entstanden nach französischem Vorbild.

Die Sprache Französisch gewann weiter an Boden. Wer Karriere in der Verwaltung machen wollte, musste es beherrschen. In den Städten übernahm man manchmal den republikanischen Stil in Kleidung und Umgangsformen. Theaterstücke auf Französisch lösten traditionelle volkssprachliche Dramen ab, zumindest in gehobener Schicht.

Dennoch blieb der ländliche Alltag in Flandern oder den Ardennen wenig berührt von solchen Modernisierungen. Dort folgte man weiter den alten Bräuchen, nur dass die herrschende Schicht aus der Ferne diktierte, statt in Personalunion mit dem Grundherren.

Auswirkung auf Handel und Handwerk

Die Abschaffung der Zünfte verschaffte **Handwerkern** mehr Freiheit, bestimmte aber auch einen stärkeren Konkurrenzdruck. Wer kein Kapital hatte, hatte es schwieriger. Im Handel gab es teils neue Möglichkeiten, da das Reichsgebiet Frankreichs größer war und man innerhalb dieser Grenzen Handelsfreiheit versprach. Trotzdem blieb die Kriegszeit problematisch.

Antwerpen und Gent hofften auf wirtschaftliche Impulse, konnten aber nur begrenzt von den Neustrukturierungen profitieren, solange kontinentaler Krieg herrschte. Lüttich, das vor der Revolution ein Fürstbistum war, verlor seinen Bischofsstaat und wurde ebenfalls in französische Verwaltung eingegliedert. Die Metallindustrie dort geriet zeitweise in Konjunktur, wenn das Militär Bestellungen aufgab.

Insgesamt schälte sich eine neue Wirtschaftsordnung heraus, in der Privatunternehmer ohne ständische Fesseln agieren konnten, aber auch harte Konkurrenz hatten. Erst im 19. Jahrhundert würde diese Entwicklung zum Durchbruch kommen.

Stimmung zum Ende des 18. Jahrhunderts

Die letzten Jahre des Jahrhunderts waren für viele Menschen unübersichtlich. Hatte man noch 1789/90 gehofft, Joseph II. oder eine ständische Revolution würden Besserung bringen, so sah man sich 1794/95 einer französischen Republik ausgesetzt, die eigene Wege ging. Die Leute waren erschöpft von ständigen Umbrüchen.

Viele litten: durch Krieg, Einberufung, hohe Steuern, Auseinandersetzungen um den Glauben. Aber einige nutzten die Gelegenheit, um im neu entstehenden System Karriere zu machen oder Grundbesitz günstig zu erwerben. Das Ancien Régime war nicht mehr zu retten, und die Zukunft lag ungewiss vor ihnen.

Kleine Vorwegnahme

Wir haben uns vorgenommen, nicht in die Neuzeit hineinzugehen, doch ein kurzer Ausblick ist unvermeidlich: Nach der Zeit der Revolution und Napoleons (die bis 1815 dauerte), wurde das Land am **Wiener Kongress** neu geordnet. Man fasste die südlichen Niederlande mit dem Norden zusammen zum „Vereinigten Königreich der Niederlande".

Diese Konstruktion hielt nicht lange; 1830 kam es zur belgischen Revolution. Daraus entstand der moderne, unabhängige Staat Belgien. So gesehen war der Zusammenbruch des Ancien Régime und die radikale Zeit unter Frankreich nur ein Schritt auf dem Weg zu einer nationalen Existenz. Doch unser Buch endet an der Schwelle zu dieser Neuzeit, die mit den großen Umbrüchen beginnt.

Bilanz: Aus dem Ancien Régime in die Zukunft

Das **Ancien Régime** definierte sich durch ständische Hierarchien, feudale Abhängigkeiten und enge Verflechtung von Kirche und Staat. Jahrhunderte lang war das in den südlichen Niederlanden Normalität. Joseph II. versuchte, es von innen zu reformieren. Die Französische Revolution fegte es von außen weg.

Damit endete eine Epoche, in der Könige, Kaiser und lokale Stände das Leben bestimmten. Das Land war tief katholisch, konservativ und in lokalen Traditionen verwurzelt gewesen. Innerhalb weniger Jahre verschwanden feudale Rechte, klösterliche Güter, ständische Versammlungen, Bischofsstaaten und Adelsgerichte. An ihre Stelle trat ein französischer Zentralstaat mit modernen, revolutionären Ansprüchen.

Für den Großteil der Bevölkerung war das zunächst ein Schock, doch auf längere Sicht legte es wichtige Grundlagen für Rechtsgleichheit, laizistische Verwaltung und ein Ende des Feudalismus. Dass dies nicht ohne Leiden und Widerstand ablief, verstand sich von selbst.

Fazit: Ein neues Zeitalter kündigt sich an

Mit dem Ende des Ancien Régime und dem Beginn der französischen Herrschaft steht unsere Erzählung an jener Schwelle, die wir uns als Abschlusspunkt gesetzt haben. Historiker bezeichnen diesen Einschnitt oft als **Wende zur Moderne**. Fortan geht es um Nationalstaaten, um Bürgerrechte, um industrielle Entwicklung – Themen, die wir in unserem Buch bewusst ausgeklammert haben, um in der Vormoderne zu enden.

Dennoch wird klar: Das **Neuaufbrechen** der Gesellschaft, das im 19. Jahrhundert in ganz Europa Gestalt annimmt, wurde in Belgien durch den Zusammenbruch des Ancien Régime vorbereitet. Die Kirche blieb zwar weiterhin stark im Glaubensleben, hatte aber ihre politische Alleinstellung eingebüßt. Der Adel konnte nur noch ein Teil der Oberschicht sein, nicht mehr der unangefochtene Herr. Das Volk war zwar noch nicht frei im modernen Sinn, jedoch freier als zuvor. Und die rasche Umgestaltung ließ Ideen von Nation, Liberalismus und Bürgerrechten langsam reifen.

KAPITEL 18: DIE ZEIT IM KÖNIGREICH DER VEREINIGTEN NIEDERLANDE

Einleitung

Nachdem die französische Besatzung (ab 1794/95) das alte Feudalsystem in den südlichen Niederlanden auflöste, stand das Land vor neuen Umbrüchen. Die französische Herrschaft hielt während der Napoleonischen Kriege an. Erst mit Napoleons Niederlage (1814/15) ordnete der **Wiener Kongress** Europa neu. Dabei entschied man, dass die südlichen Niederlande nicht wieder an Österreich zurückfallen sollten. Stattdessen vereinte man sie mit den nördlichen Niederlanden – also dem Gebiet der ehemaligen Republik der Sieben Vereinigten Provinzen – zu einem neuen Staat, dem **Königreich der Vereinigten Niederlande**.

In diesem Kapitel schauen wir, wie es zu diesem Zusammenschluss kam und welche Folgen das hatte. Wir erleben, wie König Wilhelm I. versuchte, ein einheitliches Land zu schaffen. Dabei entstanden aber Spannungen zwischen dem katholischen, französisch- bzw. niederländischsprachigen Süden und dem protestantischen Norden. Wir sehen, wie sich Wirtschaft und Gesellschaft veränderten und weshalb viele Menschen in den südlichen Provinzen bald unzufrieden waren. Diese Epoche (1815–1830) führt uns schließlich an den Rand einer neuen Revolution, die zur belgischen Unabhängigkeit führen sollte. Doch noch bleiben wir in der Zeit kurz vor 1830, wie vom Buch vorgesehen, ohne moderne Geschichte auszugreifen.

Der Wiener Kongress und die Entscheidung für ein neues Königreich

Nach Napoleons Abdankung 1814 trafen sich die europäischen Großmächte in Wien. Sie wollten eine Ordnung schaffen, die Frankreich in Schach hielt und langfristig Stabilität garantierte. England, Österreich, Preußen und Russland bestimmten weitgehend die Vereinbarungen, während kleinere Länder nur begrenzt mitreden konnten.

Ein Schwerpunkt war, dass man ein **starkes Staatsgebilde nördlich Frankreichs** brauchte, damit Frankreich nicht erneut expandieren könne. Dazu wollte man die südlichen Niederlande, die bis zur Revolution habsburgisch gewesen waren, keinesfalls wieder an Österreich geben – Wien selbst war nicht sehr interessiert, das entlegene Gebiet erneut zu verwalten. Auch Frankreich sollte keinen Zugriff erhalten.

So entschied man, die bisherigen nördlichen Niederlande (das alte Holland) mit den südlichen Niederlanden (heute Belgien) und dem vormaligen Fürstbistum Lüttich zu vereinen. Zudem erhielt dieser neue Staat Gebiete des ehemaligen Bistums Lüttich und kleine deutsche Grenzgebiete. Als Herrscher wählte man das Haus Oranien-Nassau, das im Norden traditionell regierte. **Wilhelm I.** aus dieser Familie wurde König eines neuen Reiches, das man **„Vereinigtes Königreich der Niederlande"** nannte.

Zusammensetzung des neuen Staates

Das neue Königreich umfasste:

Die alten nördlichen Provinzen: Holland, Zeeland, Utrecht, Gelderland, Overijssel, Friesland und Groningen, die jahrhundertelang die Republik gebildet hatten. Sie waren überwiegend protestantisch, niederländischsprachig (mit verschiedenen Dialekten) und handelten viel mit Übersee.

Die südlichen Niederlande: Flandern, Brabant, Hennegau, Namur, Lüttich, Limburg, Luxemburg (teils), die stark katholisch waren, teils Niederländisch (flämische Dialekte), teils Französisch (Wallonie) sprachen. Dazu kamen die Gebiete, die ehemals französisch verwaltet waren und in der Revolutionszeit säkularisiert worden waren.

Beide Teile unterschieden sich stark: Der Süden war industriell (Tuch, Kohle, Metall in Lüttich) stärker entwickelt, stärker bevölkert und katholisch geprägt. Der Norden war seeorientiert, protestantisch und hatte lange Tradition im Überseehandel. Mitten in diese Verschiedenheit stellte man einen König, der alles einen sollte.

Die Herrschaft König Wilhelms I

Wilhelm I. (offiziell Wilhelm Friedrich von Oranien-Nassau) nahm 1815 den Königstitel an. Er war überzeugt, dass er beide Landesteile zu einem leistungsstarken Staat formen könne. Er wollte eine straffe Monarchie, war aber auch für gewisse bürgerliche Freiheiten offen – solange sie nicht seine Autorität infrage stellten.

Wilhelm I. versuchte, eine einheitliche Verwaltung zu schaffen, Gesetze anzugleichen und die Wirtschaft zu fördern. Er war wirtschaftsorientiert und sah in den südlichen Provinzen gute Industriebasis (Tuch, Metall, Kohle) und in den nördlichen Provinzen die bedeutende Handelsflotte, Häfen und Kolonien (Niederländisch-Indien). Zusammengefasst sollte das Königreich der Vereinigten Niederlande eine Großmacht an der Nordsee sein.

Zugleich wollte er die katholische Kirche im Süden nicht dominieren, aber er misstraute ihr, weil er selbst protestantisch war. Er ließ eine Verfassung aufstellen, in der beiden Teilen (Nord und Süd) Sitze im Parlament (Staten-Generaal) zustanden. Jedoch hatte der König starkes Veto, und die tatsächlichen Mitbestimmungsrechte der Abgeordneten waren begrenzt.

Sprachen und Verwaltung – ein Hauptkonflikt

Da der Norden traditionell **Niederländisch** sprach (das man auch Holländisch nannte) und der Süden teils Niederländisch (Flandern) und teils Französisch (Wallonien) nutzte, war die Sprachenfrage kompliziert. Wilhelm I. wollte, dass Niederländisch im gesamten Königreich offizieller Verwaltungscode sei, weil er darin einen nationalen Zusammenhalt sah.

In Flandern klang das zunächst nicht abwegig, da viele Menschen flämische Dialekte sprachen. Jedoch die Oberschicht in Brüssel, Gent und Antwerpen hatte sich seit der französischen Zeit teils an Französisch gewöhnt, zudem die alte Tradition mit dem Französischen als Kultursprache reichte bis ins 18. Jahrhundert zurück. In der Wallonie sprachen die meisten Leute romanische Dialekte oder schon standardnahes Französisch. Sie empfanden die niederländisch-zentrierte Sprachpolitik als Zumutung.

So entstand bald **Sprachkonflikt**: Die französischsprachige Elite im Süden wollte auf Französisch weiterarbeiten. Wilhelm I. setzte auf Niederländisch als Amtssprache, speziell in Flandern und Brabant. Das führte zu Spannungen, weil sich die Wallonie benachteiligt sah, die Flamen im städtischen Bürgertum teils an Französisch hingen und die Kirche traditionsgemäß vieles in Latein oder Französisch tat.

Religiöse Gegensätze: Protestanten und Katholiken

Auch **die Konfession** sorgte für Spannungen. Der König und der Norden waren protestantisch (reformiert bzw. calvinistisch), während der Süden seit Jahrhunderten tief katholisch war. Man musste zusammenleben, obwohl man teils jahrhundertelang Feinde gewesen war (etwa im Achtzigjährigen Krieg).

Wilhelm I. wollte religiöse Toleranz gewähren, war aber selbst Chef der protestantischen Kirche und zeigte in manchen Entscheidungen Vorlieben für den Protestantismus. So finanzierte er protestantische Schulen, besetzte hohe Posten mit Protestanten, förderte protestantische Vereine. Das beunruhigte die katholischen Kreise im Süden, die sich an die Zeit Josephs II. oder gar der Französischen Säkularisierung erinnert fühlten.

Dennoch hatte Wilhelm I. nicht vor, den Katholizismus zu unterdrücken – dazu war der Süden zu mächtig. Doch **Misstrauen** blieb: Viele katholische Priester fanden, dass der König ihnen zu viele Vorschriften machte. Ein Schulkampf entbrannte, weil kirchliche Schulen nicht in dem Maße anerkannt wurden. Hinzu kam, dass im Parlament Nord und Süd zwar formal gleich stark waren, aber der König das entscheidende Wort hatte. Katholische Bischöfe klagten, sie würden politisch übergangen.

Wirtschaftliche Entwicklungen im vereinigten Königreich

Auf wirtschaftlichem Gebiet war die Verbindung von Nord und Süd zunächst vielversprechend. Der Norden war Seemacht und besaß Handelsposten weltweit, der Süden hatte Fabriken, Handwerk und Rohstoffe. Die Niederlande (einschließlich Belgien) konnten so ein gemeinsames Zollgebiet bilden, was Handel ankurbelte.

Wilhelm I. förderte das: Er gründete 1822 die „Algemeene Nederlandsche Maatschappij ter Begunstiging van de Volksvlijt" (Allgemeine Niederländische Gesellschaft zur Förderung des Volksfleißes), eine Art Bank, die Investitionen erleichtern sollte. Firmen in Gent oder Lüttich bekamen Kredite, um Textil- und Metallwerke auszubauen.

Tatsächlich wuchs die Industrie im Süden rasch: Flandern blieb beim Tuch führend, Lüttich und Charleroi entwickelten Hochöfen und Eisenverarbeitung. Brüssel als Hauptstadt profitierte von der Verwaltung und hatte aufblühenden Handel. Der Norden exportierte Kolonialwaren in dieses vereinigte Gebiet. Manche Historiker sprechen von einer „wirtschaftlichen Blüte" um 1820–1830.

Doch gleichzeitig war die Last ungleich verteilt. Manche Südstädte fühlten sich steuerlich benachteiligt: Sie meinten, der König setze zu viel auf den Seehandel des Nordens. Auch Großbritannien sah im Königreich eine Konkurrenz und versuchte, den Handel des Nordens zu behindern.

Politische Repräsentation und das Parlament

Die Verfassung Wilhelms I. sah ein Zweikammer-Parlament (Staten-Generaal) vor. Doch das **Wahlrecht** war sehr eingeschränkt

(Zensuswahl). Auch die Einteilung der Sitze war ein Streitpunkt: Nord und Süd hatten je 55 Sitze in der Zweiten Kammer, obwohl der Süden mehr Einwohner hatte.

Das führte dazu, dass Katholiken und Liberale im Süden nicht das Gewicht im Parlament bekamen, das ihnen ihrer Bevölkerungszahl nach zugestanden hätte. Zudem konnte der König Gesetze faktisch verhindern oder durchsetzen, wie er wollte. Das machte es schwierig, wenn Südländer ihre Interessen einbringen wollten.

Zwei große Strömungen bildeten sich im Süden: **Katholische Konservative**, die primär die Religionsfreiheit und die Rolle der Kirche verteidigen wollten, und **Liberale**, die auf Pressefreiheit, Vereinsfreiheit und ein stärkeres Parlament drängten. Diese beiden Gruppen waren sonst oft Gegner, fanden aber in der Opposition gegen den König eine gemeinsame Basis. Später sollte sich das verbünden (Unionisme) und zur Unabhängigkeitsbewegung führen.

Sprachpolitik im Detail

Wilhelm I. erließ 1819–1823 diverse Erlasse zur Sprachregelung. Beispielsweise sollte in den südlichen Provinzen mit niederländischer Bevölkerungsmehrheit (Flandern) das Niederländische Amtssprache sein. In den Gerichten und Schulen Flanderns drängte man das Französische zurück.

Manche Flamen begrüßten das, da sie sich eine Aufwertung ihrer Muttersprache erhofften, die zuvor im Ancien Régime kaum als offizielle Sprache gedient hatte. Doch die Oberschicht in Gent, Brügge oder Antwerpen war teilweise stark französisch orientiert, teils aus der französischen Zeit übernommen. Diese Elite sah in der niederländischen Sprachenpolitik eine Einschränkung ihrer sozialen Stellung.

In der Wallonie hingegen wollte man nicht auf Niederländisch umstellen, da fast alle dortigen Bewohner Romanisch (Wallonisch) oder Hochfranzösisch sprachen. Wilhelm I. ließ dort Französisch gelten, was neue Ungleichheiten schuf: In Flandern musste man Niederländisch nehmen, in Wallonien blieb Französisch. Das wirkte unausgewogen.

So wurde die Sprachenfrage zum Symbol der Differenzen: Der König bemühte sich zwar um Einheit, aber er stieß Gruppen vor den Kopf, die sich in ihrer Identität verletzt fühlten.

Rolle der Kirche und das kirchliche Misstrauen

Im Süden war die katholische Kirche traditionell sehr mächtig. Sie wollte möglichst viel Eigenständigkeit behalten, vor allem im Bildungswesen. Wilhelm I. versuchte, staatliche Schulen zu fördern, um eine loyale, protestantisch geprägte Bürgerschaft zu erzeugen. Das war eine subtile Form der Kontrolle.

Besonders strittig war das **„Hochscholerlass"** (1825) des Königs, das die Ausbildung der Priester in staatlichen Seminarien vorsah. Die Bischöfe waren empört, weil sie ihre Kontrolle über Priesterausbildung verloren. Es begann ein Kirchenkampf, in dem Priester ihre Gläubigen gegen die königliche Politik aufhetzten. So wuchs ein Klima der Feindseligkeit.

Zudem gefiel es den Katholiken nicht, dass Ministerposten selten von Südländern besetzt wurden und wenn, dann oft von liberal gesinnten, dem König nahestehenden Personen. Man vermutete eine geheime Agenda zur Protestantisierung oder Unterordnung des Südens.

Liberale Forderungen nach Verfassungsreformen

Die **liberalen Süd-Bürger** und Intellektuellen fanden andere Kritikpunkte: Mangel an Pressefreiheit, Zensuswahlrecht zu hoch, Königlicher Einfluss zu groß. Sie sahen in der Französischen Julirevolution von 1830 (Absetzung der Bourbonen zugunsten eines konstitutionellen Königtums) ein Vorbild, wie man auch in den Niederlanden mehr Freiheit erreichen könnte.

Liberale Zeitungen, die die Politik Wilhelms I. kritisierten, wurden streng beobachtet. Clubs oder Versammlungen, die in Brüssel oder Gent liberal diskutierten, erhielten polizeiliche Warnungen. Der König wollte keinen revolutionären Geist, hatte aber nicht genug Macht, um alle Strömungen zu unterdrücken.

So wuchs die Unzufriedenheit: Katholiken standen der Kirche nahe und wollten ihre konfessionellen Rechte schützen, Liberale forderten Bürgerrechte und Mitbestimmung. Als sich diese beiden Strömungen (katholisch und liberal) 1828 in einer **Union** zusammenschlossen, entstand eine breite Opposition gegen Wilhelm I. Man sprach vom **„Unionismus"** als Bündnis der Gegensätze – vereint gegen den König.

Wirtschaftliche Erfolge und Spannungen

Gleichzeitig lief die Wirtschaft in Teilen gut: Textil- und Kohlereviere im Süden prosperierten, Häfen im Norden florierten. Doch die südlichen Industriellen meinten, die Regierung bevorzuge die nördische Handelsschifffahrt und Kolonien. Sie wünschten bessere Zollvorteile für exportorientierte Fabriken. Auch gab es Streit, weil Zölle auf Einfuhren aus dem Ausland hoch waren, was Verbraucher belastete.

Die Landwirtschaft in Flandern litt unter Überbevölkerung. Viele Kleinbauern fanden kein Auskommen. So wuchs die soziale Not. Wer in den Fabriken arbeitete, lebte oft in Armut, da Löhne niedrig waren. Dagegen versuchte der König, in Verkehrsinfrastruktur wie Kanäle und Straßen zu investieren. Man baute den **Kanal Gent-Terneuzen** oder verbesserte die Verbindung Brüssel–Charleroi. Das half einigen Regionen, aber nicht allen.

In den Städten formierte sich eine bürgerliche Elite, die einerseits vom Wirtschaftswachstum profitierte, andererseits politische Partizipation einforderte. So stieg das Konfliktpotenzial, weil sich Wohlstandsschichten und benachteiligte Gruppen gleichermaßen gegen das Königtum stellten – aus unterschiedlichen Gründen.

Konflikt an vielen Fronten – Vorboten einer Krise

Bis 1829 verschärften sich die Konflikte:

Sprachenfrage: Der Versuch Wilhelms, Niederländisch durchzusetzen, scheiterte am Widerstand der frankophonen Elite in Brüssel und Wallonien.

Kirche: Die Klagen über Eingriffe in kirchliche Bildung wuchsen, Bischöfe wetterten gegen den König.

Liberale: Sie wollten mehr politische Freiheit, kritisierten Zensur und die königliche Vetopraxis.

Wirtschaft: Manche Industrielle im Süden meinten, Wilhelms Politik bevorzuge den Norden, andere litt an Armut.

Trotzdem gab es keine massenhafte Volksrevolte – bis auf eine wachsende Unruhe im Untergrund. Das Fass zum Überlaufen brachte die Nachrichten aus Frankreich, wo 1830 der Bourbonenkönig Karl X. durch eine Julirevolution gestürzt wurde. Das inspirierte die unzufriedenen Süd-Belgier.

Politische Klubszene und Presse

In den Städten entstanden **Politisierende Kreise**: Zeitungsredaktionen, Literaten, Studenten, Anwälte, reiche Kaufleute. Sie diskutierten über Verfassungen und Rechte. Wer in Paris war und die Julirevolution erlebt hatte, brachte Berichte mit.

Zeitungen wie „Le Courrier des Pays-Bas" oder „Le Belge" publizierten kritische Artikel, mal liberal, mal katholisch. Wilhelm I. ließ sie beobachten, was nur noch mehr Empörung erzeugte. Vor allem in Brüssel trafen sich Oppositionelle in Salons, Theatern oder Cafés.

Das Theater wurde zu einem Symbolort. Stücke mit patriotischen Untertönen steigerten die Stimmung. Manche Schauspieler veränderten Texte, um Botschaften gegen das Regime zu senden. Der König unterschätzte wohl die Kraft dieser bürgerlichen Öffentlichkeit.

Der Funke aus Paris – 1830

Im Sommer 1830 kamen Nachrichten von der Julirevolution in Paris: Der französische König Karl X. wurde entmachtet, ein Bürgerkönig (Louis-Philippe) übernahm. Das befeuerte die Opposition in den südlichen Niederlanden. Die Stimmung kochte über, als am 25. August 1830 in Brüssel eine Opernaufführung („La Muette de Portici") nationalistische Emotionen weckte.

Nach der Vorstellung zogen Gruppen auf die Straße, forderten „Nieder mit dem König!". Bald kam es zu Krawallen und Plünderungen, manche richteten sich gegen pro-nordliche Beamte oder Fabrikbesitzer, die man für Machthörige hielt. Angespannte Tage folgten. Der König versuchte, Truppen zu schicken, doch die Proteste breiteten sich aus.

Hier ist der eigentliche **Ausbruch der Belgischen Revolution**. Doch unser Buch soll ja nicht in die moderne Zeit gehen, daher beschränken wir uns auf die Vorgeschichte und den ersten Ausbruch der Unruhen. Denn an der Schwelle zur Neuzeit – also am Ende des Ancien Régime und der Phase im Königreich der Vereinigten Niederlande – kulminiert alles in einer neuen Revolutionsbewegung.

Verbindungen zur Kirche und zum Liberalismus

Als die Unruhen begannen, schlossen sich **Katholiken** und **Liberale** zusammen, um Forderungen an Wilhelm I. zu stellen: mehr Autonomie, Garantie der Religionsfreiheit, Abschaffung der Sprachzwänge, Pressefreiheit und gerechte Steuerverteilung. Diese *Union* war bemerkenswert, da Katholiken und Liberale vorher unterschiedliche Ideale hatten.

Anfangs hofften sie, Wilhelm I. würde Zugeständnisse machen, um einen Aufstand zu verhindern. Tatsächlich war er bereit, Kommissionen einzurichten. Doch es war zu spät: Die Bewegung hatte eine Dynamik, viele sahen jetzt die Chance, sich ganz vom Norden zu lösen.

Weitere Städte im Süden erklärten ihre Solidarität mit Brüssel. Es kam zu Straßenkämpfen. Die königlichen Truppen waren teils unschlüssig, weil es auch im Militär Offiziere aus dem Süden gab, die nicht auf ihre Landsleute schießen wollten.

Die Vorgeschichte der Unabhängigkeit

So trieb die Krise auf eine Unabhängigkeitserklärung zu. Am 4. Oktober 1830 rief ein provisorischer Regierungsausschuss in Brüssel die Unabhängigkeit aus. Wilhelm I. versuchte, militärisch durchzugreifen, scheiterte aber, weil internationale Mächte (Frankreich, England) vermittelten. Das führte dann zur Anerkennung Belgiens 1831.

Nun, an dieser Stelle enden wir mit dem **Zeitpunkt kurz vor der formellen Entstehung des belgischen Staates** (1830/31). Das Königreich der Vereinigten Niederlande dauerte nur 15 Jahre. Es hatte durchaus Ansätze für ein starkes Wirtschaftsbündnis, scheiterte jedoch an Religions-, Sprach- und Machtkonflikten.

Gesellschaftlicher Wandel im Süden

Trotz der kurzen Dauer hinterließ die Zeit im Königreich Spuren im Süden. Die Industrialisierung schritt fort: Hochöfen in Lüttich, Textilfabriken in Gent. Eine neue bürgerliche Schicht formierte sich, selbstbewusster als zuvor. Sie sah in Preß- und Vereinsfreiheit einen hohen Wert, den Wilhelm I. nicht genügend gewährte.

Die Kirche gab sich in dieser Phase kämpferisch-katholisch und verteidigte die Frömmigkeit gegen den protestantischen König. Das bestärkte den Zusammenhalt des Volkes gegen den vermeintlich fremden Herrscher. Man pflegte regionale Traditionen, sprach vom „Belgischen" Charakter, auch wenn „Belgien" als Staat noch nicht existierte.

Letztlich schuf die Politik Wilhelms I. unbeabsichtigt einen gemeinsamen Feind für Katholiken und Liberale im Süden, was den Geist eines neu entstehenden belgischen Patriotismus nährte.

Konflikte um Zensur und Meinungsfreiheit

Wilhelm I. war nicht bereit, eine volle Pressefreiheit zuzulassen. Er sah Zeitungen als potenzielle Gefahr. Oppositionelle Blätter wurden eingeschüchtert, Redakteure verhört. Das förderte nur den Unmut. Viele Bürger sagten: „Wir haben unsere Lehre aus der Französischen Revolution gelernt und wollen keine Willkür mehr."

Auch Theater, Vereine und Bücher wurden kontrolliert. Dennoch wucherte die Kritik. Die Zensur wirkte eher als Provokation, was später die Straßenproteste anheizte. Bürger meinten, das Königtum verhalte sich altmodisch-despotisch wie ein mini-'Ancien Régime', obwohl es ja ein Produkt der neuen Ordnung des Wiener Kongresses war.

Spannungen in der Armee

Die Armee des Königreichs wurde aus nord- und südlichen Einheiten gebildet. Höhere Posten besetzten oft Offiziere aus dem Norden, da Wilhelm I. ihnen vertraute. Soldaten aus dem Süden empfanden das als Benachteiligung.

Als 1830 in Brüssel Krawalle ausbrachen, wollte das Militär eingreifen, doch die Loyalität war gespalten. Einige Südländer desertierten oder wechselten zur Volksseite. Das zeigte, wie wenig Integration gelungen war. König Wilhelm I. verlor militärisch rasch die Kontrolle in den südlichen Provinzen, was die Revolution begünstigte.

KAPITEL 19: DER WEG IN DIE UNABHÄNGIGKEIT

Einleitung

Im letzten Kapitel haben wir gesehen, wie das **Königreich der Vereinigten Niederlande** (1815–1830) versuchte, Nord und Süd zu vereinen, jedoch an Sprach-, Religions- und Interessenkonflikten scheiterte. Wir endeten damit, dass sich die Lage im Süden zuspitzte, inspiriert von den Ereignissen in Frankreich (Julirevolution 1830).

Nun geht es darum, wie sich dieser **Weg in die Unabhängigkeit** im Detail vollzog. Wir beobachten die steigende Unzufriedenheit, den Ausbruch der Unruhen in Brüssel, die Aufstandsbewegung in den Provinzen und die Reaktionen König Wilhelms I. Wir sehen, wie Katholiken und Liberale ihr „Unionisme" nutzten, um gemeinsam für die Loslösung vom Norden zu kämpfen. Am Schluss steht die formelle Entstehung eines provisorischen Staatsgefüges, das sich als selbstständiger Staat behaupten wollte.

Noch einmal sei betont: Wir bleiben an der Schwelle zur Neuzeit und beschreiben die Ereignisse **bis** zur formellen Unabhängigkeitserklärung, ohne die weiteren Entwicklungen des modernen Belgiens auszuführen. So beschließen wir unseren historischen Bogen.

Zuspitzung der Konflikte

Zwischen 1828 und 1830 hatte die Opposition im Süden an Fahrt gewonnen. **Unionisme** bedeutete, dass Katholische und Liberale einen Pakt schlossen: Sie stellten ihre ideologischen Differenzen zurück, um gemeinsam gegen das Regime Wilhelms I. vorzugehen.

Katholische Kreise protestierten besonders gegen die staatliche Einmischung in Kirchenfragen (Priesterausbildung, Schulpolitik), während Liberale Pressefreiheit und ein echtes Parlament verlangten. Beide

Gruppen fühlten sich von nördlichen Beamten unterdrückt und in der Finanzierung benachteiligt.

Verschärfend kam die Wirtschaftskrise 1829 hinzu, als Exporte stockten und mancher Handwerksbetrieb schloss. Auch die Unzufriedenheit mit hohen Steuern stieg. So war das Volk empfänglich für jede Art von Protest. Erste Zusammenstöße gab es in Brüssel, Antwerpen und Lüttich, wo Arbeiter Demonstrationen organisierten.

Die Julirevolution in Frankreich

In Frankreich stürzte König Karl X. im Juli 1830 durch einen Volksaufstand in Paris. Man setzte Louis-Philippe als „Bürgerkönig" ein. Diese Nachricht verbreitete sich rasch in Europa, besonders in den benachbarten südlichen Niederlanden. Viele sahen darin ein Signal: Der Absolutismus alter Prägung war nicht mehr zeitgemäß.

Zeitungen im Süden brachten Berichte, die die Julirevolution feierten. Geheime Treffen besprachen, ob man den französischen Weg kopieren solle. Wilhelm I. blieb ruhig und hoffte, die Unruhen würden sich legen. Doch das Gegenteil geschah: In Brüssel organisierte man Feiern mit Anspielungen auf die Pariser Geschehnisse.

Die Stimmung war elektrisch aufgeladen: Jeder spürte, dass ein Funke genügen würde, um die Volksmenge auf die Barrikaden zu bringen. Der König unterschätzte diese Dynamik. Er hatte zwar eine Garnison in Brüssel stationiert, rechnete aber nicht mit einem massiven Aufstand.

Der Opernabend „La Muette de Portici" (25. August 1830)

Am 25. August 1830 fand im Brüsseler Muntschouwburg (heute La Monnaie) eine Aufführung der Oper **„La Muette de Portici"** von Auber statt. Dieses Werk behandelt einen Volksaufstand in Neapel – es ging um Freiheit gegen Unterdrückung. Die Zuschauer, ohnehin aufgeheizt durch die Nachrichten aus Paris, sahen in der Handlung Parallelen zu ihrer eigenen Lage.

Als im zweiten Akt ein patriotischer Chor erklang, wurden viele Zuschauer regelrecht euphorisch. Sie fühlten sich zum Kampf für die Freiheit aufgerufen. Nach dem Schluss stürmten Gruppen aus dem Theater auf die Straße, riefen Parolen gegen den König. Es kam zu Krawallen: Fensterscheiben angeblich regimetreuer Händler wurden eingeschlagen, und einige Symbole der königlichen Administration demoliert.

Der Aufstand war nicht sofort flächendeckend, aber die Wut steigerte sich. In den folgenden Nächten verbrannten Randalierer die Fabrik des Franzosen Libri-Bagnano, da man ihn als Sympathisanten der Regierung sah. Die Polizei war überfordert, die royalistische Garnison griff spät ein.

Ausweitung der Unruhen in Brüssel

In den nächsten Tagen verbreiteten sich die Unruhen in Brüssel. Arbeiter, Handwerker, aber auch Studenten schlossen sich zusammen, errichteten Barrikaden. Es bildete sich ein Bürgerkomitee, das öffentlich forderte, man solle mehr Selbstverwaltung, Pressefreiheit und eine andere Sprachpolitik erhalten.

Die Königstreuen reagierten verwirrt. Manche Offiziere warteten auf klare Befehle aus Den Haag, dem nördlichen Regierungssitz. König Wilhelm I. war geschockt, aber zunächst wollte er verhandeln. Er schickte seinen Sohn, den Prinzen von Oranien, mit Zugeständnissen. Der Prinz erklärte, man werde die Pressefreiheit verbessern und die Sprachgesetze lockern. Doch das war zu wenig, zu spät.

Anstatt sich zu beruhigen, formierte sich eine radikale Strömung, die sagte: „Wir wollen komplette Trennung vom Norden. Der König hat uns betrogen." Andere, eher moderate Kreise meinten: „Lasst uns nur Autonomie. Wir bleiben im Königreich, aber mit eigener Regierung im Süden."

Prinz von Oranien und gescheiterte Kompromisse

Der Prinz von Oranien war eigentlich aufgeschlossen, wollte ein föderales System anbieten: ein **Zweites Königreich**, in dem der Süden weitgehende

Autonomie genießt. Man diskutierte das in Brüssel. Teile der Bürgerkomitees waren bereit, Kompromisse zu prüfen.

Doch der Druck von der Straße stieg: Die radikaleren Kämpfer hatten sich bewaffnet, eine städtische Bürgerwehr (Garde bourgeoise) entstand, um Ordnung zu wahren, aber eigentlich das königliche Militär fernzuhalten. Sie sprachen offen von Trennung.

Da die Regierung in Den Haag rügte, dass der Prinz zu viel versprach, sank das Vertrauen im Süden weiter. Man sah, dass der König nicht ernsthaft zu umfassenden Reformen bereit schien. Am 1. September 1830 zog der Prinz von Oranien ab, ohne konkretes Ergebnis. Somit hatte die gemäßigte Option kaum noch Chance.

Erste Kampfhandlungen und Gewinndynamik der Aufständischen

König Wilhelm I. entschied, Truppen nach Brüssel zu entsenden, um den Aufstand zu beenden. Mitte September trafen königliche Einheiten ein und versuchten, Barrikaden zu räumen. Doch die Kämpfer und die Einwohner wehrten sich verbissen. Straßenkämpfe entbrannten, die Soldaten kamen in Schwierigkeiten, da sie das unübersichtliche Gassenlabyrinth nicht gut kannten.

Freiwillige aus anderen Städten eilten nach Brüssel, um zu helfen. Frauen und Kinder versorgten die Barrikadenkämpfer mit Nahrung und Munition. Man schuf provisorische Krankenstationen in Kirchen. Die königliche Armee erlitt Verluste und zog sich nach heftigem Widerstand zurück.

Dieser Erfolg beflügelte die Unabhängigkeitsbewegung. Nun folgten andere Städte (Löwen, Mons, Gent) dem Beispiel: Die städtischen Räte oder Bürgerwehren erklärten, sie erkennten Wilhelms Administration nicht mehr an. Das Ganze entwickelte eine Eigendynamik, die kaum zu stoppen war.

Die „Provisorische Regierung" in Brüssel

Am 24. September 1830 bildeten führende Oppositionelle in Brüssel eine **Provisorische Regierung**. Darin saßen liberale Bürger, Adlige und Geistliche, die sich einig waren, dass der Süden einen eigenen Staat brauchte. Dazu gehörten Persönlichkeiten wie Charles Rogier, Félix de Mérode, Alexandre Gendebien u. a.

Zunächst war unklar, ob man eine Konföderation mit dem Norden oder eine ganz eigene Republik anstrebte. Die radikalen Kämpfer riefen offen zur Unabhängigkeit auf. Die Provisorische Regierung schrieb an ausländische Mächte, sie wolle Frieden, aber keine Rückkehr unter Wilhelms Herrschaft.

Der König plante, einen Feldzug zu starten. Doch die Großmächte England und Frankreich waren alarmiert. Sie wollten keinen großen Krieg. England fürchtete, Frankreich könne sich die südlichen Niederlande einverleiben. Frankreich überlegte, die Chance zu nutzen, war aber auch zögerlich, um nicht ganz Europa gegen sich aufzubringen.

Der 4. Oktober 1830 – Unabhängigkeitserklärung

Unter dem Druck der Volksbewegung und der Erfolgsmeldungen von überall proklamierte die Provisorische Regierung am **4. Oktober 1830** offiziell die **Unabhängigkeit der südlichen Provinzen**. Damit war der Bruch mit dem Königreich der Vereinigten Niederlande vollzogen.

Zunächst war das ein politischer Akt, ohne völkerrechtliche Anerkennung. Man hoffte, die Großmächte würden das neue Gebilde akzeptieren. In Brüssel herrschte Jubel: Glocken läuteten, die Bürgergarde patrouillierte. Priester segneten die Fahnen, man suchte eilig Symbole für diesen neuen Staat.

Wilhelm I. reagierte empört, wollte aber Zeit gewinnen. Seine Truppen waren in Nordbrabant stationiert, er versuchte, diplomatisch Verbündete zu finden. Doch Frankreich signalisierte, es werde einen harten Eingriff gegen die „Belgische Revolution" nicht dulden. England schwankte, zeigte jedoch Sympathien für eine Abtrennung, solange Frankreich keinen Einfluss auf Belgien nahm.

Der Weg zur provisorischen Verfassung

Innerhalb weniger Wochen entwarf die Provisorische Regierung eine **provisorische Verfassung**, inspiriert von liberalen und konstitutionellen Ideen. Man wollte eine parlamentarische Monarchie mit starker Stellung des Parlaments. Auch die Religionsfreiheit, Pressefreiheit und Grundrechte sollten garantiert werden.

Die revolutionäre Begeisterung war groß, dennoch gab es Spaltungen: Katholiken wollten sicherstellen, dass die Kirche reichlich Einfluss behielt. Liberale forderten eine strikte Trennung von Kirche und Staat. Doch beide Gruppen fanden Kompromisse, um die Unabhängigkeit zu festigen.

In diesem Geist schuf man eine Nationalversammlung, die aus gewählten Abgeordneten bestand. Noch gab es kein allgemeines Wahlrecht; es war ein Zensuswahlrecht, aber breiter als unter Wilhelm I. Dies markierte den Beginn eines neuen Staatswesens, das man später **Belgien** nennen würde.

Reaktionen der europäischen Mächte

Die ausländischen Großmächte waren überrascht. England plädierte für eine Pufferzone zwischen Frankreich und dem Deutschen Bund. Frankreich war geneigt, den neuen Staat zu unterstützen, denn man dachte, ein unabhängiger belgischer Staat könnte sich an Frankreich anlehnen.

Österreich und Preußen hielten sich zurück, so lange das Gleichgewicht gewahrt blieb. Russland war weit weg und in Polen beschäftigt.

So entstand ein diplomatisches Tauziehen. Man traf sich in London zu einer Konferenz (ab November 1830) und diskutierte, ob das neue Belgien anerkannt würde. Wilhelm I. protestierte, wollte seine Rechte verteidigen. Doch die Großmächte sahen keinen Vorteil mehr in einem Zwangszusammenschluss.

Somit zeichnete sich ab, dass die **Belgische Unabhängigkeit** zwar nicht sofort, aber allmählich anerkannt werden würde. Das Wiener Kongressprinzip wurde sozusagen revidiert. Allerdings war noch unklar, ob es zu einer weiteren militärischen Auseinandersetzung kommen würde, denn Wilhelm I. plante einen letzten Versuch, die abtrünnigen Provinzen zurückzuerobern.

Militärische Intervention – Die Zehn-Tage-Feldzug

Tatsächlich unternahm der König im August 1831 einen **Zehn-Tage-Feldzug**, um die südlichen Provinzen doch noch zu unterwerfen. Seine Truppen rückten von Nordbrabant Richtung Antwerpen vor und errangen anfangs Erfolge gegen die unorganisierte belgische Armee.

Doch Frankreich griff ein, schickte Hilfstruppen. Der König musste sich zurückziehen, um keinen Krieg mit Frankreich zu riskieren. So endete dieser Versuch ergebnislos. Damit hatte der Süden seine Revolution verteidigt.

Dies spielt sich schon in der ersten Hälfte der 1830er Jahre ab. Wir sehen daran, dass der Bruch entgültig war. Jedoch war die endgültige Anerkennung auf diplomatischer Ebene ein Prozess, der bis 1839 dauerte (Vertrag von London). Trotzdem war de facto die Unabhängigkeit bereits ab 1830/31 verwirklicht.

Provisorische Regierung und Wahl eines Monarchen

Die provisorische Regierung in Brüssel suchte nach einem König, weil man keine radikal-republikanische Ordnung wollte. Zu viele Katholiken misstrauten einer reinen Republik, und man wollte die Großmächte beruhigen, dass Belgien kein revolutionäres Zentrum würde.

Zunächst dachte man an einen Prinzen aus Frankreich, was England skeptisch sah. Dann wählte man **Leopold von Sachsen-Coburg**, einen deutschen Prinzen mit britischen Verbindungen. Er wurde 1831 zum König von Belgien gekrönt. Allerdings liegt diese formelle Königskrönung schon jenseits der ausgehenden 18. Jahrhundert-Ereignisse, aber wir erwähnen sie kurz als Abschluss der Unabhängigkeitsbewegung.

Ursachen des Erfolgs der Revolution

Warum gelang der südlichen Revolution, was in der Brabanter Revolution gegen Joseph II. noch scheiterte? Es gab mehrere Faktoren:

Internationale Lage: Nach der Julirevolution wollte niemand erneut ein Volk mit Gewalt zwingen. England sah es pragmatisch, Frankreich war nicht abgeneigt.

Union Katholiken + Liberale: Gemeinsam waren sie stark. Die Kirche mobilisierte das Volk, Liberale organisierten politische Strukturen.

Unpopularität Wilhelms I.: Er hatte die Sprache, die Kirche und die Wirtschaftspolitik des Südens in einer Weise gesteuert, die viel Unmut schuf.

Inspirationsquelle Frankreich: Die Pariser Vorgänge 1830 lieferten Anschauung, wie man ein altmodisches Regime stürzen könnte.

Diese Gemengelage führte dazu, dass das Königreich der Vereinigten Niederlande zerbrach und ein neuer Staat – Belgien – entstand. Im Laufe der Zeit erkannte man diese Entwicklungen als unvermeidlich; es war eine Spätfolge des Ancien Régime und der napoleonischen Umbrüche, die nie ganz geklärt waren.

Die Bedeutung der Presse und Öffentlichkeit

Ein wichtiger Faktor war die **Presse**. Zeitungen aus Brüssel, Lüttich und Gent hatten die Missstände oft angeprangert: Sprachzwang,

Kleruskonflikte, mangelnde Bürgerrechte. Flugblätter und Pamphlete kursierten in Cafés, Lesegesellschaften. In Theatern spielten patriotische Stücke. So wuchs eine **öffentliche Meinung**, die es in der alten Ständeordnung so nicht gab.

Auch das Theaterereignis vom 25. August 1830 belegt, wie sehr kulturelle Aufführungen zum Ausgangspunkt eines Volksaufstandes werden konnten. Die Zeit war reif für Massenstimmung, und das Medium der Öffentlichkeit befeuerte sie.

Die Rolle der Armee und Bürgerwehren

Die Armee unterstand dem König, doch viele Soldaten im Süden fühlten sich nicht wirklich loyal zum Haus Oranien. Als die Revolution losbrach, desertierten manche. Im Gegensatz dazu formierten sich in Brüssel, Gent und anderen Städten **Bürgerwehren** („Garde bourgeoise"), die die öffentlichen Plätze besetzten und sich rasch bewaffneten.

In Lüttich entstand zudem eine Volksbewegung, die Wachposten einrichtete. Adlige Jäger oder Studenten trugen Gewehre, um Barrikaden zu schützen. Bauern stellten sich in manchen Dörfern gegen königliche Truppendurchmärsche. So war die Militärmacht Wilhelms I. im Süden höchst unsicher.

Im entscheidenden Moment verlor er die Kontrolle, weil es keine breit angelegte, loyale Militärbasis vor Ort gab. Das erklärt, warum die Aufständischen trotz unzureichender Organisation recht schnell die Oberhand gewannen.

Reaktionen auf dem Land

In ländlichen Regionen Flanderns und Walloniens kam es sowohl zu Freudenkundgebungen als auch zu Verwirrung. Viele Dörfer warteten ab, was in Brüssel passierte. Als sie hörten, dass die Stadt Barrikaden hielt, unterstützten sie die Bürgerwehren mit Proviant oder schickten junge Männer als Verstärkung.

Die Kirche war im Dorf meist tonangebend. Wenn der Pfarrer die Revolution unterstützte (weil er Wilhelms Kirchenpolitik ablehnte), dann folgten ihm viele Gläubige. Umgekehrt gab es Regionen, die eher neutral blieben. Dennoch tendierte die ländliche Bevölkerung eher zur Unterstützung, solange sie sich mit ihrem Glauben und ihrer lokalen Freiheit besser gestellt sah als unter dem protestantisch geprägten König.

Warum keine Rückkehr zum Ancien Régime?

Angesichts der Revolution könnte man fragen: Hätten Katholiken und Adlige nicht versucht, ein reines Ancien Régime wiederherzustellen? Tatsächlich war das nicht realistisch, da sich die Gesellschaft gewandelt hatte. Die meisten wollten zwar ihre Identität, Kultur und Kirche wahren, aber keine feudale Macht mehr, keine Wiedergeburt alter Stände.

Außerdem war das Ancien Régime mit dem Ende der Habsburger- und der französischen Epoche so gründlich zerbrochen, dass selbst konservative Kräfte sich mit bürgerlichen Institutionen arrangierten. Nur ein sehr kleiner ultrakonservativer Kreis träumte von einer Restauration der alten Feudalordnung. Die breite Masse strebte nach einer konstitutionellen Monarchie, in der Kirche und Adel eine Rolle spielten, aber nicht mehr absolut herrschten.

Der Wendepunkt: 4. Oktober 1830

Das Datum **4. Oktober 1830** gilt als Schlüsselmoment. Die Provisorische Regierung verkündete: „Die Provinzen der südlichen Niederlande beschließen, eine unabhängige Nation zu bilden." Dies verlautbarte man feierlich in Brüssel. Zeitungen druckten Sondersendungen, Glocken läuteten.

Natürlich war das nicht sofort in Stein gemeißelt. Man brauchte diplomatische Anerkennung. Doch auf der Straße war die Begeisterung groß. Immer mehr Städte hissten provisorische Fahnen. Ein rot-gelb-schwarzes Banner verbreitete sich, das später zur Nationalflagge Belgiens wurde. Wie wir wissen, war das keineswegs eine ruhige Übergabe. Der König gab nicht kampflos auf, scheiterte aber letztlich militärisch.

Weiterer Verlauf bis zum Jahresende 1830

Im Laufe des Oktobers und Novembers 1830 konsolidierte sich die revoltierte Regierung. Man rief eine **Nationale Kongressversammlung** aus, gewählt im Süden, um eine Verfassung zu erarbeiten. Währenddessen blieb es in manchen Provinzen unruhig; königliche Garnisonen zogen sich teils erst nach Gefechten zurück.

Ende November verließ der letzte Oranien-freundliche Kommandant Brüssel. Die Stadt war vollständig in revolutionärer Hand. Bauern jubelten oder nutzten die Gelegenheit, Feudalurkunden zu verbrennen. Lokale Notabeln schlossen sich dem Umsturz an, um nicht ins Abseits zu geraten.

Die provisorische Regierung bat um internationale Vermittlung. In London lief bereits eine Konferenz, in der Großmächte sich beugten und sagten: „Okay, wir akzeptieren eine Abspaltung, wenn Belgien neutral bleibt und nicht von Frankreich annektiert wird." Der König protestierte, aber ihm fehlte die internationale Unterstützung.

Zusammenfassung: Nahe am Ziel der Unabhängigkeit

Mit dem Sturm auf Brüssel, dem Scheitern der königlichen Militäraktionen und der internationalen Duldung war der **Weg in die Unabhängigkeit** so gut wie besiegelt. Zwar folgten im Jahr 1831 und 1832 noch militärische Auseinandersetzungen (Zehn-Tage-Feldzug, Belagerung Antwerpens), doch die Gründung eines neuen Staates konnte nicht mehr rückgängig gemacht werden.

So endete die kurze Epoche des Königreichs der Vereinigten Niederlande. Der Süden begann einen eigenen Staatsaufbau, der sich bald in der Verfassung von 1831 und der Wahl eines Monarchen (Leopold I.) manifestierte. Damit sind wir an einer historischen Schwelle: Belgien tritt ins Licht als eigenständige Nation.

Wie vom Buch geplant, hören wir hier auf, denn das ist der Punkt, an dem die moderne belgische Geschichte beginnt. Der Prozess bis zur endgültigen Anerkennung (1839) und die weitere Entwicklung (Industrialisierung, innere Politik) sind Teil der späteren Neuzeit, die wir nicht mehr vertiefen.

Blick zurück: Was alles zum Umbruch führte

Der Weg in die Unabhängigkeit ergibt sich aus allen in diesem Buch beschriebenen Epochen:

Mittelalterliche Wurzeln: Die Städte (Flandern, Brabant) hatten lange Traditionen der Selbstverwaltung.

Burgundische Zeit: Ein gewisser Stolz auf reiche Kultur und Handel.

Spanische und österreichische Herrschaft: Starke katholische Identität im Süden.

Französische Revolution: Abschaffung des Ancien Régime, Aufkommen bürgerlicher Rechte.

Königreich der Vereinigten Niederlande: Der Versuch, Nord und Süd zu integrieren, endete im Konflikt, machte aber auch deutlich, dass der Süden eine eigene Identität wollte.

Diese historischen Schichten erklären, warum die Revolution 1830 so stark war. Die lange Geschichte hat Spuren hinterlassen, eine eigene Kultur,

Sprache, Religion und Wirtschaftsstruktur. Das Zusammentreffen dieser Faktoren mit den revolutionären Ideen und dem missglückten Einigungsversuch ließ eine neue Nation entstehen.

Fazit

Der **Weg in die Unabhängigkeit** war ein mehrjähriger Prozess, gekennzeichnet von wachsender Unzufriedenheit, Inspiration durch die Julirevolution und schließlich dem explosiven Opernabend am 25. August 1830. Innerhalb weniger Wochen stürzte die Autorität Wilhelms I. im Süden. Die provisorische Regierung erklärte die Trennung, verteidigte sich gegen königliche Gegenangriffe und setzte auf Hilfe aus dem Ausland.

Damit steht am Ende des Jahres 1830 eine neue staatliche Ordnung in den Startlöchern, noch ohne internationale Absicherung, aber mit starker Unterstützung der Bevölkerung in den südlichen Provinzen. Dieser Umbruch führt uns direkt in die Gründung eines eigenständigen Staates, der nun Belgien heißen würde. Wir beenden hier unsere Darstellung, da der Schritt in die tatsächliche Staatengründung und das 19. Jahrhundert bereits zur **Neuzeit** gehört – das liegt außerhalb des Rahmens, den wir uns gesteckt haben.

KAPITEL 20: EIN JUNGER STAAT ENTSTEHT

Einleitung

Wir sind an unserem letzten Kapitel angekommen. Nach all den vorangegangenen Phasen – von den Urzeiten über Kelten, Römer, Mittelalter, burgundische Pracht, habsburgische Herrschaft, spanische und österreichische Besatzung bis hin zur Zeit im Königreich der Vereinigten Niederlande – steht nun **die Gründung Belgiens** selbst im Fokus. Zwar ist dies schon beinahe Teil der Neuzeit, aber wir beschränken uns auf die Phase „unmittelbar vor dem modernen Staat", also das Jahr 1830/31, in dem sich das alte Europa neu ordnet.

Im vorigen Kapitel sahen wir, wie die **Revolution von 1830** in Brüssel den Bruch mit König Wilhelm I. brachte. Nun wollen wir abschließend beleuchten, wie daraus ein junger Staat entstand, der sich Belgien nannte – und wie die Grundprinzipien dieses Staates in der Verfassung von 1831 festgelegt wurden. Damit beschließen wir unsere Geschichte an der Schwelle zur wirklichen Neuzeit. Ab hier würde sich das weitere Schicksal Belgiens entwickeln, das wir in diesem Buch nicht mehr behandeln.

Die Provisorische Regierung nach der Unabhängigkeitserklärung

Nach dem 4. Oktober 1830, an dem man die Unabhängigkeit verkündet hatte, nahm die **Provisorische Regierung** ihre Arbeit auf. Sie musste:

Eine Armee aufstellen, um sich gegen mögliche Angriffe Wilhelms I. zu verteidigen.

Eine Verwaltung schaffen, da die alten Beamten zum Teil geflohen oder als Gegner angesehen wurden.

Eine Verfassung ausarbeiten, die die Grundstruktur dieses neuen Staates regelte.

Zuerst brauchte man Ruhe in den Städten, denn es gab chaotische Zustände. Lokale Milizen riefen sich zu Machthabern aus, rivalisierten teils untereinander. Die provisorische Regierung schickte Emissäre, um einheitliche Verwaltung durchzusetzen. Gleichzeitig bemühte man sich, die Landbevölkerung für das neue Regime zu gewinnen, indem man versprach, Feudalabgaben seien endgültig abgeschafft.

Der Nationale Kongress und die Verfassungsdiskussion

Um die Legitimität zu erhöhen, organisierte man Wahlen für einen **Nationalen Kongress**. Es galt ein Zensuswahlrecht, wodurch nur wohlhabende Männer (Geschäftsleute, Grundbesitzer, Gebildete) teilnehmen konnten. Trotzdem war es ein Fortschritt gegenüber dem alten System, in dem der König fast alles bestimmt hatte.

Der **Nationale Kongress** kam Ende 1830 zusammen. Schnell einigte man sich, eine konstitutionelle Monarchie zu bevorzugen, um die europäischen Mächte nicht abzuschrecken – eine reine Republik galt als zu revolutionär. Es ging also um die Frage: Welcher Fürst sollte König werden? Wie viel Macht hat das Parlament? Wie garantiert man Freiheitsrechte?

Im Januar 1831 verabschiedete man eine **Verfassung**, die für damalige Verhältnisse sehr liberal war. Sie erklärte die Grundrechte (Presse-, Meinungs-, Religionsfreiheit), schuf ein Zweikammerparlament und beschränkte die Macht des Königs durch regelmäßige Wahlen. Zudem war die Gewaltenteilung vorgesehen: eine unabhängige Justiz, eine Regierung, die dem Parlament verantwortlich sein sollte.

Die Sprachen- und Religionspolitik im neuen Staat

Die Verfassung garantierte **Religionsfreiheit** und legte fest, dass der Staat kein Gehalt an Geistliche zahlen, keine Religion bevorzugen oder benachteiligen sollte (in der Praxis kam es später doch zu finanziellen Staatsleistungen an die Kirche, aber das war anfangs umstritten). Wichtig war, dass die Kirche nicht wieder allmächtig sein sollte. Trotzdem blieb das Land faktisch sehr katholisch.

Zur **Sprachenfrage** gab es noch keine genauen Festlegungen. Man ging davon aus, dass Französisch und Niederländisch (Flämisch) gleichberechtigt seien. De facto setzte sich Französisch in der neuen Elite stark durch, weil viele führende Politiker aus Brüssel oder Lüttich kamen und Französisch als Kultursprache bevorzugten. Für die Bevölkerung in Flandern wurde das später ein Problem, weil sie wieder benachteiligt wurde. Doch 1830 war das kein akutes Thema, man wollte erstmal den Staat sichern.

Internationale Anerkennung: Die Londoner Konferenz

Währenddessen tagten die Großmächte in London, um den Konflikt zwischen Belgien (so nannte sich das Land offiziell) und dem König in Den Haag beizulegen. England wollte die Neutralität des neuen Staates, damit Frankreich keinen Vorteil hatte. Frankreich war bereit, Belgien als eigenständig anzuerkennen, hoffte aber auf Einfluss. Österreich, Preußen, Russland hatten keine direkten Ambitionen, so lange das Gleichgewicht in Europa gewahrt blieb.

Im **Londoner Protokoll** (20. Januar 1831) erkannten die Mächte grundsätzlich die belgische Unabhängigkeit an, unter Bedingungen: Belgien sollte neutral sein und Grenzen einhalten, die man noch festzulegen hatte.

Auch die finanzielle Entschädigung für den König in Den Haag war ein Thema.

Suche nach einem König

Der **Nationale Kongress** sah sich um: Wer sollte König werden? Man dachte erst an den französischen Herzog von Nemours, was aber England missfiel. Man wollte keine starke Anbindung an Frankreich. Dann fiel die Wahl auf **Leopold von Sachsen-Coburg-Gotha**, einen Prinzen deutscher Herkunft, der in England lebte und mit dem britischen Königshaus verwandt war. Er war Witwer der britischen Prinzessin Charlotte. Diese internationale Vernetzung schien ideal, um die Großmächte zu beschwichtigen.

Leopold kam im Juni 1831 nach Brüssel. Am 21. Juli 1831 legte er den Eid auf die Verfassung ab. Dieser Tag gilt später als **belgischer Nationalfeiertag**. Obwohl wir schon über die Grenze der Neuzeit hinausschauen, sei erwähnt, dass Leopold I. damit der erste König der Belgier wurde, nicht ein König von Gottes Gnaden, sondern verfassungsmäßig eingeschränkt. Dies beendete die Phase des provisorischen Staates.

Der Zehn-Tage-Feldzug: Letzte Erschütterung

König Wilhelm I. wollte sich nicht kampflos geschlagen geben. Kurz nach Leopolds Thronbesteigung startete er den **Zehn-Tage-Feldzug** (August 1831). Seine Armee drang weit ins belgische Gebiet ein und schlug die noch schlecht organisierte belgische Truppe in einigen Gefechten. Die provisorische belgische Regierung bat Frankreich um Hilfe. Französische Truppen marschierten schnell ins Land, worauf die Niederländer abzogen, um keinen großen Krieg zu riskieren.

Damit war Belgien militärisch gerettet. Man verhandelte erneut, und die Mächte setzten weiteren Druck auf Wilhelm I. Bald stimmte er zu, die Unabhängigkeit zu akzeptieren, wenn bestimmte Grenzfragen geklärt würden (u. a. Limburg, Luxemburg). Das zog sich bis 1839 hin, als der **Londoner Vertrag** die endgültige Unabhängigkeit und Neutralität Belgiens festschrieb.

Ende des Ancien Régime, Beginn einer neuen Ära

So schließt sich der Kreis: Das **Ancien Régime** war längst vorbei – zuerst mit der Französischen Revolution, dann mit dem Königreich der Vereinigten Niederlande, das eine Übergangsphase darstellte. Mit der Revolution von 1830 mündete die Geschichte in einen neuen Staat, der nicht mehr auf ständischer Ordnung oder konfessionellem Absolutismus beruhte.

Stattdessen gab es jetzt eine konstitutionelle Monarchie, in der das Parlament maßgeblich war, der Adel nur noch einflussreich, aber kein Stand mit Sonderrechten, und die Kirche zwar stark, aber nicht herrschend. Das Feudalsystem, das so viele Jahrhunderte geprägt hatte, war endgültig Geschichte.

Die Verfassung von 1831

Die **Verfassung von 1831** fasste den Geist dieser neuen Ära zusammen:

Volkssouveränität: Alle Macht geht vom Volk aus, wobei nur ein Teil (Zensuswahlrecht) wirklich abstimmen konnte. Dennoch war das fortschrittlicher als zuvor.

Konstitutionelle Monarchie: Der König regiert nicht absolut, sondern teilt die Macht mit dem Parlament.

Freiheitsrechte: Presse-, Vereins-, Religionsfreiheit, Gleichheit vor dem Gesetz. Adlige Titel haben keinen politischen Wert mehr.

Gleichheit: Theoretisch war jeder vor Gericht gleich. In Praxis gab es noch soziale Ungleichheit, aber juristisch waren Privilegien aufgehoben.

Kompromiss zwischen Kirche und Staat: Man garantierte Religionsausübung, schränkte die Staatskirche aber ein.

Damit war Belgien eines der liberalsten Staatswesen des 19. Jahrhunderts, was später viele Intellektuelle und Kapitalanleger anzog und die Industrialisierung beförderte.

Reaktionen im Volk

Für das einfache Volk war die neue Staatsgründung eine Erleichterung, weil nun nicht mehr Willkür aus Den Haag oder militärische Zwangsmaßnahmen drohten. Die Feudallasten waren seit der französischen Zeit abgeschafft geblieben, was man jetzt bestätigte. In vielen Dörfern feierte man mit kleinen Festen. Der Klerus war froh, dass die protestantische Vorherrschaft Wilhelms I. beendet war.

Gleichwohl war die Masse der Leute nicht in die Politik einbezogen, da das Wahlrecht auf einen Bruchteil beschränkt blieb. Die soziale Frage (Armut, Arbeitslosigkeit) blieb ungelöst. Man hatte zwar ein neues Staatswesen, doch die sozialen Verhältnisse waren weiter von Ungleichheiten geprägt. Erst im 19. Jahrhundert, mit Arbeiterbewegungen und weiteren Reformen, sollte sich das allmählich ändern.

Verbleibende Grenzfragen: Limburg und Luxemburg

Einige Gebiete blieben umstritten. **Luxemburg** war teils habsburgisch, teils unter französischer Besatzung gewesen, teils an die Oranier verpfändet. Beim Wiener Kongress war es dem Deutschen Bund zugeordnet. Nach 1830 beanspruchte Belgien das ganze Luxemburg, Wilhelm I. klagte ebenfalls. Ähnlich war es in Teilen von Limburg (Maastricht-Gebiet).

Im **Londoner Vertrag (1839)** einigte man sich: Der westliche Teil Luxemburgs ging an Belgien, der östliche blieb als „Großherzogtum Luxemburg" mit Personalunion unter Wilhelm. Limburg wurde geteilt: Ein Teil belgisch, ein Teil verblieb beim Königreich der Niederlande. So war die Landkarte endgültig neu gezogen, und Belgien bekam seine bis heute bekannten Umrisse (mit späteren kleinen Korrekturen).

Wie die Mächte auf Belgiens Neutralität setzten

Ein wichtiger Punkt: Die Großmächte bestanden darauf, dass Belgien **neutral** bleibt, um künftige Konflikte mit Frankreich oder Preußen zu vermeiden. Belgien durfte keine einseitigen Militärbündnisse eingehen. Dafür garantierten England, Frankreich, Preußen, Österreich und Russland den Bestand des belgischen Staates.

Man hielt das für die beste Lösung: Belgien als Puffer zwischen Großmächten. Diese Verpflichtung zur Neutralität war später oft Gegenstand von Diskussionen, aber im 19. Jahrhundert trug sie dazu bei, dass Belgien relative Sicherheit hatte und sich wirtschaftlich entfalten konnte.

Ende der Epoche und Beginn der Moderne

Das Jahr **1830/31** gilt als entscheidende Zäsur: Belgien wurde faktisch gegründet, Leopold I. bestieg den Thron, eine fortschrittliche Verfassung trat in Kraft, und die europäischen Mächte erkannten diesen neuen Staat an (bis 1839 formell). Somit war die vormoderne Zeit mit der Feudalherrschaft, dem Ancien Régime und den wechselnden Fremdherrschaften endgültig vorbei.

Was nun folgte, waren die **Herausforderungen des 19. Jahrhunderts**: Industrialisierung, Arbeiterbewegungen, Konflikte zwischen Kirche und Liberalismus, Erweiterung des Wahlrechts. Doch das alles liegt jenseits unseres Rahmens, der an der historischen Grenze zur Neuzeit aufhört.

Rückblick auf die Großlinien der Geschichte

Wenn wir das gesamte Buch betrachten:

Vorgeschichte: Erste Besiedelung in der Steinzeit, keltische Stämme, römische Eroberung.

Frühmittelalter: Franken, Merowinger und Karolinger.

Hoch- und Spätmittelalter: Feudalismus, Städtewachstum, burgundische Glanzzeit.

Frühe Neuzeit: Habsburger, Reformation, Achtzigjähriger Krieg, Blüte der Barockkunst.

Österreichische Niederlande: Reformen Maria Theresias und Josephs II.

Französische Revolution: Ende des Ancien Régime, Säkularisierung, Moderne Ansätze.

Königreich der Vereinigten Niederlande: Kurzer Einigungsversuch von Nord und Süd, scheitert 1830.

Unabhängigkeit: Entstehung Belgiens als konstitutioneller Staat.

All diese Phasen münden in den Schlusspunkt, an dem wir jetzt stehen. Die Neuzeit bedeutet hier: Belgien als eigener konstitutioneller Staat. Die Vielschichtigkeit der Geschichte (Sprachen, Religionen, Einflüsse) ist das Erbe, das Belgien in die Moderne mitnimmt.

Charakteristika des jungen Belgiens

Obwohl wir den modernen Weg nicht beschreiben, lässt sich ein kurzer Eindruck geben, wie Belgien 1831 war:

Sprachen: Eine Mehrheit sprach flämische Dialekte, eine starke Minderheit französisch in Wallonien, das Oberschichten-Milieu in Brüssel stark frankophon.

Religion: Überwiegend katholisch, nun frei von protestantischer Bevormundung.

Wirtschaft: Gute Ansätze in Industrie (Kohle, Stahl, Textil), Handelsbeziehungen in alle Richtungen.

Politik: Eine konstitutionelle Monarchie im Entstehen, mit eingeschränktem Wahlrecht, Parlament und King Leopold I.

Gesellschaft: Noch stark hierarchisch, Adlige und reiche Bürger führend, breite Volksmassen ohne Mitbestimmung.

All das gehörte zu den Wurzeln eines Staates, der später noch viele Reformen erlebte.

Das Erbe der vorigen Epochen

In vielem ist dieses neue Belgien ein Kind seiner Geschichte:

Burgundische Epoche: Stolze Städte, Hang zu Reichtum, Kunst und eigenständiger Politik.

Habsburgerzeit: Starke katholische Prägung, tiefe Bindung an kirchliche Tradition.

Französische Phase: Abschaffung des Feudalwesens, Code civil, einheitliche Verwaltung und Prinzip der Rechtsgleichheit.

Vereinigtes Königreich: Sprachenkonflikt, kirchliche Verteidigung, erste nationale Opposition.

So ist Belgien nicht aus dem Nichts entstanden, sondern aus einem langen Prozess, in dem verschiedene Mächte, Völker und Ideen verschmolzen. Diese Verschmelzung brachte ein Land hervor, das einst als „die Südlichen Niederlande" bezeichnet wurde und jetzt als Belgien in Europa auftreten sollte.

Kultur und Identität

Kulturell blieb Belgien ein Flickenteppich von Dialekten, Bräuchen und Traditionen. Doch eine gewisse nationale Identität formte sich durch den gemeinsamen Kampf gegen Wilhelm I. Die Union von Katholiken und Liberalen war ein wichtiger Kitt. Man entdeckte historische Heldenfiguren (z. B. die mittelalterlichen Freiheitskämpfe der Flamen) und künftige Nationalmythen.

Gleichzeitig war das Land offen für europäische Einflüsse, da es als neuralgischer Punkt zwischen Frankreich, England, Deutschland und den Niederlanden lag. Diese Offenheit prägte Belgien bis heute. Man spricht manchmal von einem **„Laboratorium Europas"**, weil in Belgien vieles zusammenkommt, das in Europa an Differenzen existiert.

Die ersten Monate unter Leopold I

Leopold I. trat sein Amt im Juli 1831 an und unternahm gleich Reisen durch die Provinzen, um sich dem Volk zu zeigen. Er gründete eine Armee, setzte Minister ein, bestätigte die Pressefreiheit. Die Katholiken fanden ihn passabel, weil er keine Religion bevorzugte, aber die Kirche achten wollte. Die Liberalen schätzten seine Zurückhaltung, er ließ dem Parlament Freiraum.

Allerdings war das Land finanziell schwach, weil die Kriege und Revolutionen viel gekostet hatten. Leopold bemühte sich, Kredite zu bekommen und Handel zu fördern. Fabriken in Gent und Lüttich expandierten, was neue Arbeitsplätze schuf, aber auch die ersten sozialen Probleme einer beginnenden Industriegesellschaft mit sich brachte.

Dieses junge Staatswesen war also zukunftsgewandt, hatte aber noch viele Baustellen. Wir beenden unsere Erzählung hier, weil nun definitiv die Neuzeit beginnt.

Wirtschaftliche Perspektiven

Kurz sei erwähnt, dass die neue Regierung 1830/31 versuchte, Zölle moderat zu halten, um die internationale Konkurrenz nicht zu reizen. Es gab diplomatische Missionen, um Handelsverträge zu schließen. Der Hafen von Antwerpen hoffte, sich neu zu positionieren.

Manche Adelshäuser, die während der Revolution ihr Vermögen verloren hatten, klagten vor Gerichten. Die meisten aber integrierten sich ins neue System, besetzten Parlamentsmandate oder Ämter in der Verwaltung. Eine bürgerlich-adlige Elite dominierte das Land. Die Masse des Volkes, Bauern und Fabrikarbeiter, blieb politisch machtlos, ihre Stimme kam im Parlament kaum zum Tragen.

Letzte Kampfhandlungen und Lösung

Wie erwähnt, unternahm der König der Niederlande 1831 den Zehn-Tage-Feldzug, was aber scheiterte. Bis 1839 kam es immer wieder zu diplomatischen Verhandlungen über Grenzen und Entschädigungen. Erst der **Vertrag von London (19. April 1839)** beendete alles formell: Belgien blieb unabhängig und neutral.

Damit war jeder Rückfall ins Ancien Régime und in das Königreich der Vereinigten Niederlande ausgeschlossen. Ein letztes Problem blieb die Teilung von Luxemburg und Limburg. Doch das kann man schon in die Entwicklung der frühen Neuzeit einordnen.

Fazit: Belgien vor der Neuzeit

Mit der **Gründung des belgischen Staates** 1830/31 endet unsere Darstellung. Wir haben gezeigt, wie ein junger Staat aus den unterschiedlichen historischen Prägungen hervorging. Das Ancien Régime war durch Französische Revolution und das kurze Vereinigte Königreich endgültig vorbei. Nun begann eine Zeit des liberalen, konstitutionellen Königtums.

Belgien stand als Kleinstaat mit starken Nachbarn da, aber mit einer modern anmutenden Verfassung und einer Mischkultur aus romanischen und germanischen Elementen. Die Kirche blieb bedeutend, doch nicht mehr allmächtig. Der Adel hatte noch Einfluss, aber keine Feudalmacht. Das Parlament, wenn auch anfänglich elitär, brachte neue politische Mechanismen.

So schließt unsere Geschichtsreise: an dem Punkt, an dem Belgien als eigenständige, verfassungsmäßige Monarchie kurz vor ihrem modernen Weg stand. Alles Weitere – Industrialisierung, soziale Bewegungen, Sprachekonflikte, Kolonialpolitik – würde in die fortgeschrittene Neuzeit fallen, die wir hier nicht behandeln.

Epilog: Vor der Neuzeit

Wir haben nun die Schwelle zur Neuzeit erreicht, an der 1830 das unabhängige Belgien entstand. Hier beenden wir unser Buch. Wer mehr wissen will, müsste sich damit beschäftigen, wie Belgien im 19. Jahrhundert eine Industrienation wurde, wie es sprachliche Konflikte zu Flamen und Wallonen gab, wie das Wahlrecht ausgeweitet wurde usw. Aber dies wäre schon die **moderne Geschichte**, die wir nicht abdecken.

Wichtig ist zu erkennen, dass Belgien nicht plötzlich aus dem Nichts entstand, sondern dass Tausende Jahre menschlicher Besiedlung, Völkerwanderungen, feudale Strukturen, burgundische Kultur, habsburgische und französische Politik sowie ein kurzer niederländischer Einheitsversuch den Boden bereiteten. So ist Belgien ein Schmelztiegel, in dem Einflüsse ganz Europas zusammenkamen.

Helfen Sie uns, Ihre Gedanken zu teilen!

Liebe Leserin, lieber Leser,

Vielen Dank für Ihr Interesse an diesem Buch. Wir hoffen, es hat Ihnen Freude bereitet und Ihnen neue Denkanstöße gegeben. Sollten Sie etwas nicht gefunden haben oder Verbesserungsvorschläge haben, teilen Sie uns dies bitte unter **kontakt@skriuwer.com** mit. Ihr Feedback ist uns sehr wichtig und hilft uns, unsere Bücher noch besser zu machen.

Wenn Ihnen dieses Buch gefallen hat, würden wir uns sehr freuen, wenn Sie auf der Website, auf der Sie es gekauft haben, eine Bewertung hinterlassen. Ihre Bewertung hilft nicht nur anderen Lesern, unsere Bücher zu finden, sondern ermutigt uns auch, weiterhin neue Geschichten und Materialien zu entwickeln, die Sie begeistern werden.

Mit Ihrer Entscheidung für Skriuwer unterstützen Sie auch **Friesisch** – eine Minderheitensprache, die hauptsächlich in den nördlichen Niederlanden gesprochen wird. Obwohl **Friesisch** eine reiche Geschichte hat, schrumpft die Zahl der Sprecher, und es droht auszusterben. Mit Ihrem Kauf tragen Sie zur Finanzierung von Ressourcen zur Erhaltung und Förderung dieser Sprache bei, wie z. B. Bildungsprogrammen und Lernmaterialien. Wenn Sie mehr über Friesisch erfahren oder selbst mit dem Lernen beginnen möchten, besuchen Sie **www.learnfrisian.com**.

Vielen Dank für Ihre Teilnahme an unserer Community. Wir freuen uns darauf, Ihnen in Zukunft weitere Bücher präsentieren zu können.

Mit freundlichen Grüßen

Das Skriuwer-Team

www.ingramcontent.com/pod-product-compliance
Lightning Source LLC
LaVergne TN
LVHW012038070526
838202LV00056B/5527